한국어로 내려온
New Bible

새로운 성 경

제131권

9부 | 총10부

하얀마음

하나님 말씀 중에서

1. 사랑의 하나님

- 세상을 창조하신 하나님은 모두를 사랑하신다. 인간만 특별히 더 사랑하지 않고, 우주 만물을 다 똑같이 사랑하신다. 그러니 하나님이 창조하신 천지 만물과 화친하고, 미물까지도 소중히 대하라.

- 하나님은 특정 종파나 민족만을 더 사랑하지 않으신다. 자기 자신만 구원받겠다는 욕심을 버리고, 자기 종파만 구원받는다는 편협한 교리에서 벗어나야 한다. 종파를 초월해서, 모두를 사랑하라.

- 원수까지 사랑하라 했으니, 이 세상에 사랑하지 못할 자가 누가 있겠는가? 종파가 다르다고 해서 부모 형제와 원수처럼 지내는 자는 인간의 근본을 모르는 자다. 가장 가까운 가족부터 사랑할 때 남도 진심으로 사랑할 수 있다.

- 한 사람을 원수같이 생각하던 마음에서 사랑하는 마음으로 돌리면, 자기 자신의 마음이 가장 기쁘고 행복하다. 하나님께서는 인간의 마음속에 무거움이 없이 기쁘고 행복한 삶을 살기를 바라신다.

- 이웃을 "내 몸처럼" 사랑하라 했으니, 마지막 한 장 남은 천국의 티켓도 이웃에게 양보하라. 자기 중심적인 신앙에서 벗어나서 남을 위해 살아야 한다.

- 독초도, 약초도, 이단도 사탄도 천사도 다 필요하기에 존재한다. 독초일지라도 극소량을 사용해서 생명을 살릴 수 있고, 약초라 하더라도 남용하면 생명을 잃을 수 있다.

- 세상 모든 것을 명약으로 활용하는 것은 인간의 지혜에 달렸다. 어떤 것이든 어떤 사람이든 적재적소에 꼭 필요한 명약으로 승화시키라.

- 사탄도 이단도 천사도 모두 하나님의 주관하에 존재한다. 진정한 하나님의 백성은 사탄과 마귀까지도 감화시켜서 천사로 거듭나게 한다.

2. 기도

- 하나님은 인간의 생각까지 모두를 다 알고 계신다. 우리의 소원도 이미 알고 계시기에, 소원의 기도를 할 필요가 없다. 우리가 받을 자격이 되면 내려 주신다.

- 죄를 짓고 아무리 회개를 해도 용서받지 못한다. 도둑질한 자는 용서해 달라고 기도하고, 도둑맞은 자는 도둑을 잡게 해 달라고 기도하면, 공의의 하나님은 누구의 편에 서시겠는가?

- 자기가 잘못한 것은 그 사람에게 직접 갚고 용서를 구하라. 그가 용서하면 하나님도 용서하신다. 땅에서 매면 하늘에서도 매이고, 땅에서 풀리면 하늘에서도 풀리는 이치다.

- "회당에서 기도하지 말고 골방에서 기도하라" 했다. 눈에 보이는 골방이 아니라, 골방과 같이 고요한 마음이다. 잡념을 버리고 하나님을 향해 마음을 집중하며, 사랑하고 용서하는 아름다운 생각만 나오도록 하라.

- "두드리면 열릴 것이다." 하는 것은 육의 소원을 위해 두드리라는 것이 아니라, 진리의 깨달음을 얻기 위해 두드리라는 것이다.

- 기도하는 방법: 생활 속에서 수시로 기도하는 삶을 살아야 한다.

- "저의 죄를 용서하여 주옵소서." 하는 회개의 기도를 하라.
- 범사에 "하나님! 감사합니다." 하라. 현재 가진 것에 감사하며, 과욕하지 말라. 자기 노력 이상의 것을 더 갖고자 기도하는 것은 도둑놈심보다. 공의의 하나님은 각자 노력한 만큼 주신다.
- "하나님 뜻대로 살아가겠나이다." 하며 마음의 각오를 다지라.

- 기도는 하나님의 말씀을 받아서 "행하는 것"이다. 하나님이 계심을 굳건히 믿고, 하늘을 향하여 한 점 부끄럼 없이 사는 삶 자체가 가장 위대한 기도이며, 삶이 곧 예배다.

3. 지도자

- 똑같이 사랑한다는 말을 해도, 순수하게 하는 말은 천사의 말이지만, 사기 쳐서 재산을 가로채려고 하는 말은 사탄의 말이다.

- 종교 지도자가 아무리 훌륭한 설교를 해도, 신도의 재물을 거둬서 더 큰 교회를 짓고 자기의 부귀영화를 바라며 설교하면 사탄의 가르침이 된다.

- "저희 교회는 만원사례요, 믿음은 다 같으니 이웃의 개척 교회에 가서 예배를 드리시오." 하며, 이웃 교회의 부흥을 먼저 생각하여 제 신도를 보내는 종교 지도자가 있다면 그를 따르라. 그가 하나님의 사랑을 실천하는 자다.

- "부자가 천국에 들어가는 것은 낙타가 바늘구멍을 통과하는 것보다 더 힘들다" 하였거늘, 지금의 교회에서는 부자가 되기만을 기도하고 소원하니, 이는 곧 천국을 포기하고 지옥 행 열차의 티켓을 사는 것과 같다.

- 예수는 빈손이었다. 종교 지도자가 예수보다 더 호화롭고 편안하게 살아간다면 잘못된 것이다. 부귀영화와 명예를 바라는 자는 절대로 갈 수 없는 좁고 협착한 길이 종교 지도자의 길이다.

- 종교 지도자는 유리로 비춰 봐 한 점의 부끄러움이 없이 살아야 한다. 의식주도 직접 일해서 해결하고, 예수의 가르침과 행함을 그대로 따라야 한다.

- 종말은 없다. 지금의 잘못 가는 종교 집단에게만 종말이 있다. 보이지 않는 하나님은 보이는 육의 종말은 관여하지 않으신다. 환경 파괴로 인간이 스스로 멸망을 자초하는 것이다. 종파끼리 싸우기 전에, 무너진 인성을 바로잡고 지구의 몸살을 해결하는 데 뜻을 모으는 게 급선무다.

4. 성전이란

- 이 세상 자체가 하나님께서 만드신 성전이다. 자연보다 더 아름다운 성전이 있는가? 보이는 건물이 성전이 아니라, 성스러운 마음가짐이 성전이다.

- 반석 위에 교회를 지으라 했다. 지상의 단단한 돌은 인간이 쪼갤 수 있으나, 마음속의 굳은 결의는 세상 무엇으로도 쪼갤 수 없다. 바르고 굳건한 믿음으로 성경의 가르침을 실천하는 것이 마음의 반석 위에 교회를 짓는 것이다.

- 손으로 지은 건물의 교회에 모여서 복음을 전하는 것이 아니라, 교회를 개인과 가정에 심어 주어야 한다. 무너지고 부서지는 건물을 짓지 말고, 마음속에 영원히 불변하는 참진리의 교회를 지으라.

5. 십계명

- 십계명은 인간이 죽어서 반드시 통과해야만 하는 열 개의 관문이다.

- 부모를 공경하지 아니한 자는 "네 부모를 공경하라." 하는 제5계명의 관문이 열리지 않으니 구원받을 수 없다.
- 살인, 간음, 거짓, 우상 등의 나머지 계명도 마찬가지다.

- 십계명은 하나님의 친필이다. 모기소리만 한 하나님의 음성이라도 들어 보겠다고 여기저기 찾아 헤매지 말고, 십계명부터 암송하고 지키라.

- 십계명은 영혼을 구원하는 양식이며, 십계명을 지키는 것이 구원을 받는 길이다. 인간이기에 지키고자 노력하고 또 노력한다면 지킬 수 있다.

- 십계명을 지키고 천사처럼 아름답게 살아가는 그 마음 하나면 세상에 이루어지지 않는 것이 없다.

6. 보물

- 하나님은 재물이 아니라 우리의 마음을 받으신다. 사랑을 실천하며 천사처럼 변하는 마음이 하나님께 바치는 보물이다.

- 보이지 않는 하나님께 재물을 바치려 하지 말고, 너희를 길러 준 부모에게 용돈 드리고, 찾아뵙고, 효성을 다하라. 그것이 하나님께 효도하는 것이다.

- 하늘에는 선과 악의 창고가 있다. 자기 창고에 선이 많으면 천국으로 구원을 받고, 악이 많으면 심판받아 지옥으로 간다. 그것이 바로 "선한 일을 행한 자는 생명의 부활로, 악한 일을 행한 자는 심판의 부활로" 나오는 것이다.

- "선악과를 따먹지 말라"는 것은 양심을 지키라는 것이다. 선과 악을 구분할 수 있는 양심을 최초에 인간에게 주셨다. 선한 열매는 취하고, 악한 열매는 버리며, 양심에 비추어 부끄럼 없는 삶을 살아가라.

- 가장 작은 거짓말을 하지 않고, 가장 작은 죄를 짓지 않으며, 가장 작은 선행을 하고, 가장 작은 악행을 멀리하는 것이 율법의 일점 일획도 빠뜨리지 말고 다 지키는 삶을 사는 것이다.

7. 우상

- 박물관에 있는 불상은 하나의 예술품이다. 그 조각품에 대고 제 소원을 빌 때 우상숭배가 된다. 십자가라 하여도 그 앞에서 소원을 빈다면 우상숭배하는 것이며, 하나님께 소원을 빈다면 하나님을 우상으로 전락시키는 것이다.

- 지금 기복신앙에 젖어 있는 모든 사람이 우상 앞에 절을 하고 있다. 조각품을 우상이라며 파괴하지 말고, 네 마음속에 있는 욕심의 우상을 무너트리라.

- 생수를 약초가 먹으면 약을 만들고 독사가 먹으면 독을 만든다. 같은 성경을 봐도 선한 지도자는 신도를 천사로 만드는 데 활용한다. 그러나 욕심이 가득한 지도자는 재물을 거두어들여 제가 부귀영화를 누리는 데 악용한다. 그가 바로 성경을 우상숭배의 도구로 전락시키는 거짓 선지자다.

- 성경을 한 획도 빼거나 더하지 말라는 것은, 그 가르침을 빠트리지 말고 온전히 지키라는 것이다. 성경 속에서 자기에게 유리한 구절만 보는 것은, 자기에게 불리한 구절들을 빼 버리는 것이다. 믿음이 제일이요, 행함은 구원과는 관계없다는 것은 자신에게 유리한 쪽으로 성경을 악용하는 것이다.

- 진정한 종교 지도자는 종파에 관계없이 어떤 종파든 어떤 책이든 접하고 보고 깨우쳐 견문을 넓히도록 인도한다. 참진리를 모르고 자신이 없는 자가 남을 이단이라며 배척하고, 신도들의 눈과 귀를 가린다.

8. 예수

- 예수의 재림은 없다. 예수가 다시 온다 해도, 과연 누가 그를 예수라고 믿겠는가? 예수와 같은 삶의 행함이 곧 예수의 재림이다. 각자 모두가 "재림 예수"가 되는, 차원 높은 믿음으로 가야 한다.

- 예수는 "주여 주여 하지 말고, 아버지의 뜻대로 행하라"고 했다. 예수가 전한 하나님의 뜻이 곧 "길이요, 진리요, 생명"이며, 그 가르침이 예수의 보혈처럼 소중한 것이다. 예수를 믿는 것은, 예수의 가르침을 믿고 따르는 것이다.

- 예수는 낮은 자로서 만백성을 섬기고자 했다. 만나는 모든 사람을 다 하나님이라 생각하라. 돈을 벌수록 겸손하고, 높은 지위를 얻을수록 낮아지라.

▪ 예수는 종파를 만들지 않았다. 인간이 만든 종교와 인간의 교리를 따르지 말고, 예수를 통해 전한 하나님의 참진리를 연구하고 따르라.

▪ 예수가 2천 년 전에 만백성을 위해 죽었으니, 지금 이 땅에는 예수의 가르침대로 사는 천사만 존재해야 한다. 예수가 죽어 가면서 바란 것은 만백성이 천사가 되어 예수의 자리를 채워 주는 것이지, 지금과 같이 재물을 바치면서 중언부언 제 소원만을 비는 백성들을 바란 것이 아니다.

9. 구원

▪ 천사가 사는 천국에는 천사만 갈 수 있으니, 천사 같은 마음을 길러야 한다.

- "천국 열쇠를 네게 주리니 땅에서 무엇이든지 매면 하늘에서도 매일 것이라" 했다. 땅에서 천사같이 사는 자가 하늘에서도 천사가 되어 천국에 들어간다. 모든 사람에게 천사같다는 말을 듣는 삶을 살아야 한다.

▪ 천사의 곱고 아름다운 마음은 부모를 공경하고 어른을 어른으로 대접하는 데에서 출발한다. 효도하는 자는 형제와 화목하게 지내기에 가정이 화목해지고, 이웃과 화목해지고, 국가가 화목해지고, 온 인류가 화목해진다.

- 그러므로 지상의 아름다운 소왕국은 가정에서부터 이루어야 한다.

▪ 선택된 14만 명만 구원받는 것이 아니라, 천사처럼 변하고자 하는 14만 명을 기초로 온 인류가 천사처럼 거듭나는 영적인 개혁이 시작되는 것이다.

▪ 천 년에 걸쳐서 하늘에서 이루어진 것같이 이 세상을 낙원으로 만들어, 만백성이 지상의 천국에서 살다가 죽어서 그대로 하늘의 천국으로 들어가는, 영원한 지상 낙원을 건설하는 것이 하나님의 계획이다.

- **이것이 구약과 신약에 이어 "새로운 성경"으로 역사하시는 하나님의 창조의 완성이다.**

▪ 지금의 믿음으로 구원받을 수 있다면 그 길을 가라. 그러나 자신이 없다면 하나님께서 직접 내리신 160권의 "새로운 성경"을 읽고 구원의 길을 보라!

하나님 머리말씀

이 새로운 성경을 읽는 너희 모두는
이 율법에 따라 행하면 영원히 구원받을 것이니라.

너희 인간이 수년, 수십 년, 평생
성서를 공부하고 기도하는 것은
하늘나라 나의 곁으로 오고 싶은 소망일진대,

몇천 년 전의 너희 인성과 생각이
지금의 너희와는 판이하게 다르니,

꺾여 가고 병들어 가는 너희를 고칠 수 있는 길은,
오늘 내가 선지자에게 내리는 새로운 성경과 같이
너희가 변화되는 것뿐이니라.

나의 예수가 태어난 것처럼
내가 아들 선지자를 선택하여
나의 새로운 성경을 온 세계에 전하고자 하니,

묵은 것은 버리고 새로운 것은 취하여,
너희 모두는
'여호와 하나님! 저의 죄를 용서하여 주옵소서.'
하는 기도문으로 기도하고, 죄를 뉘우치라.

이 새로운 성경은
수천 년간 내려온 성서를 요약한 것이니,
너희는 이 책을 정독하여 쉽게 깨달음을 얻고,
이대로 실천하여 하늘에 오르라.

대역자 머리말

■ 하나님의 율법을 지키는 선지자로 선택을 받도다.

저는 남들처럼 그저 열심히 살아온 평범한 사람이었습니다. 그러나 50대 중반에 사업에 실패하여 많은 부채에 시달렸으며, 건강도 악화되어 눈이 잘 안 보이고, 걷기도 어렵고, 두통이 심해서 잠을 이룰 수 없는 고통의 나날을 보냈습니다. 그때 제가 선택할 수 있는 것은 육의 삶을 끝내는 길뿐이었습니다.

죽기 직전에 그동안에 죄를 지은 이들에게 용서를 빌고 인생을 끝내기로 작정하였습니다. 어려서부터 지은 죄를 빌고 빌다 보니 끝이 없었고, 죽음으로도 그 많은 죄를 용서받을 길이 없다는 생각에 하염없이 눈물이 흘렀습니다. 그 순간 '재래식 화장실의 구더기는 죄를 짓지 않는데, 나는 인간으로서 구더기만도 못한 삶을 살았구나.' 하는 생각이 들면서 괴로움에 몸부림칠 때, 갑자기 하나님의 음성이 들렸습니다.

"나는 여호와 하나님이니라. 너는 십계명을 암송하고 내가 내려 주는 메시지를 받아 책으로 만들어 만백성을 구하라." 하시며, 제 눈을 손으로 문지르게 하시고, 아픈 머리와 다리를 손으로 두드리게 하셨습니다. 그러고 나니 눈도 잘 보이고 걸을 수 있었으며 머리의 통증도 말끔히 낫게 되었습니다. 그때부터 십계명을 암송하고 나면 들려주시는 말씀을 기록하였고, 1999년 8월부터 2004년 7월까지 권당 288쪽, 총 160권을 받아서 "새로운 성경"이라는 책으로 펴내게 되었습니다.

그러한 저에게 죽기보다도 힘든 길이 시작되었습니다. 모든 교인들이 저에게 사탄이요, 이단이요, 악마요, 마지막 시대에 온 거짓 선지자라 하면서 공격하였고, 저를 짐승을 보듯이 대하는가 하면, 편협한 종교 지도자들의 선동으로 신도들이 이 책을 직접 읽어 보고 평가할 기회마저 막아 버렸습니다. 그래서 하나님의 말씀을 세상에 내는 데 많은 어려움을 겪으며, 피를 토하는 심정으로 책을 전하고 있습니다.

그러나 아무리 인간의 힘으로 막으려 해도, 하나님의 뜻이 세상에 전해지는 위대한 역사는 계속될 것입니다. 책으로 전해지는 "하나님의 말씀"은 세상 끝날까지 항상 우리와 함께하실 것입니다. 사람은 죽어도, 책에 기록된 말씀은 영원히 남으니까요.

■ 따뜻한 실천

하나님께서는 어려운 사람들에게 삶의 터전을 마련해 주고, 미래를 열어 주는 것을 기뻐하십니다. 어려운 이웃이 스스로 자립할 수 있도록 이끌어 주는 것이 진정으로 이웃을 돕는 것이라고 말씀하셨습니다. 그래서 일자리가 없는 제자들에게 작은 사업장을 만들어 주는 "달란트 사업"을 하고 있습니다. 식당, 반찬 가게 등을 차려 주고, 기존의 어려운 사업장이 자립할 수 있도록 돕고 있습니다(커피숍, 미용실, 의상실 등).

하나님께서는 교회에 나와서 모든 시간과 재물을 쏟기를 원하지 않으시고, 그 시간과 재물을 교육에 투자하여 스스로 미래를 열어 가기를 원하십니다. 그래서 제때 공부하지 못한 제자들에게 학업을 이어 가도록 하였습니다. 중화요리 주방장을 하며 초등학교 검정고시부터 공부하여 2012년에 방통대를 졸업한 36세 남성, 만학도들의 2년제 중학교에 입학해서 2007년에 명지대학을 졸업한 38세 여성, 중학교 검정고시를 시작으로 숭의여자대학을 졸업한 47세 여성 등이 있습니다. 그밖에도 많은 제자들에게 나이를 초월하여 배우고 깨우쳐서 사회 속의 당당한 일원이 되도록 인도하고 있습니다.

학자금 대출로 힘겨워하는 젊은이들을 위해 "따뜻한 바람 장학회"를 발족하여(2016년 12월) 대출받은 학자금 전액을 매월 갚아 주고 있습니다. 또한, 다문화 가정을 위해 "다문화 가족 랜드"를 조성하여, 각종 시설을 무료로 활용하도록 하고 있습니다.

이러한 따뜻한 실천이 아직은 미약합니다. 그러나 책의 수입이 늘고, 저와 뜻을 같이하는 분들이 늘어나면 계속 확대할 것입니다. 지도자로서 신도의 재물을 헌금으로 거둬들여 착복하는 것이 아니라, 하나님께서 기뻐하시는 일에 사용하도록 중매 역할만 하며 살아가고자 합니다. 이런 제가 과연 사탄이고 이단인가요? 하나님께서 기뻐하시는 일이라면, 저에게 사탄이라 하든 거짓 선지자라 하든 굽히지 않고 실천해 나갈 것입니다.

끝으로, 일상의 삶 속에서 "지금 내가 하는 행동이 과연 하나님께서 기뻐하실까, 슬퍼하실까?" 생각하고, 매사에 하나님께서 기뻐하시는 길을 택하기 바랍니다. 교회에 모여서 집단적으로 예배 드리는 것이 아니라, 개인이나 가정 단위로 새로운 성경을 읽어 스스로 깨우치고 그대로 행하면 충분합니다. 그것이 마음속에 성전을 짓고, 신령과 진정으로 예배 드리는 길입니다. 그러면 천국의 문에 들어서게 됩니다.

2017.2.1.

하나님 말씀 대역자 김용철

차 례

2004년 3월 ... 91

부　록 ... 153

간 행 사 ... 154

십 계 명

이 책은 십계명을 암송하고 나면 내려 주시는 "하나님의 음성"을 듣고 그대로 받아쓴 기록입니다. 하나님께서 십계명을 모세에게 내려 주셨지만, 그것은 만백성에게 내려 주신 것입니다. 마찬가지로 이 책의 모든 말씀도 저에게 내려 주셨지만, 만백성 각자에게 들려주시는 말씀입니다. 여러분도 이 책을 접할 때마다 십계명을 암송하고 나서 정독해 주시기 바랍니다.

제일은, 너는 나 외에는 다른 신들을 네게 있게 말지니라.

제이는, 너를 위하여 새긴 우상을 만들지 말고, 또 위로 하늘에 있는 것이나, 아래로 땅에 있는 것이나, 땅 아래 물 속에 있는 것의 아무 형상이든지 만들지 말며, 그것들에게 절하지 말며, 그것들을 섬기지 말라.

제삼은, 너는 너의 하나님 여호와의 이름을 망령되이 일컫지 말라.

제사는, 안식일을 기억하여 거룩히 지키라.

제오는, 네 부모를 공경하라.

제육은, 살인하지 말지니라.

제칠은, 간음하지 말지니라.

제팔은, 도적질하지 말지니라.

제구는, 네 이웃에 대하여 거짓 증거하지 말지니라.

제십은, 네 이웃의 집을 탐내지 말지니라.

나 여호와가 존재함을 믿는 그 자체가 구원의 길에 들어서는 기본이요, 근본이며, 나의 새로운 성경을 가슴에 안고 정독하는 자, 반석 위에 서서 하늘에 오르는 찬란한 빛을 보게 되는 영광을 얻게 됨이니라. 진정 나를 따르고 믿는 자는 감히 사탄이나 마귀도 근접하지 못하느니라.

〈하나님 말씀〉

2004년 2월

9,737 번째 하나님 말씀

2004년 2월 26일 06시 24분

1 사랑하는 나의 아들아!
2 "네, 아버님! 말씀하옵소서."
3 성서에 내가 다음과 같이 기록하여 너
희들에게 전한 대목이 있음이니라.
4 '갚을 것이 없는지라 주인이 명하여
그 몸과 처와 자식들과 모든 소유를
다 팔아 갚게 하라 한대
5 그 종이 엎드려 절하며 가로되 내게
참으소서 다 갚으리이다 하거늘,
6 그 종의 주인이 불쌍히 여겨 놓아 보
내며 그 빚을 탕감해 주었더니,
7 그 종이 나가서 제게 백 데나리온 빚
진 동관 하나를 만나 붙들어 목을 잡
고 가로되 빚을 갚으라 하매
8 그 동관이 엎드려 간구하여 가로되 나
를 참아 주소서 갚으리이라 하되
9 허락하지 아니하고 이에 가서 저가 빚
을 갚도록 옥에 가두거늘,
10 그 동관들이 그것을 보고 심히 민망하
여 주인에게 가서 그 일을 다 고하니,
11 이에 주인이 저를 불러다가 말하되 악
한 종아 네가 빌기에 내가 네 빚을 전
부 탕감해 주었거늘,
12 내가 너를 불쌍히 여김과 같이 너도
네 동관을 불쌍히 여김이 마땅치 아니
하냐 하고,
13 주인이 노하여 그 빚을 다 갚도록 저
를 옥졸들에게 붙이니라.' 이 뜻을 너
희들이 읽고 무엇을 깨우치며, 무엇을
행해야 하는가?
14 '너희가 각각 중심으로 형제를 용서하
지 아니하면, 내 천부께서도 너희에게
이와 같이 하시리라.' 하는 그 대목을
너희들은 어찌 믿으며 이것은 무엇을
의미한단 말이더냐?
15 너희는 지금까지 너희가 지은 죄에 대
하여 잘못된 것을 용서를 바라며 용서
받기를 원하며 그를 소원하는 그와 같
은 기도 속에서 믿음의 길을 왔음이니
라.
16 그러나 너희들이 지은 죄는 나로부터
용서받기를 원하는 기도를 수없이 하
나, 똑같은 죄를 남이 너희들에게 지
었을 때 너희들은 남을 용서함에 인색
함이니,
17 이것이 지금의 믿음의 길을 가는 백성
들이며, 이와 같은 길을 가는 백성 너
희들은 결코 참진리요, 나 여호와의
뜻을 볼 수 없다는 것을 알아야 될 것
이니,
18 너희는 성서에 기록된 대로 그리 행하
고 그리 역사하면 되느니라.
19 너희는 나에게 뭐라 말했느냐?
20 모든 믿음의 길에서 구원을 받겠다는
백성이요, 그리고 구원을 요구하는 백
성들이요, 그것이 너희들이 원하고 바
라는 것이 아니더냐?
21 그렇다면 너희들이 그와 같은 것을 먼
저 용서하고 행하는 그와 같은 삶으로
살며 변화되지 아니하면 아니 된다는
것을 알아야 될 것이니라.

22 나 여호와가 너희들에게 깨우쳐 전하
기를 뭐라 말하였느냐?
23 너희들이 지은 죄에 대한 대가는 열
배로 갚으라 하며, 그것도 주인에게
용서를 받는 것이 너희들이 지은 죄를
용서받을 수 있는 길이라 하였음이니,
24 너희들이 또한 남을 열 번 용서해 주
며, 열 번 이해하는 마음 자세로 살아
가는 것이 너희들이 가야 할 도리라는
것을 어찌 모른다 말이더냐?
25 지금의 모든 믿음의 길을 가는 백성,
너희들이 저 자신의 잘못은 남으로부
터 용서받기를 원하며 당연히 용서받
아야 되는 것이며,
26 상대방은 너희들을 용서해 주는 것이
라 그리 말하고 생각하고 살아가는 것
이 아니더냐?
27 그러나 너희들이 정녕 너희와 똑같은
죄를 지은 자들은 결코 용서하지 아니
하며, 그에게 그 대가를 치르도록 하
는 것이며,
28 너희들은 그 분함을 참지 못하여 어떠
한 방법으로라도 그들에게 그와 같은
대가를 되돌려 주고자 하는 마음을 갖
고 사는 것이 오늘의 너희들의 삶이
아니더냐?
29 그와 같은 세상 속에서 그와 같은 마
음을 가지고 사는 백성 너희들은 참진
리요, 하늘의 뜻을 결코 볼 수 없으며
역사할 수 없다는 것을 알아야 될 것
이니라.
30 나 여호와는 너희들에게 말하느니라.
31 수없이 용서하는 것, 수없이 이해하는
것, 그리고 수없이 너희들이 그를 인
내하고 참아 주는 것,
32 이것이 바로 나 여호와가 나의 아들
예수를 통하여 이루고자 했던 사랑의
실천함이요, 그 뜻을 이루는 길이라는
것을 너희들은 절대 잊어서는 아니 될
것이니라.
33 그러니 너희들이 나로부터 용서를 받
기를 원하며 너희들이 나에게 구원을
받고자 한다면,
34 너희들이 나에게 바라는 마음만큼, 네
이웃의 형제요, 네 이웃의 모든 백성
들에게 그와 같이 먼저 행하고 실천하
는 것이 너희들이 나를 볼 수 있는 길
이요, 참진리의 길을 볼 수 있는 것이
요, 하늘에 오르는 빛을 볼 수 있는 길
이라는 것을 절대 잊지 말도록 그리
전하라, 사랑하는 나의 아들딸들아!

9,738 번째 하나님 말씀

2004년 2월 26일 06시 31분

1 사랑하는 나의 아들아!
2 "네, 아버님! 말씀하옵소서."
3 나 여호와는 너희들에게 밥을 떠먹이
는 그와 같은 일을 하지 아니하며, 내
가 그와 같은 것을 너희들에게 가르치
지 아니함을 너희들은 알아야 될 것이
니라.
4 나 여호와는 모든 백성들에게 너희들
의 그 모두를 역사하여, 너희들이 스
스로 밥을 지어 너희 스스로 해결하는
그와 같은 것을 너희들에게 가르치며
내가 그를 전함이니,
5 모든 구약과 신약이요, 나의 법전도
그러한 것임을 너희들은 알아야 될 것
이니라.

6 그러니 그와 같은 역사의 흐름을 알지
못하며 믿음의 길을 가는 백성 너희들
은 결코 아무것도 이루어질 수 없음을
알라.
7 너희들이 나의 성전을 찾아오며, 또
새벽 기도를 듣기 위하여 여기까지
찾아옴이니,
8 너희들이 새벽 기도를 듣기 위하여 출
발하기 직전까지의 그 모두는 너희들
이 다 이루어야 되며 너희들이 준비하
는 과정이라는 것을 알라.
9 그리하여 너희들이 출발하여 목적지
인 나의 성전까지 오는 것, 이것은 바
로 내가 인도하며 내가 그와 같은 것
은 너희들에게 인도해 주나,
10 너희들이 스스로 단잠에서 일어나 준
비하며, 새벽 기도를 듣기 위하여 출
발하기 전까지는 너희들의 노력이요,
너희들이 모두를 다 역사해야 됨을
알아야 될 것이니라.
11 그러니 너희들이 출발하기 시작한다
면 즐거운 마음으로 목적지에 올 수
있듯이, 이와 같은 이치로써 너희들이
깨달음이요, 믿음의 길을 가야 한다는
것을 알아야 될 것이니라.
12 그러니 너희들이 새벽 기도를 듣기 위
하여 출발하기 전까지의 모든 준비는
너희들이 역사하는 것이요,
13 그리고 출발하는 것은 이미 나의 성령
에 의하여 너희들이 역사하는 것이요,
14 그것은 내가 너희들을 인도할 수 있는
것이며, 내가 너희들을 이끌어 준다는
것을 알아야 될 것이니라.
15 이와 같은 것이 너희들의 오늘의 믿음
이요, 너희들이 가야 할 길이니라.

16 그러니 너희들이 나의 법전을 전하고
역사하는 그 순간까지 그 모두는 너희
스스로 찾고 연구해서 깨달아야 될 것
이니라.
17 그리하여 너희들이 나의 법전을 읽고
접하여 깨우쳐 가는 것은 이미 나의
성령이 임하기 시작하였음이니,
18 너희들은 그 길을 곧바로 가기만 하면
되며, 목적지를 향해서 달려가기만 하
면 된다는 것을 알아야 될 것이니라.
19 그러니 너희들이 바로 출발선에까지
올 수 있는 것, 출발선에서 너희들이
나에게 오는 것은, 그때는 나 여호와
가 너희들을 인도하며 너희들을 안내
하는 것이요, 너희들을 깨우침이요,
20 그리하여 너희들은 그 길을 그저 달려
오고 가기만 하면 되는 것이라는 것을
알라.
21 너희들이 새벽 기도를 들으러 올 수
있는 성전의 목표가 있으니,
22 너희들은 그 목표를 향하여 그대로 오
기만 하면 너희들이 나의 새벽 기도를
들을 수 있지 않더냐?
23 그러니 너희들이 일어나 출발하기 직
전까지는 너희들이 모두를 역사하며
준비하는 것이 너희들의 몫이라는 것
을 절대 잊지 말라.
24 이 출발선에 서기까지 너희들이 준비
하지 못하며 다스리지 못하며 거기서
이기는 자가 되지 못하면, 너희들은
단잠에서 일어나지 못하여 그대로 깊
은 잠에 들어 버림이니,
25 너희들이 출발선까지는 올 수 없는 것
이니, 그 단잠에서 일어나 출발선까지
서는 것은 너희들의 몫이니라.

26 이제 모든 너의 제자들이요, 나의 뜻
을 따르는 백성 너희들은 알라.
27 오늘의 시련이요, 고통이 너희들이 그
출발선까지 일어나는 것이니라.
28 너희들이 단잠에서 일어나 몸단장하
고 나의 성전에 새벽 기도를 듣기 위
하여 출발하는 그 출발선에 서기까지
의 너희들의 고통이요, 시련이요,
29 그 선에 왔을 때서부터 너희들은 평탄
한 길을, 정해진 길을 그대로 열심히
오기만 하면 되는 것이니라.
30 여기에 너희들의 모두가 다 달렸으며,
여기에 모두가 지금 너희들이 부딪치
며 어려운 시련의 고통의 세월을 감이
니,
31 너희들이 굳건히 일어나 단잠에서 깨
어나 출발선까지 오는 것은 몸부림침
의 그 고통에서 와야 됨이니라.
32 그 출발선까지만 오고 나면 너희들은
나의 성전에 새벽 기도를 들으러 올
수 있도록 목적지가 정해져 있으니,
너희들은 곧바로 바른길로 그 목적지
를 향하여 오기만 하면 되는 것이니,
33 이것이 하늘에 오르는 길이요, 믿음의
길이요, 너희들이 나에게 올 수 있는
이치이니,
34 내가 사랑하는 너희들에게 하늘의 이
뜻을 너희들에게 깨우쳐 줌이니 그리
알라.
35 내가 너희들에게 재물을 주는 것이 아
니요, 이와 같은 지혜의 깨달음을 주
는 것, 이것이 내가 너희들에게 내리
는 은혜의 상이니,
36 이는 영원히 너희들 마음속에 지워질
수 없으며, 이를 받아들였을 때 영원
히 너희들 것이 되는 것이니, 누가 뺏
어 갈 수도 없으며 되돌려 갈 수도 없
는 것이라는 것을 알라.

9,739 번째 하나님 말씀

2004년 2월 26일 06시 37분

1 사랑하는 나의 아들아!
2 **"네, 아버님! 말씀하옵소서."**
3 행함이 소중하다 말하지 않는 오늘의
종교 집단이요, 그 믿음의 형태가 무
엇인 줄 알겠느냐?
4 너희들이 가난한 자, 너희들에게 무엇
을 달라 손을 내미는 자, 구걸하는 그
와 같은 가련한 자를 바라보는 것으
로써 너희들이 사람의 모든 도리를
다했다 생각한다 하면, 과연 어찌하겠
는가?
5 너희들이 인간의 도리요, 사람의 도리
를 다한다면, 금화의 작은 것이라도
그 손을 내미는 자에게 쥐여 주는 그
행동이요, 그 행함이 중요하지 않더냐?
6 그러니 오늘의 그 믿음의 길을 가는
백성들이요, 오늘의 모든 종교 집단이
요, 그들이 나에게 오를 수 없으며 내
뜻에 따라 너희들이 그리도 갈구하는,
거듭나는 역사를 할 수 없다는 것이
무엇인 줄 알겠느냐?
7 너희들이 행함은 중요하지 아니하며,
그저 나의 아들 예수의 이름을 부르며
나를 찾고 경배하면 구원을 받는다 하
며,
8 그리하여 손으로 지은 너희들의 교회
에 가 기도하고 경배하는 그 순간에
너희들은 선택받은 자요, 모든 죄악에

서 벗어난 자요,
9 그리고 너희들은 영원히 죄가 없는 백
성들이요, 그리하여 너희들은 하늘에
오른다 그리 말함이니,
10 너희들이 바로 그와 같은 믿음이니라.
11 가난하고 어렵고 불쌍한 걸인이 너희
들에게 손을 내미니, 그저 그 손을 바
라보는 것, 쳐다보고 외면하는 것, 잠
시 쳐다보는 것으로써 너희들은 사람
의 도리를 다했으며, 그가 원하는 것
을 들어주었으며 모두를 다 역사했다
생각하는 그 불쌍하고 가련한 자들이
오늘의 종교 집단이요, 믿음의 길을
가는 백성들이니,
12 그들에게 이와 같은 이치를 전하여 깨
우쳐 주도록 그리하라.
13 너희들이 가난한 자가 손 내미는 것을
바라보며 고개 돌리는 것으로써 너희
들의 책임이요, 임무를 다했으며 사랑
을 실천했다 생각하는 그와 같은 백성
들, 너희들은 그것으로써 사랑의 실천
함이 아니라 그리 전하라.
14 그들에게 은화와 금화의 몇 닢이요,
단돈 한 닢이라도 얹어 주는 것, 그것
이 너희들이 인간의 도리요, 사랑을
실천하는 백성이니,
15 그러니 행함이 얼마나 소중한 것이며,
행하지 아니하는 믿음은 죽은 믿음이
요, 너희들이 거듭날 수 없는 믿음이
라는 것을, 지금의 믿음의 길을 가는
모든 백성들에게 그리 전해 주도록 하
라, 사랑하는 나의 아들딸들아!

9,740 번째 하나님 말씀

2004년 2월 26일 06시 41분

1 사랑하는 나의 아들아!
2 "네, 아버님! 말씀하옵소서."
3 지금의 모든 종파요, 종교 지도자요,
그리고 구원을 받았다는 그 신도들,
그 모두가 가짜 믿음이요, 거짓된 믿
음의 길을 가고 있으며 나 여호와를
향하여 오는 것이 아니요, 사탄의 후
예가 되어 그 사탄을 위하여 힘을 실
어 주는 자라 내가 말한 뜻을 알겠느
냐?
4 이는 결코 너희들이 행하지 않는 믿음
을 믿기 때문이니라.
5 행하지 아니하기 때문에 너희들이 가
짜 믿음이요, 거짓 믿음이요, 나와 관
계없는 길을 달려가는 그와 같은 백성
으로 타락되었다 함이니라.
6 지금의 모든 종교 집단이요, 그들이
가르치고 말하는 것이 무엇이더냐?
7 인간이 지킬 수 없는 것이 율법이요,
창조주 나 여호와가 너희들에게 지킬
수 없는 어렵고 무서운 율법을 내렸다
그리 말함이니라.
8 그러니 너희들이 나를 창조주 여호와
라 하면서 어찌하여 너희들은 내가 지
킬 수 없는 율법을 내렸다 하는가?
9 너희들이 얼마나 나를 욕되게 하며 나
를 능멸하는 것인지 알겠느냐?
10 나 여호와가 지킬 수 없는 율법을 내
렸다 그리 말하느니라.
11 그리하여 너희들이 지킬 수 없는 율법
을 내린 나 여호와가 이제 깨닫고 반
성하여 나의 아들, 죄 없는 예수를 세

상에 내려보내어,
12 예수가 사랑으로써 그 죽음의 길을 감
으로 인하여 모든 율법을 완성시켰으
며,
13 너희들이 지킬 수 없다는 그 율법을
모두 다 완성시켜 거둬들여 갔으니,
너희들은 나의 아들을 찾기만 하면 된
다는 그와 같은 믿음으로써 너희들이
지금까지 가르쳤으며 타락되고 전락
된 것이니라.
14 그러니 너희들에게 사랑의 실천함을
보이고자 했던 것이 나의 아들 예수가
그 고통의 길을 간 것이요, 너희들에
게 행함이 무엇인가를 보여 주기 위한
그와 같은 역사를 했거늘,
15 너희들은 지금 행하는 것은 관계없으
며, 오로지 너희들이 그저 말로써 나
의 아들을 찾으며 나를 부르기만 하면
된다 함이니,
16 이것이 너희들이 가짜 믿음이요, 거짓
된 믿음이요,
17 참진리가 아닌 비진리의 길을 가고 있
는 것이 오늘의 너희들의 믿음이라는
것을 잊어서는 아니 될 것이니라.
18 죄 없는 나의 아들이 죽음으로 인하여
그 율법을 완성하였기 때문에 너희들
은 율법에 관계없으며, 너희 죄를 씻
었기 때문에 천년만년 너희 자손대대
로 죄를 지어도 관계없다 그리 말하는
사악한 자들로서 전락되었음이니,
19 여기에서 너희들이 거듭나지 아니하
며 바로 보지 아니하여 이를 단죄하지
아니하면,
20 결코 너희들은 가짜 믿음이요, 거짓된
믿음에서 살다 지옥이라는 그 문 앞에
들어가지 아니하려고 몸부림치고 통
곡하는 것이 너희 자신의 모습이라는
것을 절대 잊지 말라 그리 전하라.

9,741 번째 하나님 말씀

2004년 2월 26일 06시 47분

1 사랑하는 나의 아들아!
2 "네, 아버님! 말씀하옵소서."
3 나 여호와의 본체가 사랑이라 그리 말
하였음이니라.
4 이 세상의 모든 만물을 창조함에 있어
서 내가 사랑 속에서 사랑으로써 너희
들을 창조했다 그리하였음이니라.
5 그러나 사랑 속에서 창조된 너희들이
사랑을 행하지 아니하며 실천하며 살
지 못했기에, 내가 나의 아들을 세상
에 내려보냈으니,
6 너희들에게 사랑하는 것이 무엇이며
사랑으로써 실천하는 것이 무엇인가
를 본보기를 보이기 위하여 내가 그를
세상에 내려보냈다 하지 않더냐?
7 이제 나의 아들을 따르는 제자들이요,
나의 법전을 읽고 깨우친 만백성 너희
들에게 내가 묻느니라.
8 사랑이란 과연 무엇이더냐?
9 사랑하는 나의 아들아, 사랑이란 무엇
이라 너는 너의 제자들에게 전하고 싶
은가?
10 "네, 아버님! 그렇사옵나이다.
11 사랑이 무엇이냐 물으신다면, 그 사랑
은 모든 백성들에게 해가 되는 행위
를 하지 않는 것이 사랑이라 그리 생
각되옵나이다.
12 남에게 해가 되지 않는 일을 하는 것,

시기하지 않는 것, 음해하지 않는 것,
질투하지 아니하는 것, 분배의 원칙에
서 제 앞에 더 쌓아 놓고자 하는 것,
13 어떠한 행위든 상대방의 마음을 아프
게 하지 않으며 상대방을 해하지 아
니하는 것, 그것이 곧 사랑의 실천이
요, 사랑이라 그리 생각되옵나이다."
14 그러니라, 사랑하는 나의 아들아!
15 바로 네가 그와 같은 뜻을 전하듯이,
그를 기록하여 만백성에게 깨우쳐 전
하도록 하라.
16 사랑이란, 바로 남에게 해를 주지 아
니하며 남에게 상처를 주지 아니하는
그것이 사랑이라는 것을 너희들은 알
아야 될 것이니라.
17 그러니 너희들이 남을 해하지 아니하
며, 남에게 상처를 주지 아니하며, 가
슴을 울리는 그와 같은 행위를 하지
아니하는 그것은 사랑을 실천하는 삶
이니, 이것이 과연 무엇이 어렵고 힘
들단 말이더냐?
18 정도로써 가는 것, 너희들이 바른길을
가는 것, 그것이 아니더냐?
19 바른길을 가지 못하는 자들에게 그는
어렵고 힘든 길이나, 바로 가는 자에
게는 그와 같은 것이 아무것도 아님
이니라.
20 모든 백성들이 나의 십계명을 지킬 수
없다 말하나, 너희들은 이는 지키고
살아가야 되며 지킬 수 있다 말하듯이,
21 정도의 길을 가는 자에게는 아무것도
아니라는 그와 같은 깨달음을 너희들
이 얻은 것처럼,
22 너희들이 사랑이라는 것은 바로 남에
게 해하지 아니하며, 피해를 주지 아
니하며, 눈물을 짜게 하지 아니하며,
가슴 아프게 하지 않는 것이 바로 너
희들이 사랑을 행하는 것이니,
23 이는 정도의 길을 감으로써 모두를 역
사하는 것임을 알라.
24 나는 남에게 해를 입히지 아니하며,
해가 되는 것을 행하지 아니하며, 슬
픔을 주지 아니하며, 시기 질투하지
아니하며, 고통을 주지 않는 것을 사
랑이라 했거늘,
25 지금의 모든 종교 집단이요, 믿음의
길을 가는 그 백성들은 무엇이라 말
하느냐?
26 말로써 모두를 다 이루느니라.
27 저희들은 말로써 행하며 말로써 역사
하는 것이 사랑이라 그리 말함이니라.
28 이제는 너희들은 알아야 될 것이니라.
29 너희들이 지금까지 말로써 한 사랑은
죽음의 사랑이요, 무덤 속의 사랑이라
는 것을 그들에게 전해 주도록 그리하
라.
30 너희들은 정녕 행동으로써 남에게 해
를 주지 아니하며, 피해를 주지 아니
하며, 아픈 상처를 주지 않는 그와 같
은 마음으로 살아가는 것이 사랑의 실
천함이요,
31 나 여호와의 본체인 사랑에 너희들이
올 수 있는 길이라는 것을 절대 잊지
말라.
32 너희들이 세상에 생명을 가지고 나감
이니, 그 영혼이요, 그 생명이라는 것
이 무엇이더냐?
33 나의 사랑이 물방울처럼 너희들에게
임하여 너희들이 하나의 생명으로 태
어났음이니라.

34 그러니 너희들은 그 사랑을 실천하며
그를 행할 수 있는 근본이요, 모두를
갖춘 자들이니라.
35 그러나 너희들이 성장하면서 욕심이
라는 것 때문에 너희들이 등을 돌리며
나로부터 떠나는 그와 같은 행위를 함
이니,
36 이제 사랑이 무엇인가를 나의 아들이
너희들에게 전해 주었으며, 또한 내가
그 뜻을 기록하여 너희들에게 깨우치
고자 한 그 의미를 아느냐?
37 남을 해하지 않는 삶을 살도록 그리하
라.
38 그러면 너희들이 사랑을 행하는 백성
이요,
39 나의 원 몸뚱이에서 나간 너희들의
그 물방울이 내 몸에 올 자격이 있음
이니라.
40 내가 물방울과 같은 성령으로써 너희
들을 내보내 너희들이 생명을 가지고
세상에 나갔음이니,
41 그것이 오염이 되며 거기에 오물이
묻었을 때, 절대로 그는 신성한 나의
물방울이요, 그 몸체에 올 수 없음이
니,
42 너희들은 이를 알고 깨우쳐, 너희들이
오물을 가지고 있는 그와 같은 사람이
되지 말며,
43 남을 해하지 아니하며, 남의 마음을
울리지 않는 그와 같은 정도의 길을
가도록 하여,
44 사랑을 실천하며 사랑의 본체로써 살
다가, 내가 오물이 없이 보낸 너희들
의 그 물방울이 원체의 몸뚱이인 나
의 그 물방울과 같이 결합할 수 있도
록 그리하라.
45 그것이 거듭나는 것이요, 하늘에 오르
는 영광을 얻는 길이라는 것을 명심하
고 또 명심하도록 그리하라.

9,742 번째 하나님 말씀

2004년 2월 26일 06시 55분

1 사랑하는 나의 아들아!
2 "네, 아버님! 말씀하옵소서."
3 나의 법전을 접하고 새로운 성경의 뜻
을 알며 그 깨달음을 알 수 있도록 선
택된 백성, 너희들이 얼마나 축복과
영광을 받은 백성인지 알겠는가?
4 그러나 너희들은 그 축복과 영광을 어
떻게 나에게 돌리고 있는가?
5 너희들은 나에게 돌림이 하나도 없는
것임을 알라.
6 이제 나의 아들을 따르는 제자들이요,
그리고 나의 아들에게 내리는 강론을
듣는 백성들, 그리고 나의 뜻을 따라
깨우치고자 하는 너희들이 나로부터
받은 그 은혜는 너희의 정성이 하늘에
닿아도 다 갚지 못하거늘,
7 과연 너희들은 나에게 돌리는 것이 무
엇이며 나에게 바치는 것이 무엇이더
냐?
8 너희들은 아무것도 없음을 알라.
9 이제 나의 아들을 따르는 제자 너희들
은 들으라.
10 너희들이 나로부터 새로운 성경이요,
나의 뜻의 강론을 듣고 깨달음의 길
에 들어설 수 있는 그 선택을 받은 너
희들은 모든 것이 다 변화되는 그와
같은 백성으로서 거듭나야 됨을 알라.

11 살아가는 생활에 있어서 너희들이 천
가지 만 가지가 모두 다 변화되어야
될 것이니라.
12 너희들이 걷는 걸음의 자세요, 앉아
있는 자세요, 음식을 먹는 자세요, 너
희들이 말 한마디, 행동 하나 하는 것
이요, 그리고 속에 있는 너희들의 마
음이 진심으로 변해지는 그와 같은 변
함을 얻어야 될 것이 아니더냐?
13 내가 너의 제자를 통하여 뭐라 말하였
느냐?
14 순교자라는 것은 너희들이 믿음을 위
하여 그 육의 목숨을 던지는 것이 순
교자가 아니라 하였음이니라.
15 너희들이 지금 가지고 있는 그 험악한
마음이요, 다스려지지 않은 마음이요,
그리고 너희들이 욕심이라는 것을 버
리지 못하고 있는 그 마음을 다 털어
버렸을 때, 그 순간에 너희들은 거듭
나는 백성이니,
16 그와 같이 너희들이 가지고 있는 지금
의 검정 마음의 씨를 모두 뽑아내는
것, 하얀 마음으로써 너희들 가슴에
채우는 것,
17 욕심이라는 것을 몰아내고 너희들이
하얀 마음이 되어 나의 성령이 임하는
것,
18 그것이 바로 너희들이 거듭나는 것이
요, 그것이 순교자의 길이라 내가 했
음을 너희들은 알아야 될 것이니라.
19 그러니 너희들이 하나부터 열까지 외
형의 살아가는 모습이 변화되어야 할
것이며, 그리고 너희들의 마음이 또한
변화되는 그와 같은 길을 가는 것,
20 그것이 너희들이 나의 은혜에 보답하
는 길이요, 나로부터 받은 은혜에 감
사의 뜻을 표시하는 것이니라.
21 그러니 이제 나의 아들을 따르는 제자
너희들이 돌이켜 손을 꼽아 하나하나
생각해 보라.
22 나의 법전이요, 나의 아들과 더불어
강론을 들으며, 이 세상의 만백성을
구하는 지도자인 나의 아들과 더불어
같이 가는 너희들이 과연 어찌 변했는
가?
23 너희들의 걸음걸이가 변했는가, 너희
들의 옷을 입는 모습이 변했는가, 너
희 마음이 변했는가, 너희가 하는 말
이 변했는가,
24 무엇이 너희들이 변해서 나의 은혜에
보답하며 내 은혜에 감사하는 길을 갔
는가 내가 묻느니라.
25 그러니 너희들이 열 가지 이상 변한
자, 내가 너희들을 버리지 않으며 상
을 내릴 것이나,
26 너희들은 열 가지도 변하지 아니하였
으며, 단 한 가지도 변하지 못한 것이
너희들이니라.
27 지금까지 살아왔던 그 습성이요, 살아
왔던 방법에서 벗어나지 못하고 더불
어 사는 그와 같은 삶을 산다면, 너희
들은 나로부터 받은 은혜를 갚을 길이
없음이니라.
28 너희들이 지금 나의 법전을 접하며,
나의 아들과 더불어 내가 내리는 강론
을 듣는 것으로써 더 이상 받을 은혜
가 없다 하였거늘,
29 너희들이 그 은혜를 받은 만큼 되돌
려 주면, 그 되돌려 준 것만큼 내가 너
희들에게 다시 은혜를 내릴 수 있는

그 공백이 생기며 그 여분이 있으며
공간이 있다는 것을 잊지 말라.
30 너희들이 걸음걸이 하나 바꾸며 자세
를 하나 바꾸며 삶을 하나 바꿨을 때,
너희들이 나로부터 받은 그 은혜 속에
서 나에게 되돌려 주는 것만큼 그 공
간이 생기니,
31 그 공간에 내가 새로운 것을 너희들에
게 부어 줌이니, 그것이 너희들이 역
사하는 것이요, 은혜 속에 살아갈 수
있는 것이요, 이 세상에 얻지 못할 것
이 없음이니라.
32 내가 너희들에게 내려 준 그 은혜에
너희들이 변하는 것이 없으니, 그 은
혜로 너희 가슴에 꽉 차 있어 새로운
것을 부어 줄 자리가 없으며 부어 줄
것이 없음이니,
33 너희들이 변화되는 모습으로써 하나,
둘, 셋, 열이 변화되면 거기에 내가 준
은혜 속에 공간이 생김이니,
34 그 공간 속에 새로운 은혜요, 새로운
지혜요, 새로운 영광을 내가 너희들에
게 내릴 수 있음이니,
35 오늘 이 시간부터 너희들이 살아가는
모습이요, 걸어가는 모습부터, 행동
하나 하는 것부터, 너희들이 머리를
단정히 하는 것부터, 몸가짐을 단정히
하는 것부터,
36 모든 것이 너희들의 육으로 밖으로
보이는 것이 변화하는 것과 더불어
너희들의 마음이 그와 같이 하나하나
변해야 될 것이니라.
37 너희들의 마음이 변하기를 바랐으며
마음이 변화되어야 한다 내가 가르치
고 전했으나, 너희들의 마음이 변한
것이 무엇이더냐?
38 그러니 내가 육의 형태에서부터 너희
들을 다스려 나가며, 너희들이 변화되
는 것을 먼저 훈련하여 깨닫게 하기
위해,
39 이것 또한 너희들에게 내리는 크나큰
은혜요, 지혜의 영광이라는 것을 알라.
40 육이 변하는 것을 하나하나 하면서 네
마음속의 변화를 하나하나 이루도록
그리하라.
41 그러면 모두를 너희들이 취할 것이며,
너희들이 오늘의 고통이요, 시련에서
모두 다 벗어날 수 있을 것이니라.
42 지금은 너희들이 내가 준 은혜에서
내가 다시 부을 수 있는 공간이 없음
이니,
43 내가 깨우쳐 주고 전한 것을 감사하여
너희들이 행동으로 옮겨 하나하나 실
천할 때,
44 그만큼 그 마음의 공간에서 빠짐이니,
내가 거기다 새로운 것을 부어 줄 수
있음이니라.
45 새로이 부어 줄 것이 없는 것이 너희
들의 오늘의 마음이니, 변하는 삶을
실천하도록 그리하라.
46 너희 스스로 지은 죄, 그것 또한 나로
부터 구원을 받을 수 있는 것이 그와
같이 변화되는 삶이니라.
47 그와 같이 변화되는 삶을 사는 것만큼
내가 너희들의 죄를 용서할 것이며,
너희들이 구원을 받을 수 있는 기회를
열어 줌이라는 그 위대한 이치요, 그
하늘의 비밀을 너희들에게 전함이니
그리 알라.
48 실천하라, 그리고 보이라.

49 내가 보는 곳에서 너희들이 그리 행하
라.
50 내가 너희들의 머리카락 하나까지도
움직이는 것을 다 알고 있으며 내가
너희들과 항상 같이한다 했으나,
51 내가 아무리 변하라 변하라 아우성치
며 나의 아들을 통하여 강론을 내려도,
52 듣고 변하여 만백성을 구해야 될 너희
들은 막상 하나도 변한 것이 없음이니,
53 무엇으로써 너희들이 이 어려운 시련
의 고통을 넘길 수 있단 말이더냐?
54 너희들은 행동으로 변하고 모습으로
변하며 진지하게 변하라.
55 너희들이 형식적으로 변하는 것이 아
니요, 순간적인 기분에 의해서 변하는
것이 아니요,
56 너희들이 내가 내린 감사함에 순간적
으로 변하며, 그를 잊었을 때 다시 인
간의 형태로 돌아가는 그와 같은 것은
변화되는 것이 아니니,
57 너희들의 마음이 그리 변하면 네 마음
을 알 수 없으니, 이제는 외형으로써
변하는 모습을 보여 내가 볼 수 있도
록 그리하며,
58 거기에서 너희들의 마음까지도 변하
는 깨달음을 얻도록 그리하라.
59 그러면 나 여호와는 너희들에게 무엇
인들 안 내려 주며, 너희들이 무엇인
들 얻지 못할 것이 있다 생각하느냐?
60 사랑하는 나의 아들딸들아! 너희들이
행동으로 변하라.
61 걷는 모습, 웃는 모습, 말하는 모습,
모두가 나의 법전을 접했으며 나의
아들을 통하여 내리는 강론을 들은 너
희들이 변한 모습이 아니면 아무것도
아니 됨이니라.

9,743 번째 하나님 말씀

2004년 2월 27일 0시 17분

1 사랑하는 나의 아들아!
2 "네, 아버님! 말씀하옵소서."
3 모두가 너희들이 하나를 이룸에 있어
서 그 이루는 만큼 그 대가로 고통과
시련의 역사가 따르게 되어 있으며,
고통과 시련 속에 노력함이 없이는 아
무것도 이루어질 수 없는 것임이니라.
4 그러니 너희들이 인간 세상에서 이루
어지는 것도 아니요, 볼 수도 없으며
만질 수도 없는 하늘의 세상이요, 하
늘의 법도를 따라 너희들이 나의 뜻에
의하여 역사하는 그 길을 간다는 것이
얼마나 힘들고 어려운 길이더냐?
5 그러니 내가 너를 통하여 너의 제자들
에게 전하기를, 그들이 너를 따르는
길이요, 나 여호와의 뜻을 역사하는
것은 고난의 길이요, 고통의 길이라
하였음이니,
6 그 고통과 고난의 길을 견디고 이기지
못한다면, 결국 너희들은 얻어지는 것
이 없으니,
7 너희들이 그리 갈구하는 거듭나는 인
생이요, 아니, 너희들이 영원히 다시
태어나며 죽지 않는 불멸의 그 세상이
요, 그와 같은 낙원에 너희들이 온다
는 것, 그리고 너희들이 존재한다는
것, 그것이 얼마만큼 너희들의 희생과
고통이 따름으로써 이루어지는 것이
라 생각하느냐?
8 인간 세상에 하나의 목표요, 목적을

달성시키기 위해서 피나는 노력을 했
을 때, 그리하여도 그것을 얻을까 말
까 하며, 그것이 이루어질까 말까 한
것이거늘,
9 너희들이 하늘의 법도를 따르는 것,
하늘의 역사를 하는 것, 하늘의 뜻에
따라 이루는 그와 같은 삶을 산다는
것,
10 그리고 다음의 세상에서 받을 수 있는
것을 오늘에 쌓는다는 것, 그리고 너
희들이 그를 대비하여 오늘에 노력한
다는 것은 과연 어떠하겠는가?
11 육의 세상에 보이는 것은 노력한 만큼
너희들이 얻을 수 있으며 구할 수 있
으며 취할 수 있으며, 너희들이 갖고
자 하는 것을 갖을 수 있으며,
12 너희들이 육의 편안함을 위하여 두르
고 입고 마음대로 다스려 가는 것이
육의 세상이 아니더냐?
13 그 육에서는 보이는 세상의 그 편안함
을 위하여 너희들이 노력하는 만큼 그
결과가 있음이니, 거기에는 너희들이
투자하는 것, 노력하는 것이 아깝지
아니하나,
14 너희들이 보이지 않는 세상이요, 다음
의 세상의 삶을 위하여 투자하고 역사
한다는 것은, 그것이 아무나 할 수 있
는 길이 아니며, 아무나 역사할 수 없
는 것이니라.
15 아무리 노력하고 바친다 해도, 근거가
없으며 보이는 것이 없으며 쌓이는 것
이 없는 다음의 세상을 위하여 너희들
이 살아간다는 것, 그리하여 그와 같
은 세상을 위하여 사는 것이 그리 힘
들고 어려움이니라.
16 그러니 너희들이 그 길을 위하여 살아
가는 것이 얼마나 고통과 시련이 있겠
는가?
17 또한, 지금까지 오던 모든 종교 집단
이요, 지도자요, 믿음의 길을 가는 백
성들에게 바로 가야 되며 그들이 가는
길이 지옥의 길이며, 하늘에 오르는
길이 아니라 하니,
18 천국에 오르는 길이라 하여 가르치는
그 집단의 지도자부터 거기에 구원을
받았다는 그 백성들까지 그들이 너희
들을 핍박하고 공격함이니,
19 너희들 자신이 지키고 가기도 힘들고
어려운 길에 그들의 핍박과 공격이 있
음이니, 너희들이 그 모두를 이기고
간다는 것이 얼마나 힘든 길인지 아는
가?
20 그러나 너희들은 그 길이 아니며 그와
같이 역사하지 아니하면 영원히 사는
세상에 거듭남의 은혜와 영광을 얻을
수 없음이니,
21 오늘의 고통이요, 너희들이 숨을 거두
는 그 순간까지 어렵고 힘든 것을,
22 나 여호와를 향하는 마음이요, 나를
보고 나를 만난다는 그 하나의 일념
아래 흔들리지 않는 자세요, 너희들이
고통을 고통으로 생각하지 아니하며
인내하고 가는 삶이요,
23 너희들은 그것이 아니면 아니 됨이니
라.
24 너희들이 정녕 정신을 통일하여 모두
를 견디고 이길 때, 어떠한 고문 앞에
서도 의지를 지키며 자백하지 않는
자가 있는가 하면,
25 목숨을 바쳐서라도 너희들이 지킬 것

은 지키고 가는 그와 같은 충절의 백
성들이 있지 않더냐?
26 그들보다도 너희들이 못한 것이 무엇
이 있는가?
27 그들보다 더 강한 의지요, 굳은 믿음
으로써 너희들이 역사하는 길을 간다
면 못 이룰 것이 없으며, 너희들이 그
리 원하고 갈구하는 영원히 존재하는
세상에 반드시 올 수 있는 것이니,
28 이를 너희들의 삶에 모두를 다 적용
하여 너희들이 견디고 이기는 그와 같
은 삶을 살도록 그리하라.
29 어떠한 고통과 시련에서도 자백하지
않으며 배신하지 아니하며, 그를 가슴
에 안고 죽을 때까지 지키고 가는 사
람들이 있지 않더냐?
30 그가 얼마나 고통 속에 인내하며 견
디던가?
31 그러니 너희들이 그보다도 더한 길을
가는 것이며, 그보다 더한 고통이요,
32 그들이 그리 지켜서 얻는 것보다도
너희들이 수천수만 배 더 상상할 수
없는 은혜를 받을 수 있으며 너희들
을 구할 수 있는 것이니,
33 너희들이 오늘의 고통과 시련을 어떠
한 압박과 핍박에도 견디고 이겨야
된다는 것을 잊지 말라 그리 전하라.

9,744 번째 하나님 말씀

2004년 2월 27일 0시 22분

1 사랑하는 나의 아들아!
2 **"네, 아버님! 말씀하옵소서."**
3 나의 아들 예수는 너희들에게 그리 전
하여 깨우쳤음이니라.
4 '창조주 아버님은 단 한 분이요, 그밖
에 다른 신은 없다.' 그는 말했으며 너
희들에게 깨우쳐 전해 주지 아니하였
더냐?
5 그러나 지금의 믿음의 길을 가는 백성
들이 어찌 가르치는가?
6 그와 같은 것을 모두 다 파괴하는 가
르침으로 가고 있지 않은가?
7 삼위일체요, 또 너희들이 내가 예수의
몸을 빌어 예수의 형상으로써 세상에
내려왔다는 말을 하지 않는가?
8 너희들이 온갖 여러가지 말을 하고 있
음이니, 너희들이 그 부질없는 생각을
다 버리고 지우지 아니하면 아니 됨을
알아야 될 것이니라.
9 나의 아들 예수가 그리 말하지 아니하
였더냐?
10 창조주 아버님은 단 한 분이라 그리
말하였음이니, 너희들은 나의 아들 예
수가 전하고 가르친 그것을 믿고 따르
면 되는 것이거늘,
11 어찌하여 너희들이 부질없는 생각을
하며, 부질없는 삼위일체요, 그와 같
은 상상할 수 없는 이야기들을 하는가?
12 보낸 나 여호와가 있으며, 명을 받아
간 나의 아들 예수가 있음이니, 그 아
들이 또한 창조주 아버님은 단 한 분
이라 너희들에게 그리 말하고 전했거
늘,
13 너희들이 그와 같은 것을 믿고 따르고
행하면 그 모두가 다 이루어질 것을,
14 어찌하여 너희들 마음대로 내가 예수
요, 예수가 나요, 또한 나 여호와가 예
수의 형상을 가지고 세상에 나갔다며
울고불고 그와 같은 짓들을 하는가?

15 그와 같은 행위를 너희들이 해서는 아
니 됨을 명심하고 또 명심하도록 그리
하라.
16 너희들이 믿음이라는 그것도 마찬가
지이니라.
17 너희들이 나 여호와를 사랑하는 것,
나를 경배하는 것이 우선이요, 그것
외에는 아무것도 필요 없다 그리 생
각하나,
18 너희들은 또한 그와 같은 믿음으로
가서도 아니 됨이니라.
19 너희들이 나 여호와를 사랑하는 것과
네 이웃을 사랑하는 것, 그 모두를 분
리해서 생각해서도 아니 되며, 그것을
나누어서 생각해도 아니 되며, 그것에
우선순위가 있다 생각해도 아니 됨을
알라.
20 너희들이 나 여호와를 경배하고 사랑
하는 것, 그리고 네 이웃을 사랑하는
것은 그 모두가 비중이 같으며,
21 너희들이 그를 분리해서 생각할 수 없
으며, 하나라 생각하고 살아가야 될
것이니 그리 알라.
22 그러니 너희들 마음대로 분리하여 생
각하며 우선순위를 따지는 그와 같은
믿음으로 가서는 아니 될 것이니,
23 네 이웃을 사랑하는 마음이 곧 나 여
호와를 사랑하는 마음이요, 나 여호와
를 사랑하는 그 마음이 너희들이 나의
명에 따라서 네 이웃을 사랑하는 마음
이니,
24 그 모두가 하나요, 둘이 아님을 알며,
우선순위가 없음을 알라.
25 그러니 너희들이 분리하여 생각지 말
며, 똑같은 의미에서 똑같이 존재한다
는 마음을 갖고 그 믿음으로 가며 깨
우쳐 오면,
26 지금까지 깨우치지 못했던 세상의 아
름다움을 알게 될 것이며, 나 여호와
가 원하는 것이 무엇인가를 알게 될
것이니라.
27 그러니 너희들은 지금서부터 믿음에
대한 것도 우선순위를 정하지 말며,
무엇이 우선이며, 무엇이 2번이요, 3
번이라 그리하지 말라.
28 너희들이 사랑하는 것은 모두가 다 똑
같음이니라.
29 너희들이 나를 사랑하는 것, 네 이웃
을 사랑하는 것, 형제를 사랑하는 것,
어버이를 사랑하는 것이 다 같으니,
30 이 세상의 모두를 그와 같이 사랑하는
마음을 가지고 살아간다면, 곧 그것이
너희들이 우선순위가 없는 믿음이요,
사랑이라는 것을, 그와 같은 이치를
알도록 그리 전하라.

9,745 번째 하나님 말씀

2004년 2월 27일 0시 26분

1 사랑하는 나의 아들아!
2 "네, 아버님! 말씀하옵소서."
3 모든 기적의 역사에 대하여 너희는 어
떠한 형태로 어떻게 발생했으며, 그
위대한 기적이 지금에 와서 너희들이
역사할 수 있는 것인가, 또는 지금의
시대에 역사할 수 있는 사람은 없는
가, 누군가가 그와 같은 역사의 기적
을 이루지 않는가,
4 그와 같은 기대의 심리에서 믿음의 길
을 가서는 아니 되는 것이니, 너희들

은 그를 알아야 될 것이니라.
5 그 모두는 너희들이 지금에 와서 그와
같은 역사가 누군가에 의해 또 이루어
지기를 바라며 그와 같은 기적이 이루
어지기를 바라나,
6 너희들은 그러한 생각으로써 믿음의
길을 가서는 아니 됨이니라.
7 그러니 너희들은 그 역사를 이루기를
바라지 말며,
8 그와 같은 기적이 무엇을 의미하는
것이며, 어찌하여 그와 같은 역사의
기적을 행하지 아니하면 아니 되는가,
그것을 연구하는 그와 같은 마음 자
세로 믿음의 길을 가야 됨을 알아야
될 것이니라.
9 기적의 역사요, 그 이적이 너희들에게
무엇을 깨우치고자 했으며, 너희들에
게 무엇을 전하고자 한 것인가, 그 의
미를 알도록 노력하는 그와 같은 연
구에 연구를 거듭하는 삶을 살며,
10 너희들이 성서에 기록되어 있던 그 모
든 기적의 역사를 하나하나 다시 한
번 생각해 봐야 될 것이니라.
11 어찌하여 그와 같은 기적의 역사를 이
루었으며, 그 역사는 무엇을 위하여
이루어졌으며,
12 그 역사가 이루어진 그 의미는 무엇
이며, 너희들에게 전하고자 하는 것은
무엇이며, 너희들에게 깨우치고자 하
는 것은 과연 무엇인가, 이를 연구하
고 연구하는 그와 같은 믿음의 길을
가야 됨을 알라.
13 그렇지 아니한 자, 너희들이 그 숨어
있는 뜻을 알 수 없으며 그 기적의 역
사를 이룬 뜻을 알 수 없음이니,
14 그러니 지금도 너희들이 그와 같은 기
적의 역사가 이루어지기를 바라며, 누
군가가 그와 같은 역사를 이루는 사
람이 세상에 오기를 바라는 것이니,
15 너희들이 지금의 믿음이요, 생각함이
잘못되었다 함을 알라.
16 그 모든 기적의 역사를 연구하고, 너
희들이 그 의미가 무엇이며, 너희들에
게 무엇을 깨우쳐 주고 너희들을 어
찌 다스리고자 했는가를 연구하고 또
깊이 파고들어 간다면,
17 너희들은 지금까지 변하지 못했던 그
와 같은 깨달음을 알게 될 것이며, 거
기에서 깨달음의 지혜를 얻게 된다는
것을 알아야 될 것이며,
18 그리하여 너희들이 변화되는 삶을 살
수 있다는 것을 알아야 될 것이니,
19 너희들은 누군가가 또 그와 같은 역
사를 이루기를 바라지 말며,
20 그와 같은 역사가 왜 이루어졌으며
행하여졌는가, 그것을 연구하는 믿음
의 자세로써 먼저 변화되어야 한다는
것을 잊지 말라 그리 전하라.

9,746 번째 하나님 말씀

2004년 2월 27일 06시 20분

1 사랑하는 나의 아들아!
2 "네, 아버님! 말씀하옵소서."
3 나 여호와가 너희들의 세상에 내려
준 그 은혜요, 아담과 하와가 역사했
던 그 지상의 천국으로 너희들을 다시
원상 복구시키는 것이며, 그 세상으로
너희들이 돌아가는 것이 나 여호와의
뜻이요, 내가 역사하는 것이라 그리

말하였음이니라.
4 그러니 지금의 나의 피조물 만백성이
살아가는 그 모습이요, 형태로써 과연
너희들이 선악을 구분하지 않는, 그
모두가 존재하지 않는, 오로지 지상의
천국과 같은 세상으로 나의 백성들이
갈 수 있다 생각하는가?
5 그러니 너희들이 지금 스스로 네 이웃
이요, 너희 형제를 볼 때, 그리고 너희
자신을 들여다볼 때, 과연 너희들이
그 길을 갈 수 있다 생각하는가?
6 그리고 너희들은 그 세상에 갈 수 있
는 삶을 살아가는 백성이 있다는 말
인가?
7 곧 내가 너희들을 통하여 말하였느니
라.
8 지금 너희들이 구원의 길이요, 내 옆
에 온 자 없다 하였음이니,
9 그리고 사랑하는 나의 백성들이 지금
도 내 옆에 올 수 있는 자가 없다 내가
그리 말하지 아니하였던가?
10 그러니 너희들이 내가 아담과 하와에
게 주었던 지상의 낙원이요, 그 세상
에 들어갈 수 있는 백성이 너희들이
보기에 과연 있다 하면, 그는 바로 곧
내 옆에 올 수 있는 자이니라.
11 너희들이 나의 피조물 만백성을 보며
그들의 속내요, 그들이 살아가는 모습
을 볼 때,
12 너희들이 그와 같은 자로서 아담과
하와같이 그 에덴의 동산에 올 자격
이 있는 사람이 세상에 한 사람도 없
다 생각한다면,
13 과연 너희들은 나에게 올 수 있으며
내 옆에 올 수 있는 자가 있다 생각하
느냐?
14 그러니 내가 없다는 말이 바로 여기에
있음이니라.
15 그러니 내가 나의 아들을 통하여 내려
너희들에게 가르치는 160권의 그 나
의 성령인 내 가르침이 곧 나 여호와
의 뜻이요, 진정한 나의 아들로 하여
금 이 모두를 역사하고자 하는 것이니,
16 나의 아들의 강론을 들으며, 나의 아
들을 통하여 내 뜻을 듣고 나의 법전
을 읽고 깨우치는 백성 너희들이 무엇
이라 말하였느냐?
17 하늘에서 쏟아지는 그 소낙비 중에 단
하나의 황금 물방울이 내려옴이니, 그
황금 물방울을 손에 받은 자요, 가슴
에 안은 자라 내가 그리한 뜻을 너희
들은 알겠는가?
18 그러니 지금 내가 너희들에게 어찌하
라 하는가?
19 너희들은 완벽한 사람이요, 완벽히 변
화되는 삶을 살라 함이 바로 여기에
있음이니라.
20 이제는 너희들이 선악이라는 것을 구
분할 줄 알며 선악이 무엇인가를 알고
있지 않으냐?
21 아담과 하와가 선악과를 따먹음으로
인하여 그들이 악과 선을 구분할 수
있도록 눈이 밝아졌다 하듯이, 그 후
예가 바로 무엇이더냐?
22 너희들이 선과 악을 볼 수 있는 그 지
혜를 가지고 있는 자들이며, 그를 볼
수 있는 눈이 있지 않은가?
23 그러니 너희들이 스스로 선악을 구분
하여 한번 들여다보라.
24 과연 너희들은 나의 백성이요, 나의

사랑하는 아들딸로서 에덴의 동산이
요, 낙원에 갈 수 있는 그와 같은 삶을
사는 백성이 세상에 있는가?
25 너희들은 한 사람도 없다 그리 말할
것이니라.
26 너희들은 그들이 살아가는 모습이 앞
과 뒤가 다르며, 그 살아가는 것이 보
이는 곳에서의 행함과 보이지 않는
곳에서의 행함이 다름을 들여다볼 수
있을 것이니라.
27 이제 나의 아들을 따르는 제자 너희들
은 모든 백성들의 말을 들으며 그들의
행동을 봄으로써, 그들의 얼굴빛을 보
며 그들의 몸짓을 보면서 그들의 깨우
침을 알고 있을 것이니라.
28 그들이 너희들이 가고자 하는 그 길을
가는가, 그렇지 않으면 그 길을 가지
아니하는가?
29 아무리 그들이 갖추고 외형을 손질하
고 단장했다 하여도, 너희들이 볼 때,
너희들이 가는 길만큼도 가는 사람이
없을 것이니라.
30 그러니 너희들 스스로 너희 자신을 점
수를 매겨 볼 때, 이 세상에 나의 아들
을 따르는 백성들이요, 그 변하고자
하는 너희들의 마음 같은 백성이 세상
에 없음이니라.
31 그러니 너희들 자신도 완벽하지 못하
다 너희 스스로 인정할 것이며,
32 너희가 아직 멀었으며, 수시로 무너지
는 너희들의 마음을 다스릴 수 없음이
니, 너희들 또한 나에게 오를 자격이
없는 백성이라 스스로 느끼고 알고 있
을 것이니라.
33 그리하여 너희들이 수없는 허물을 벗
어던지기 위하여 노력함이니, 그와 같
이 너희들과 같은 마음을 가지고 사는
백성이 없다 하니,
34 너희들도 너희 스스로 하늘에 오를 수
있는 자격이 없으며, 천사와 같이 변
하지 못한다는 것을 알고 있으니,
35 이것이 바로 아무도 구원을 받은 자
없으며 내 옆에 온 자 없다는 그 뜻임
을 너희들은 알아야 될 것이니라.
36 그러니 이 세상의 모든 종교 집단이
요, 지도자 그들은 나의 아들을 찾기
만 하며 부르짖기만 하면 다 구원을
받았다, 하늘에 오르는 백성이라 그리
말함이니,
37 이 세상의 하늘과 땅 안에 그 모두로
써는 구원을 받을 수 없으며, 내 옆에
오른 자 한 사람도 없으니,
38 너희들이 선과 악을 구분하는 그 눈이
뜨였으니, 악을 버리고 선을 선택하여
천사처럼 변하는 자만이 하늘에 오를
수 있다 하며, 한 사람도 없다 부르짖
음이니,
39 이를 받아들이고 이해할 수 있는 자가
있겠는가?
40 그러니 너희들이 가는 길이 고달프고
어려운 길이요, 고통의 길을 가게 되
어 있는 것임을 알아야 될 것이니라.
41 모두가 너희들을 핍박할 것이며, 그
고통으로 너희들을 밀어붙일 것이며,
너희들을 낭떠러지로 밀고 가는 자들
이 그들이라는 것을 알아야 될 것이니
라.
42 저희들이 구원을 받은 자요, 하늘에
오르는 길이라 믿고 살아가는 그 백성
들, 그리고 나의 아들 예수의 보혈로

은혜를 받았으며, 나를 찾기만 하면
천국에 오른다는 그 편안한 길을 가는
그들에게,
43 너희들은 '절대 오를 수 없는 자요, 오
늘의 방법으로써는 지옥으로 가는 길
을 달려가는 백성이라' 함이니, 너희
들을 핍박하고 욕하는 자가 얼마나 많
이 있겠는가?
44 그러나 너희들은 여기서 정녕 너희들
이 가는 길이요, 너희들이 역사하는
길이 나 여호와의 뜻에 의한 길이요,
하늘에 오르는 길을 달려오는 백성이
라는 것을, 너희들이 확신을 가지고
그들을 깨우치는 데 최선을 다하여야
될 것이니라.
45 이제 나의 법전을 믿으며 나의 아들이
역사하여 내 뜻을 가르치는 그 강론을
듣는 너희들이 마음 자세를 굳건히 해
야 됨이니라.
46 너희들이 만 분의 하나라도 의혹하는
마음, 흔들리는 마음이 있으며,
47 나의 법전을 들고 정녕 이게 나 여호
와의 뜻인가 생각하는 것, 너희들이
그를 의혹하는 마음 한 번을 가짐으로
인해서 아무것도 얻을 수 없으며 이룰
수 없다는 것을 알라.
48 내가 사랑하는 너의 제자들을 깨우쳐
주기 위하여 너희들에게 오늘의 이 뜻
을 전함이니라.
49 지금 모두가 구원을 받았다 하나, 너
희들이 구원을 받지 못한다 말하는
것, 이와 같은 나의 뜻을 전하는 오늘
의 내가 너희들에게 내리는 그 내용을
잘 듣고 음미하고 깨우쳐 보라.
50 그러면 너희들이 나 여호와요, 나의
법전을 만분의 일이라도 의혹을 해서
는 아니 되는 뜻이 거기에 있음을 알
게 될 것이니라.
51 지금 나 여호와가 아담과 하와가 존재
하는 세상으로 너희들을 다시 돌려보
내며 그 역사를 이루는 것이 너희들이
니라.
52 그러니 과연 너희들이 그와 같은 세상
으로 갈 수 있는 백성인가 아닌가를
스스로 점수를 매기면 알 것이니,
53 너희들이 그와 같은 길을 가게 하기
위해서 지금 나의 법전을 역사하는 것
이며, 나의 아들을 통하여 너희들에게
강론을 내림이니, 그 모두를 가지고
너희들이 진단하며,
54 그 길을 따르는 자, 만 분의 일의 작은
마음이라도 흔들리는 마음이 있어서
는 이룰 수 없다는 것을 알 것이니라.
55 너희들이 계산하고 생각하는 것은 그
모두가 하늘의 뜻이요, 나의 역사요,
하늘의 법도에 따르는 것이기 때문에,
56 너희들이 그리 생각한 만큼 그 많은
세월을 지상에서 보내야 되는 것이 너
희들의 운명이라 내가 말하였음이니,
57 너희들은 이 순간부터 어떠한 생각이
든 나의 법전을 의혹하며, 나의 아들
이 가는 길을 의혹하며, 너희들 자신
이 의혹하는 마음을 한 번도 가져서는
아니 됨이니라.
58 그 마음을 지우고 가는 자, 너희들이
세상의 이치를 보게 될 것이며,
59 너희들이 선악에 눈이 뜨이는 것처럼
갈 수 있는 길이요, 역사하는 것에 은
혜와 축복이 같이할 것이라는 걸 절대
잊지 말라.

9,747 번째 하나님 말씀

2004년 2월 27일 06시 24분

1 사랑하는 나의 아들아!
2 "네, 아버님! 말씀하옵소서."
3 너의 제자들과 그리고 나의 법전을 읽고 깨우친 너희는 더 이상 이 세상에 기적이요, 은혜의 역사요, 아무것도 생각해서도 아니 됨이니라.
4 내가 나의 아들을 통하여 너희들에게 뭐라 말하였느냐?
5 너희들이 지금 나의 법전을 접한 것, 그리고 나의 법전의 강론을 듣는 것, 그것 하나로써 어떠한 기적과 은혜의 역사를 기다려도 아니 됨이라 하였음이니라.
6 너희들에게 이루는 그 기적이요, 역사는 이것보다 더 위대한 것이 없다 함을 너희들은 알아야 될 것이니라.
7 너희들이 지금의 삶을 그대로 살 때, 나에게 오를 수 있는 자격이 없으며, 너희들은 결단코 하늘이라는 나의 나라에 거듭나는 생명으로 태어날 수 없는 것임을, 너희들 스스로 점수를 매겼을 때 너희들 스스로 알 수 있을 것이라 내가 그리 말하지 아니하였더냐?
8 그러니 너희들이 지금의 삶을 그대로 살아가는 자는 어떠하겠는가?
9 나의 아들을 통하여 내리는 강론을 듣고 나의 법전을 만들고 읽고 하는 그 생활 속에서 너희들이 하나하나 허물을 벗어 버리며, 천사와 같은 마음으로 살겠다는 각오 속에 살아가는 너희들도 정녕 지금 완벽하게 변하지 못하는 삶을 삶이니,
10 완벽하게 너희들도 변하지 못하였으니, 너희들의 삶이 곧 무엇이더냐?
11 너희들이 죽어 지옥이라는 곳, 한 번 들어가면 나오지 못하는 곳으로 가야 하는 나의 백성들이 아니더냐?
12 그러니 지옥 불에 가면 나오지도 못하고 고통스러운 그 죄의 대가를 치르는 그 길에서,
13 너희들이 나로부터 선택되어 나의 법전을 만들며, 이를 전하며, 그리고 나의 아들을 통하여 강론을 들으며, 너희들이 변화될 수 있는 것은 바로 무엇이더냐?
14 지옥으로 가야 되는 너희들을 구원의 길로 인도하는 것이니,
15 너희들이 오늘의 나의 아들을 통하여 기도를 들으며 강론을 들으며 나의 법전을 읽고 깨우치는 그 은혜를 입은 것으로써 더 이상의 기적을 바라지 말며, 더 이상의 역사를 바라지 말도록 그리하라.
16 너희들이 나의 법전을 접하고 만들고 전하고 강론 듣고 너희가 변하는 것, 더욱이 나의 아들과 한 시대를 같이 살아가 이 모든 대역사를 이루는 데, 대혁명을 이루는 데 선택된 너희들 자신이 그보다 더 위대한 기적이 없다는 것을 알아야 될 것이니 그리 알라.
17 너희들은 들으라.
18 누가 너희들 앞에 와 태산을 네 앞에서 옮겨 놓으며, 바다를 산으로 만들며, 또한 산을 바다로 만드는 그와 같은 역사를 한다 해도 너희들의 마음이 흔들려서는 아니 됨을 알아야 될 것이니라.

19 그것보다도 더 위대한 은혜요, 기적의
역사를 받은 것이 너희들이 나의 법전
을 접하며, 그리고 너희들이 스스로
깨우쳐 변하는 그것이니라.
20 너희들이 천사와 같이 변하는 것이 거
듭나는 것이요, 나에게 오를 수 있는
은혜를 받는 것이니,
21 너희들이 태산을 옮겨 놓는 그 역사를
보며, 강과 바다를 산으로 만들며, 산
을 강과 바다로 만드는 그 역사를 본
다 해도,
22 너희들의 마음이 변하는 그 역사가 없
이는 거듭나는 길이 없으며, 너희들이
나에게 오를 수 없음이니라.
23 오로지 나의 법전을 읽고 깨우쳐 변화
되며, 나의 아들을 통하여 내리는 강
론을 듣고 너희들이 변하며 선악을 구
분할 수 있는 눈이 뜨임이니,
24 너희들이 악을 하나 벗어던지는 그와
같은 역사가 곧 구원의 역사요, 거듭
나는 역사이니, 그보다 더 큰 기적이
요, 은혜가 너희들에게 없음이니,
25 그 이상 무엇을 바라고 이루고자 하는
욕심을 버리라.
26 그것이 너희들의 욕심이니, 너희들이
변하는 마음마저도 무너짐이니 그리
알라.

9,748 번째 하나님 말씀

2004년 2월 27일 06시 30분

1 사랑하는 나의 아들아!
2 "네, 아버님! 말씀하옵소서."
3 이제는 나의 아들 너를 따르는 그 제
자들이요, 그리고 나의 법전을 읽고
깨우친 만백성 너희들은 마음 자세를
다스려야 될 것이며, 너희들이 하늘의
이치를 깨닫는 데 모두를 다 바쳐야
될 것이니라.
4 나의 아들을 따르는 그 제자들이요,
너희들은 영광과 권세가 너희들에게
있는 것이 아님을 먼저 알고 깨달아야
될 것이며,
5 이 길은 권세와 영광을 위하여 달려가
는 것이 아니요, 어렵고 힘든 협착한
고통의 길을 가는 것이라는 것을 알아
야 될 것이며,
6 그 길을 가기 위해서 선택된 것이 나
의 아들을 따르는 제자 너희들임을 알
아야 될 것이니라.
7 나의 아들을 따르며 나의 법전을 읽고
깨우쳐 나에게 오르고자 하는 선택된
백성 너희들은, 오로지 너희들에게는
영광과 권세가 아니요, 고난과 박해와
핍박과 고통만이 너희들을 기다리고
있는 길이요,
8 그와 같은 것만이 너희들을 기다리고
있는 길이라는 것을 알며 너희들이 가
야 할 길이라는 것을 알아야 될 것이
니, 그리 전하라.
9 너희들이 인간 세상의 지도력이요, 인
간의 가르침이요, 인간과의 이루어지
는 그 세상에서는 너희들은 인간 육의
부귀와 영화를 얻을 수 있을 것이며,
10 너희들이 인간 세상에서 소원하는 것
을 이룰 수 있도록 인간 세상의 지도
력이요, 가르침이라는 것이 있으며,
11 그 인간 세상의 지도력이요, 가르침으
로써 너희들이 거기에 더불어 가는 것
은 부귀와 영화를 이 육의 세상에서

얻을 수 있는 것이니라.
12 그러나 너희들이 나의 아들을 따르는
그 길은 무엇이던가, 그리고 나의 법
전을 따르는 길은 무엇이더냐?
13 나 여호와의 뜻에 따라 너희들이 나의
아들과 같이 인간 세상의 지배적인
위치를 얻고자 하는 것이 아니며, 너
희들이 그를 위해서 가는 것이 아님을
알아야 될 것이니라.
14 나의 아들을 따르며 나의 뜻에 따라
법전을 가지고 공부하는 백성 너희들
은 나 여호와의 뜻에 따라 하늘의 이
치를 깨우치고자 하는 것이요,
15 인간 세상의 지도력이요, 그 가르침에
의하여 부귀와 영화를 얻는 것이 아니
라, 세상의 이치를 벗어나 하늘의 이
치의 위대함을 깨우쳐 가는 그 백성
들이니라.
16 그러니 하늘의 이치요, 나 여호와를
따르는 백성들은 어떠한 길을 가는
것이 나 여호와를 따르는 길이라 내가
성서에 기록하였더냐, 사랑하는 나의
아들아!
17 "네, 아버님! 아버님께서 성서에 기록
하여, 아버님의 뜻에 따라 역사하는
그 모든 백성들은, 백성들을 지배하는
제왕이 아니요, 높은 자가 아니요, 만
백성의 종이 되는 것이며,
18 만백성을 섬기는 지도력을 위하여, 저
희들이 만백성의 종의 위치를 위하여
존재하는 것이며,
19 그와 같은 삶을 살아가는 것이 아버님
의 뜻을 따르는 것이요, 하늘에 오르
는 길이요,
20 의인이란 만백성을 섬기기 위하여 이
세상에 오는 것이요, 섬김을 받으러
오는 것이 아니라 하셨사옵나이다.
21 그러니 저희들이 만백성의 종이요, 만
백성을 섬기는 지도력의 깨우침을 배
우고 가는 것이 아버님의 뜻을 따르는
길이요, 아버님으로부터 선택된 백성
이요, 만백성의 종의 위치를 지키기
위하여 오늘에 살아감이니,
22 그리하여 저희들이 그와 같은 삶을 사
는 자가 아버님의 백성이요, 하늘에
오르는 길의 백성이라 성서에 기록되
었으며,
23 또한 아버님께서 이와 같이 가라 하는
것이 오늘의 가르침이시기에,
24 저희들이 오늘에 살아가는 그 삶은 영
광과 권세와 부귀가 저희들을 기다리
는 것이 아니며, 저희들에게 그 길을
열어 주시는 것이 아니요, 박해와 핍
박과 어렵고 힘든 길을 감이며,
25 인간 세상의 지도력을 보고 배우고 가
르치고 깨우치는 것이 아니요, 하늘의
지도력이요, 하늘의 뜻에 따라 살아가
는 것이니,
26 정녕 아버님의 백성이요, 아버님의 아
들딸로서 거듭나는 백성이라면, 아버
님께서 명하신 그 길을 가는 것이기
에,
27 저희들은 만백성을 지배하는 그와 같
은 자가 아니요, 만백성 앞에 군림하
는 자가 아니요, 남들처럼 부귀영화를
누리기 위해서 가는 길이 아니요,
28 만백성의 종이요, 만백성을 섬기는 그
지도력만을 배우고 깨우치는 것이 저
희들이 가야 하는 길이요, 만백성의
충실한 종이 되는 그 깨우침을 위하여

가는 것이 저희들이 가야 할 길이니,
29 종의 위치를 지키는 것이, 그리고 섬
기는 자의 위치를 지키는 것이 저희
들이 가는 길이옵나이다.
30 그것만이 하늘에 오르는 길이요, 그러
기에 저희들은 부귀와 영화가 저희들
앞에 기다리는 것이 아니요,
31 박해와 고통과 어렵고 힘든 길만 기
다리고 있는 것이 저희들의 운명이요,
저희들이 가는 길이라 하시는 말씀을
저는 그리 알고 있사옵나이다."
32 사랑하는 나의 아들아, 그러하니라.
33 그것이 너희들이 가야 할 길이며, 너
희들이 가는 역사임을 알아야 될 것이
니,
34 이를 두려워하며 겁먹는 자, 결코 너
희들이 거듭나는 은혜와 영광을 얻을
수 없는 자들이니 그리 알라.

9,749 번째 하나님 말씀

2004년 2월 27일 06시 42분

1 사랑하는 나의 아들아!
2 "네, 아버님! 말씀하옵소서."
3 나의 성서에 기록하여 내 뜻을 뭐라
전하였느냐?
4 '인자는 섬김을 받으러 온 것이 아니
라 섬기러 왔다.' 하였으며,
5 종으로서 보내진 자이기 때문에 가장
낮은 자요, 어려운 그 길을 가는 것,
그리고 인간 육의 고통과 힘든 길을
역사하는 것이라 내가 그리 말하지 아
니하였더냐?
6 그러니 너희들이 만백성을 깨우치고
지도함에 있어서 어떠한 길을 선택하
며, 어떠한 길을 가는 것이며, 어찌 전
하는 것이 가장 중요한 것인가를 너희
들은 알고 깨우쳤을 것이니라.
7 모든 백성들을 위하여 모두를 다 바치
고 던져야 하는 것이 너희들이니라.
8 그를 위하여 인자가 보내졌음을 너희
들은 알 것이며, 그 인자는 그와 같은
길을 가는 것이 나 여호와의 뜻에 따
라 역사하는 길이라 하는 것을 너희들
은 이제 알고 있을 것이니라.
9 그러니 너희들이 모두 섬김을 받으러
온 것이 아니요, 섬기러 왔기 때문에,
종으로서의 그 자리를 지키는 그와 같
은 길이 아니면 너희들은 정녕 나에게
오를 수 있는 길이 아니요, 선택된 백
성들이 아니라 함이니라.
10 그러니 너희들이 어렵고 힘든 길이요,
이 길이 아니면 진정한 선택된 나의
백성으로서 거듭나는 영광이요, 은혜
의 축복을 결코 얻을 수 없다는 것을
알아야 될 것이니라.
11 너희들은 육의 삶의 편안함과 영혼의
삶의 그 안식을 얻는 것 중에 무엇을
선택하며 어찌 가느냐 하는 너희들의
깨달음에 따라서 모두를 얻고 잃는 그
와 같은 결과가 될 것이니라.
12 그러니 너희들이 섬기는 자가 될 것이
며, 종으로서의 자세로 변화되었을
때, 너희들은 곧 내가 원하는 길을 가
는 백성들이요,
13 그러니 너희들이 나에게 오르는 반석
위에 서서 하늘에 오르는 빛을 보고
걷기 시작하는 백성들이니,
14 너희들이 출발선까지 왔을 때, 출발선
부터 너희들이 그 길만 바로 오면 나

에게 오를 수 있다는 그 의미를 안다
면,
15 너희들은 어찌 살아야 될 것이며 어찌
변화되어야 될 것인가를 스스로 너희
들이 먼저 알 것이니라.
16 내가 말한 섬김을 받으러 온 것이 아
니라 섬기러 왔기 때문이요,
17 그리고 너희들이 선택된 자이니, 종으
로서 살아가는 그와 같은 마음 자세로
써 너희들이 낮은 자가 되라.
18 정녕 그리되었을 때 너희들은 모두를
알게 될 것이니라.
19 너희들이 아직도 종으로서의 그 습관
이 배어 있지 아니하며 섬기는 자의
습관이 배지 아니하였으면 나의 아들
딸로서 자격이 없음이니,
20 내가 너희들에게 무엇을 열어 주며 무
엇을 보일 수 있단 말이더냐?
21 너희 스스로 얻을 수 있는 것을 너희
들이 보지 못하며 역사할 수 있는 것
을 보지 못함이니라.
22 내가 너희들을 사랑함이니, 너희들은
섬김을 받으러 오는 자가 아니라 섬
기러 온 자들이니라, 그리하여 선택된
자들이니라.
23 그러니 너희들이 모든 마음을 다 버
리며, 종으로서 인간의 종의 도리를
다하며 살아가는 그 위치에 섰을 때,
24 모두는 다 너희들의 손 위에 있음을
알게 될 것이니라, 사랑하는 나의 아
들딸들아!
25 이제 내가 마지막 시대, 제3의 시대에
그 모두를 역사함이니,
26 너희들이 그와 같은 자세로써 변화되
지 못한다면, 나의 법전이 세상에 전
해질 수 없으며 나의 뜻은 역사할 수
없는 것이니라.
27 내가 간절히 바라고 애원하는 나 여호
와의 뜻을 너희들은 알겠느냐?
28 마지막 시대며, 마지막 기회를 내가
너희들에게 내린 것임이니라.
29 그러니 너희들이 행하고 실천하지 아
니하면, 모두가 역사하고 이루어질 수
없음이니,
30 너희들이 그와 같은 자세로 살아가지
아니하면 나로부터 버려지는 자요, 나
로부터 멀어지는 자가 됨이니라.
31 내가 너희들의 이름을 기억하며 너희
들의 이름을 내 에덴동산에 걸어 놓았
다 하지 않았느냐 ?
32 그 명패를 떼는 나 여호와의 아픈 마
음을 너희들이 알겠느냐?
33 그러니 내가 그를 떼고 안 떼는 것은
너희들에게 달렸음을 알라.
34 그러니 너희들이 그와 같은 자세로 완
벽히 변화되라, 그러면 너희들이 하늘
에 오르는 길에 들어서는 것이요.
35 인간인 너희들이 경주하기 위하여 출
발선에 오기 전까지 모든 준비하고 노
력하는 것, 땀 흘리는 것은 너희 자신
의 소관이니라.
36 그리고 달리는 것은 그때부터 달리기
만 하면 된다 한 그 이치를 깨우쳐 주
지 않았더냐?
37 그러니 너희들이 종으로서 섬기는 자
가 되도록 하라.
38 그것은 너희들의 몫이니라.
39 그것만 너희들이 완성한다면 너희들
은 그다음부터 오기만 하면 되는 것이
니, 모두가 다 너희들의 손에 있으며

너희들이 무너지지 않으며 거듭나는
그 영광을 얻게 되는 것이니,
40 출발선까지 살아오는 그 길이 너희들
이 섬기는 자요, 종으로서 역사하는
것임을 가르치는 내 의미를 너희들은
알겠느냐?
41 이 길이 아니면 진정한 선택된 나의
백성의 삶이 아니니라, 사랑하는 나의
아들딸들아!
42 자신을 낮추며 자신을 버리며 자신의
마음의 문을 열라 하였음이니, 종으로
서 너희가 자세가 낮춰졌으며 갖춰져
있는가 그것을 보도록 그리하라.
43 나의 법전을 역사함에 너희들이 너희
목숨을 다 바쳤을 때, 그리고 너희들
이 또한 내 법전을 만들어 전하고 역
사하는 것에 모두를 다 바쳤을 때, 너
희 자신이 거듭남을 알라.
44 나의 아들 예수가 뭐라 말하였느냐?
45 '살고자 하여 그를 따르는 자는 죽을
것이요, 죽기를 각오하고 그를 따르는
자는 생명이요, 거듭남을 얻는 것이
라' 내가 성서에 기록했듯이,
46 오늘의 너희들이 나의 법전을 만들어
세상에 전하는 데 너희 목숨을 다 바
치는 그와 같은 역사를 이루었을 때,
너희들은 거듭남이니라.
47 이제 사랑하는 나의 아들딸, 너희들
부부가 와서 지금 나의 강론을 들으며
너희들이 고통과 시련의 길을 감이니,
너희들 둘이 손을 잡고 깊이 생각해
보라.
48 과연 너희가 섬기는 자가 되었는가,
섬김을 받고자 하는 마음이 되었는가?
49 과연 가진 것이 없으며 배운 것이 없
으며 너희 앞에 쌓아 놓는 것이 없는
너희가 종으로서 살아가고자 하는 그
각오가 되어 있는가, 그렇지 않으면
수시로 주인이 되고자 하는 마음으로
써 살아왔는가?
50 나의 새벽 기도를 듣는 너희 부부의
고운 마음을 내가 이제 알고자 하며,
너희 마음이 변하고자 함이니,
51 오늘 가는 길에 너희들 부부가 깊이
생각해 보라.
52 과연 너희가 섬김을 받았는가, 섬기는
자가 되었는가,
53 정녕 진정한 종이 되었는가, 그리고
모두를 너희가 다 버렸는가?
54 자식이요, 형제요, 그 모두를 다 버리
고 그 모두를 지워 버리며 너희가 나
의 법전을 만드는 데만 모두를 다 바
쳤는가?
55 너희들은 예수의 그 제자가 수천수만
명이었음을 알아야 될 것이니라.
56 그 제자 중에서 이름이 거론된 자 외
에 나머지 이름이 거론되지 아니한 그
제자들이 무엇인 줄 알겠느냐?
57 모두를 저버리고 따랐던 그 제자들의
이름이 기록되었으나, 그보다도 더 위
대한 제자들이 더 많이 있었음이니라.
58 제자리에서 직업에 충실하며 제자리
를 지키면서 복음을 전했으며 그리 역
사한 제자들이 수없이 있었음을 너희
들은 알라.
59 그러나 이름이 기록된 그들은 모두를
다 버리고 따른 자들이니, 너희들이
그와 같은 마음으로써 지금 가고 있는
가를 다시 한 번 생각해 보며,
60 내가 나의 아들을 통하여 너희들에게

마지막의 기회를 줌이니 그리 알라.
61 너희들이 과연 나의 법전을 역사하는
데 너희들의 자식이요, 너희들의 형제
요, 너희들의 부모요, 그 모두를 넘어
서서,
62 만백성을 구하는 것이 네 자식이요,
네 형제를 아끼고 사랑하는 것보다 더
나 여호와의 뜻에 의해 역사하는 것이
며 더 큰 뜻을 역사하는 것인가를, 너
희들은 그를 구분하여 깨닫도록 그리
해야 될 것이니라.
63 그리고 정녕 너희들이 섬기는 자들이
되었는가, 그리고 너희들이 종으로서
살아갔는가, 그리고 나의 법전을 만드
는 데 목숨을 바치는 것을 먼저 생각
했는가?
64 어찌하여 너희들이 그것도 깨닫지 못
하고 너희들이 아직도 헤매고 있단 말
이더냐?
65 너희들 부부가 와 나의 아들을 통하여
내리는 이 새벽의 기도를 들으며 나의
성령을 들으니, 내가 너희들에게 이리
마지막 주는 선물이요, 가르침이니,
66 너희들이 종으로서 거듭나며, 섬기는
자로서 거듭나며, 모두를 다 버리라.
67 형제와 자식이요, 그 모두를 버리고
나의 아들 예수를 따랐던 열두 제자들
처럼, 그를 따른 그들의 마음처럼 너
희들이 거듭나라.
68 그리하면 모두가 다 너희들 부부의 손
안에 있을 것이니라.
69 내가 너희들을 사랑하여 그리 선택하
였건만, 너희들이 나에게 돌려준 것이
무엇이 있으며 너희들이 깨달은 것이
무엇이 있단 말이더냐?
70 내가 너희들을 사랑하며 기억함이니,
버리지 아니할 것이니 그리 알도록 하
라.
71 이제 내가 너희들에게 내리느니라.
72 자식이요, 부모요, 형제요, 인간관계
가 다 소중함이니라, 또한 그것도 귀
한 것이니라.
73 그러나 만백성을 구하는 대명을 받은
자가 만백성을 구하며 남의 생명을 구
하는 것이 네 자식이요, 네 형제의 생
명을 구하는 것보다도 더 소중하다 하
지 않았더냐?
74 너는 어찌 모르느냐, 낭떠러지에서 네
자식과 남의 자식 중 한 사람을 손에
서 놓아야 할 때 네 자식을 놓으라 하
였거늘, 과연 네가 네 자식을 놓을 수
있느냐?
75 내가 그리하여 너희들을 선택했기 때
문에 사랑하는 것이요, 나의 아들이
너희들을 사랑함이니,
76 그 마음이 아니면 너희들은 결코 얻을
수 없으며 이룰 수 없음이니, 그것부
터 오늘 너희들이 마음을 다스리고,
정녕 그와 같은 마음으로 거듭나도록
그리하라.
77 내가 너희들에게 주는 마지막 기회요,
내 아들이 너희들을 사랑하며 내가 너
희들을 사랑하기 때문이니,
78 명심하고 또 명심하여 거행하도록 그
리하라.

9,750 번째 하나님 말씀

2004년 2월 27일 06시 48분

1 사랑하는 나의 아들아!

2 "네, 아버님! 말씀하옵소서."
3 나의 아들의 가는 길은 고난의 길이
요, 죽음의 길이니라.
4 정녕 너희들이 나의 아들의 제자라면,
그리고 고난과 죽음의 길을 따라가고
자 한다면,
5 그 길을 말없이 따라가는 자들만이 나
에게 오를 수 있는 자들이요, 너희들
이 나의 아들과 같이 갈 자격이 있는
백성이라는 것을 알아야 될 것이니라.
6 그리고 당당한 제자로서 너희들이 거
듭날 수 있는 자들이라는 것을 알아야
될 것이니라.
7 2천 년 전, 예수의 주변에서 역사했던
제자들이 과연 그의 죽음을 같이하고
그를 처리한 자가 어디에 있는가?
8 나의 아들 예수가 고통 속에 죽어 가
며 그 시련을 겪을 때, 그 제자들이 같
이 앓아 그를 따르며 그를 도운 자가
누가 있는가?
9 그를 팔았으며 배신한 것이 그 제자
들이 한 행위가 아니더냐?
10 이제 나의 아들을 따르는 제자 너희들
은 들어야 될 것이니라.
11 이름이 기록되어 있는 그 예수의 제자
들은 예수가 죽어 가는 그 순간에 그
와 더불어 그들이 무엇인가를 한 것이
아무것도 없으며,
12 오로지 예수를 팔았으며 등을 돌렸느
니라.
13 그러나 그 제자의 명단에 없는 백성들
이 얼마나 그를 위해 노력했으며 그들
이 역사한 줄 알겠느냐?
14 정녕 나의 아들 예수가 창조주 나 여
호와의 아들이요, 그는 만백성을 구하
기 위하여 온 자라 말한 것은 이방인
이라 하는 백성들이 그리 말하였으며,
그들은 이름이 없는 그 제자들이니,
15 예수의 죽어 가는 그 고통이요, 인내
하는 모습을 보고 그는 정녕 하나님의
아들이요, 만백성을 구하러 온 만왕의
왕이라 칭송하며 말한 자들은 그 열두
제자가 아니요,
16 거기에 이름 없는 제자들이 그리하였
으며, 이방인들이 그와 같이 말을 했
음을 너희들은 알겠느냐?
17 제자의 명단에 없는 백성들이 예수의
그 모두를 수습했으며,
18 예수의 그 고통이 끝난 다음에도 그를
기억하며 그를 수습한 것이 이름 없는
제자들이 한 일임을 너희들은 알아야
될 것이니라.
19 너희들은 아는가?
20 지금의 너의 제자들 또한 그렇지 않다
말할 수 없는 것이 오늘의 너희들이니
라.
21 정녕 너희들이 부귀영화를 좇아 나의
아들을 따르며 그 역사를 한다면, 그
마음의 뿌리를 버리지 못한다면,
22 너희들은 바로 이름 있는 제자들이 나
의 아들 예수를 버렸듯이 너희들도 그
와 같이 버리는 백성이 되니, 그렇지
않다 누가 말할 수 있단 말이더냐?
23 그러하니 내가 너희들에게 훈련을 시
키고 다스리며 감을 너희들은 알아야
될 것이니라.
24 너희들은 이름 없는 그 제자 중에서도
이름 없는 여자 제자들이 그 자리를
지켰으며, 그들의 역할이 얼마나 위대
했는지 알겠느냐?

25 이름이 기록되어 있는 그 제자들보다
도 예수가 죽어 갈 때 그 죽음을 위하
여 그 주변에서 그를 시인했으며 그들
이 가슴 아파하며 모두를 수습한 그
역사를 알고 있느냐?
26 정녕 이름 있는 제자들이 예수를 위해
수습한 자는 아무도 없었으나, 이름
없는 그 제자들이요, 이름 없는 여자
제자들이 그를 수습하고 가슴 아파 애
통하고 통곡하며 두려움과 무서움을
몰랐었음을 너희들은 알아야 될 것이
니라.
27 그들이야말로 예수의 일대기를 기록
할 수 있으며, 예수의 그 모두를 기록
하여 전할 수 있는 자들이니라.
28 그러나 그들이 기록한 것이 없으며 그
들의 이름은 없음이니라.
29 오로지 지금에 와서 너희들은 나의 아
들 예수를 배신했으며 등을 돌린 자들
이요, 그가 죽어 간 다음에도 수습하
는 데 모두를 다 바치며 두려움의 선
을 넘고 역사한 자들이 없는 그 이름
으로써 모두 너희들이 다스리고 그들
을 경배하며,
30 그 이름을 외우고 살아가며, 그 이름
앞에 저희 자식의 이름까지 붙여 대는
웃지 못할 형국이 되어 있는 것이 너
희들이니라.
31 이제 나의 아들을 따르는 제자 너희들
은 알아야 될 것이니라, 그 제자의 이
름이 기록되지 아니한 자들이 그 예수
의 죽음이요, 고통을 수습했으며, 그
를 도왔으며, 그 애통한 마음이 그들
이 더 강했으며, 그들이 나의 아들이
라 기억했던 자들이라는 것을.
32 그러니 지금의 너의 제자들이 그와
같은 제자가 되지 말며,
33 이름이 기록되지 아니하였다 해도 그
슬픔이요, 그 고통을 같이했으며, 예
수가 죽은 다음에 그 모든 수습이요,
그 모두를 맡아서 한 그들과 같은 너
희들이 되지 아니하면 아니 될 것이니
그리 전하라.

9,751 번째 하나님 말씀

2004년 2월 27일 06시 55분

1 사랑하는 나의 아들아!
2 "네, 아버님! 말씀하옵소서."
3 너희는 나의 가르침을 믿으려 하지 아
니하며, 그러기에 참진리의 그 뜻을
내려보내도 너희들이 듣지 못하며 보
지 못하며, 너희 것으로 만들어 거듭
나는 영광을 이루지 못하는 그와 같은
삶을 살아가고 있음이니,
4 어찌하여 보지도 못하고 듣지도 못하
는 그와 같은 어리석은 백성으로 너희
들이 살아가면서 나 여호와를 볼 수
있다 생각하며 내 품에 올 수 있다 하
며,
5 나의 나라에 너희들이 올라올 수 있는
자요, 올 수 있도록 은혜와 축복을 받
은 자라 그리 말하는가?
6 너희들은 참진리의 뜻을 먼저 보며 내
가 원하는 것, 내가 역사하고자 하는
것을 알아야 될 것이니라.
7 모두를 다 차단하였으며, 흐르는 물을
막고 있는 것이 오늘의 신약 시대요,
종교 집단이요, 그리고 지도자요, 구
원을 받았다는 백성, 너희들이 하고

있는 짓이니라.
8 물이라는 것은 흘러야 되며, 흐르는
물은 썩지 아니하며, 흐르지 않는 물
은 썩은 것이며, 그 썩은 물속에는 어
떠한 생명체도 존재하지 못한다는 것
을 너희들은 너무나 잘 알고 있느니라.
9 그러나 너희들이 그 흐르는 물을 막
아 놓았으며, 흐르지 못하도록 막은
것이 너희들이라는 것을 알아야 될 것
이니라.
10 그와 같은 역사를 하는 종교 집단이
요, 지도자, 너희들로 하여금 지금 이
세상이 썩어져 버렸으며, 내가 만든
아름다운 천국의 역사를 이룰 수 없는
그와 같은 것으로써 모두를 다 변질
시킨 것이며, 그와 같은 길을 너희들
이 지금도 하고 있음을 알아야 될 것
이니라.
11 모두가 흐르는 물이 흘러 새로운 물
이 새로운 생명을 역사하듯, 그와 같
은 순리를 너희들이 거역한 자들이요,
12 그 변화되지 못하도록 모두를 묶어 놓
은 것이 오늘의 종교 집단이요, 지도
자요, 구원을 받았다 광분하는 자요,
맹신 맹종하는 백성들임을 너희들은
알아야 될 것이니,
13 너희들이 만백성을 죽이는 그와 같은
짓을 하고 있음이니, 너희들의 그 죄
가 얼마나 무섭고 두려운지를 지금도
모르는 백성들이니,
14 그리하여 나의 법전을 읽고 깨우치라
는 것이 나 여호와가 너희들에게 마지
막 내리는 기회임을 알아야 될 것이니
라.
15 지금의 믿음의 길을 가는 백성 너희들
은 어찌 말하는가?
16 구약 시대는 신약 시대를 위하여 준
비되고 존재하는 것이며, 오로지 신약
시대가 역사하기 위하여 구약 시대는
이루어진 것이라 그리 말하고 가르치
면서,
17 너희들이 신약 시대는 변화되지 아니
하며 신약 시대는 영원히 멈춰 있는
것처럼, 그리고 영원히 존재하는 것처
럼 착각을 하고 있음을 알아야 될 것
이니라.
18 이제 너희들은 들어야 될 것이며, 나
의 아들을 따르는 백성이요, 법전을
읽고 깨우친 만백성 너희들은 모든 종
교 집단이요, 그 속에 있는 그 가련하
고 불쌍한 백성들을 깨우쳐 줘야 될
것이니라.
19 신약 시대라는 것도 영원히 멈춰 있
어 너희들이 구원의 길을 가는 것이
아니요,
20 구약 시대가 신약을 위하여 필요하여
존재했듯이, 신약 시대에도 제3의 시
대를 위하여 잠깐 거쳐 가는 시간 속
에 있는 것뿐이라는 것을 너희들은
전해 주라.
21 그리고 신약 시대가 영원히 머물러 있
을 수는 없는 것이며, 결코 그와 같이
존재할 수는 없는 것이요,
22 너희들이 구약이 흘러와 신약을 역사
했다고 말하듯이,
23 신약 시대도 너희들이 제3의 시대요,
마지막 시대를 이루기 위하여 잠깐 거
쳐 가는 시간 속에 존재하는 것이라는
것, 영원하지 않다는 것을 그들에게
가르쳐 주도록 그리하라.

24 너희들은 영원토록 머물러 있을 수도 없는 것이 오늘의 신약 시대요, 너희들이 지금 몸부림치고 있는 세대니,

25 이는 흘러가는 시간 속에 이루어지는 잠깐의 한 토막에 불과하다는 것을 너희들은 깨달으라.

26 그러니 너희들이 그와 같은 깨달음을 알았을 때만이 제3의 시대요, 새로운 역사가 이루어지는 것을 알게 될 것이며,

27 너희들이 머물러 있는 속에서 머무르게 하고자 하는 것, 너희들이 흘러가지 못하도록 하는 것,

28 그것이 너희들이 움켜쥐고 있는 가장 큰 욕심이요, 어리석음에서 모두가 지금 이 세상이 이렇게 썩어져 갔으며, 이렇게 험악한 세상이 되었음을 너희들은 알아야 될 것이니라.

29 얼마나 너희들이 어리석고 불쌍한 백성들이더냐?

30 너희들이 머리가 없고 꼬리가 없이 가운데만이 존재한다는 그와 같은 어리석은 백성들임을 알라.

31 앞에서 너희들의 입의 역할을 할 수 있는 것이요, 꼬리의 역사를 할 수 있는 것, 그리고 가운데에서 역사하는 것, 그 모두가 하나하나 제 기능을 다 이루었을 때 그는 바로 존재할 수 있는 것이거늘,

32 너희들이 앞이 필요 없으며 뒤도 필요 없으며 그저 가운데만이 존재한다 함이니,

33 이건 죽은 자요, 죽은 자만이 존재할 수 있는 가운데 토막임을 잊지 말라, 사랑하는 나의 아들딸들아!

9,752 번째 하나님 말씀

2004년 2월 27일 06시 59분

1 사랑하는 나의 아들아!

2 "네, 아버님! 말씀하옵소서."

3 인간 세상에 살아가는 너희들의 삶에서도 시작이 있으며, 그 흘러가는 과정이 있으며, 그 과정을 거쳐 결과가 있는 것이 인간 세상의 너희들의 법도요, 살아가는 철칙이 아니더냐?

4 그러니 너희들이 믿음이요, 나에게 오르는 것도 그리 봐야 될 것이니라.

5 구약 시대가 시작함이니, 그 시작의 역사가 있은 다음에 너희들이 그 중간의 결과를 역사해 가고자 하는 단계인 신약 시대가 존재한다는 것을 너희들은 알아야 될 것이며, 믿음 또한 그리 흘러감을 알아야 될 것이니라.

6 그리하여 마지막 시대, 제3의 시대가 역사하는 것이며, 그 모두가 다 지금은 마지막 심판의 시대요, 너희들이 거둬들이는 시대라 내가 그리 말하지 아니하였더냐?

7 그러니 모든 너희들의 믿음이요, 그 깨달음은 시작을 너희들이 철저히 해야 되며, 그리고 또한 너희들이 중간 과정의 흐름도 충실해야 되며, 그리고 너희들이 끝이 이루어지는 것을 또한 소중히 여기는 그와 같은 깨달음 속에서 믿음을 정녕 볼 수 있을 것이니라.

8 그러나 너희들은 시작은 덮어 두며 또 끝을 덮어 두고 끝을 모름이니, 너희들이 무엇을 이룰 수 있으며 무엇을 역사할 수 있단 말이더냐?

9 너희들이 신약과 그 끝을 모르는 자는

모두를 알 수 없는 자요, 모두를 다 잃
는 어리석은 백성이라는 것을 너희들
은 알아야 될 것이니라.
10 내가 나의 아들을 통하여 법전에 기록
하였음이니라.
11 너희들이 중간 토막만을 가지고 그 모
두가 역사하는 것이라 말하는 자는 어
리석은 백성이요, 그와 같이 행동하는
자, 그는 정녕 아무것도 이룰 수 없음
이니,
12 아무것도 알 수 없는 백성이요, 가장
불행하고 불쌍한 백성이라는 것을 너
희들은 알아야 될 것이니라.
13 이제 모든 종교 집단이요, 너희들이
구원의 길이요, 마지막이라 말하는 백
성 너희들은 들으라.
14 너희들은 중간 주자요, 중간의 그 과
정을 지나가는 것일 뿐이니, 그러니
그 과정을 지나가는 자가 너희들이 영
원히 존재하며 영원히 구원의 길을 인
도하는, 멈춰 서 있는 시대라 그리 말
하지 말라.
15 너희들이 지금의 중간 시대의 그 과정
은 흘러가고 있으며 지나가는 것이니,
시간 속에 있을 뿐이라 내가 그리 말
하지 아니하였더냐?
16 그러니 흘러가는 그 세월 속에 제3의
시대요, 마지막 시대요, 심판의 시대
요, 그 결실을 거둬들이는 시대는 자
연히 오도록 되어 있으며 그가 기다리
고 있으니, 그때 이루어지는 것을 위
하여 너희들이 살아가야 하며,
17 그때의 너희들에게 그 죄에 대한, 또
상에 대한 것이 내려짐이니,
18 그것이 얼마나 어렵고 무섭고 두려운
일이 너희들에게 기다리고 있는 것인
가를 너희들이 모르고는, 결코 나에게
오를 수 없으며, 거듭나는 백성으로서
태어날 수 없다는 엄연한 사실을 너희
들은 알고 깨우쳐야 될 것이니 그리
알라.

9,753 번째 하나님 말씀

2004년 2월 27일 07시 04분

1 사랑하는 나의 아들아!
2 "네, 아버님! 말씀하옵소서."
3 나 여호와는 너희들에게 예언을 했으
며 언약을 했으며, 그리고 내가 모두
를 다 너희들에게 미리 알려 주었으
며, 그리하여 너희들이 깨닫고 가도록
그리 역사했음을 알아야 될 것이니라.
4 이 세상의 많은 백성 너희들이 지옥과
천국을 모르며 그걸 믿지 아니하려 하
며 그를 모른다 말함이니,
5 나는 그것을 너희들에게 깨우쳐 주기
위하여 내가 그것을 보여 준 백성들이
수없이 있으며,
6 그들로 하여금 내가 지옥과 천국이라
는 것이 존재하는 것, 너희들이 죽어
왔을 때 넘어야 될 강이 있다는 것, 그
리고 너희들이 넘을 때 그 불바다가
있다는 것을 수없이 많은 백성들에게
체험을 하도록 하여 전했음이니라.
7 그리하여 너희들이 죽었다 깨어난 자,
그게 바로 무엇이더냐?
8 죽었다 깨어나는 자, 다시 거듭나는
자, 그들이 지옥과 천국을 본 자들이
요, 구경한 자들이요, 그것을 본 자들
이니, 그들로 하여금 내가 너희들에게

예언을 한 것이니라.
9 그러나 그들이 그와 같이 와서 말하는
그것이 사실이요, 그게 존재한다는 것
을 너희들은 믿지 아니함이니라.
10 그렇다면 너희들은 무엇으로써 믿으
며 내 언약을 믿는단 말이더냐?
11 지옥과 천국이 있는 것을 내가 일일이
너희들에게 다 가르쳐 줄 수 없음이니
라.
12 내가 이 모든 나의 성경의 나의 뜻을
나의 아들을 통하여 모두를 가르쳐 주
듯이,
13 내가 선택된 자로서 그들이 죽어 다시
살아나는, 육의 죽음에서 그들이 거듭
나는 그와 같은 체험을 하게 하였음이
니,
14 그 체험 속에서 그들은 반드시 겪는
것이 있으니, 지옥과 천국에 오고 가
는 그 역사의 흐름을 그들은 보았으
며, 그들이 가서 보고 들은 것이 있음
이니,
15 너희들은 그를 듣고 그것이 언약이요,
미래를 너희들에게 보여 준 것이라 믿
으면 될 것이거늘,
16 그것도 믿지 않으며 그것도 인정하지
아니하려는 것이 너희들이니,
17 과연 내가 너희들을 다 죽였다 살리는
그와 같은 역사를 해서 너희들이 체험
해야만 믿는다는 것이냐?
18 내가 모든 세상의 저승의 길이라는
것, 너희들이 죽은 세상의 길이라는
것과 그리고 너희들이 말하는 이승의
삶이라는 것을, 그걸 왔다 갔다 하도
록 하면서 그 체험을 시킨 백성, 그들
이 하는 이야기,
19 그것을 너희들이 체험은 하지 아니하
였지만, 그것이 나 여호와의 언약이
요, 너희들에게 미리 깨우쳐 주기 위
하여 내가 이루는 역사요, 미리 준비
하도록 하는 것이라는 것을 너희들은
알아야 될 것이니라.
20 그러니 갔다 온 자의 말을 듣지 아니
하며, 왔다 간 자의 말을 듣지 아니함
이 너희들이니, 너희들이 얼마나 어리
석고 불쌍한 백성들이더냐?
21 그저 들을 때 그 순간이요, 그것은 하
나의 꿈이요, 하나의 역사로써 이루어
진 것이라 그리 치부함이니, 내가 너
희들을 어찌 가르친단 말이더냐?
22 그러니 지금 나의 법전이요, 나의 아
들을 통하여 내리는 새로운 성경이 너
희들이 하늘에 오르는 길이요, 마지막
심판이요, 그 모두를 역사하는 것이라
아무리 내가 부르짖고 부르짖은들 너
희들이 믿지 아니함이니,
23 이는 내가 너희들 백성으로서 체험을
시켜 지옥과 천국이요, 죽어 와 너희
들이 어떠한 길을 가는 것인가, 저승
과 이승이라는 그것을 체험시키고 보
여 준 백성들이 나와서 너희들에게 전
하고 깨우치고자 한들 그것을 믿지 아
니하며,
24 들은 들 듣는 순간에 너희들은 지워
버리고 딴생각을 하고 있는 자요, 그
저 꿈속에 꿈을 꾸고 온 자가 헛소리
한다 그리 생각하니, 무엇으로써 너희
들을 깨우쳐 주겠느냐?
25 지금 너희들이 꿈속에서 꿈을 꾸고 와
말하는 자들이라 그리 생각하는 것처
럼,

26 나의 법전이요, 나의 새로운 성경이
예언된 것이요, 언약된 것이며, 그를
지키고 가는 시대라는 것을 모르며,
27 이것이 너희들의 구원의 길이요, 너희
들의 생명을 구원하는 것이라는 것을
아직 믿지 못하고 있는 어리석은 자들
이니, 이를 너희들은 알아야 될 것이
니라.

9,754 번째 하나님 말씀

2004년 2월 27일 07시 10분

1 사랑하는 나의 아들아!
2 "네,아버님! 말씀하옵소서."
3 너의 제자들은 더 큰 기적이요, 더 큰
은혜를 바라지 말며, 더 생각하지 말
며 보지 말라 하였음이니라.
4 너희들이 지옥의 죽음의 길을 가는 그
곳에서 발길을 돌려, 너희 스스로 악
습을 버리며 거듭나는 그와 같은 나의
법전을 접하고 만들고 전하는 그것이
너희들이 이 세상의 무엇과도 바꿀 수
없는 큰 은혜요, 영광이요, 축복이라
내가 한 그 뜻을 너희들은 깊이 알아
야 될 것이니라.
5 그러니 그와 같은 이 세상의 누구도
얻을 수 없으며 받을 수 없는 그 은혜
와 축복의 영광을 받은 너희들이 나에
게 보답하는 길은 무엇이라 말하였더
냐?
6 재물로써 내가 너희들에게 보답하라
하는 것도 아니요, 너희들이 나에게
모두를 다 바쳐 역사하라는 것도 아니
니라.
7 너희들이 천사와 같은 마음으로 변하
라 그리하였으며, 너희들이 아무것도
손에 쥐지 않는, 그리고 놓을 수 있는
그와 같은 마음의 비움을 가지고 살아
가라 하지 아니하였더냐?
8 그러니 너희들이 그 마음을 비웠는가,
그리고 너희들이 모든 욕심을 비우고
천사와 같이 변하는 삶을 살아가는가?
9 너희들이 천사와 같이 변했다는 그 마
음이 태풍과 고난이요, 불속에서도,
죽음 직전에서도 부인하지 않고 그
마음이 변하지 않는 그와 같은 것이
너희들이 변화된 것이요,
10 고통과 시련 속에서 너희들이 무너지
며 깨져 버리는 그와 같은 오늘의 믿
음은 아무것도 아님을 알아야 될 것
이니라.
11 너희들이 죽음 직전에 네 목숨을 단두
대에 놓고 너에게 배신하라 할 때, 그
래도 배신하지 아니하는 자만이 너희
들이 진정한 믿음이요, 깨달음으로 가
는 백성이요,
12 단두대 앞에 목을 놓고 너희들에게 물
었을 때, 어떠한 것도 배신하며 묻는
자의 고문에 따라 대답할 수 있는 것,
그것은 너희들이 깨달음도 아니요, 얻
은 것도 아니요, 변한 것도 아님이니
라.
13 그러니 나의 아들을 따르는 제자들이
요, 나의 법전을 읽고 깨우친 만백성
너희들이 단두대에 서서 내 아들을 배
신하지 않으며, 나의 법전을 배신하지
아니하며, 위로는 나 여호와를 배신하
지 않는 깨달음이요, 믿음이 있다 생
각하는가?
14 너희들은 단두대 앞에 너희들의 목을

놓고 그를 물을 때, 육의 삶의 그 두려
움에 따라 너희들은 나의 아들을 배신
할 것이며, 나의 법전을 그 앞에서 찢
을 것이며, '창조주는 무슨 창조주가
있느냐?' 말할 수 있는 것이 너희들이
니,
15 그 안에서 깨달으며 그 안에서 변한
것은 아무것도 아니며 너희들이 변화
되지 않은 것임을 알라.
16 그러니 너희들이 변화된 것이요, 깨달
음이요, 나의 법전을 읽고 역사한 백
성이라면,
17 너희들은 단두대 앞에서 나의 법전을
부정하지 아니하며, 나의 아들을 팔지
아니하며, 나를 배신하지 않는 그와
같은 마음으로 굳어진 것, 그리고 그
길을 갈 수 있는 것, 그것이 너희들의
깨우침이니,
18 너희들이 지금 나의 법전을 읽고 천
가지 만 가지를 깨우쳤다 해도, 단 한
가지 그와 같은 너희들이 단두대에 목
숨을 내놓고 지킬 수 있는, 그리고 그
것을 지켜 나갈 수 있는, 그리고 보호
하고 보존할 수 있는 마음 자세가 과
연 되었느냐?
19 단 하나도 너희들이 그와 같이 할 수
있는 깨달음이 없음이니,
20 그게 바로 너희들이 지금 내 모두를
볼 수 없으며, 모두를 들여다보지 못
하며,
21 내가 너희들에게 그저 집으면 집을 수
있도록 네 주변에 놓은 모든 그 은혜
를 너희들이 보지 못하고 집지 못하는
것임을 알라.
22 너희들이 깨우쳤다 말하나, 정녕 단두
대 앞에서 나의 법전을 지키며, 나의
아들을 지키며, 나 여호와를 공경하는
그 마음이 변하지 않는 깨달음이 무엇
이 있으며, 너희들이 무엇을 그와 같
이 지킬 수 있는 것이 있는가 너희 자
신을 다스려 보도록 하라.
23 만 가지의 지금까지 너희들이 깨달은
중에서 한 가지도 너희들이 갈 수 있
는 것이 없다면, 너희들은 아무것도
깨우침이 없으며 변함이 없음이니라.
24 목숨 앞에 너희들이 두렵지 아니하여
모두를 지키고 갈 수 있는 자, 그것이
아니면 너희들은 모두가 다 깨우치고
변한 것이 아무것도 없으며 제자리를
그저 돌고 있다는 것을 알라.
25 그러니 너희들 자신이 한번 생각해 보
라.
26 과연 너희들은 나에게 당당히 이것을
너희가 지킬 수 있으며, 이것을 이리
보호하고 갈 수 있다 할 것이 무엇이
있으며, 그 각오가 되어 있는지 한번
물어보라.
27 그리고 각오가 되어 있다 하거든, 너
희들이 그와 같이 얼마나 각오가 되어
있는가 한번 보도록 그리하라.
28 아무것도 너희들이 그리 깨달음이 아
직 없으며 변화된 것이 없음이니,
29 다 너희들이 건수요, 정녕 만백성을
구하는 그 생수를 너희들이 지금 뽑아
올리지 못하며, 그 생수를 품어 내지
못하고, 그 생수로서 변화되지 못한
너희들이라는 것을 알라.

9,755 번째 하나님 말씀

2004년 2월 28일 06시 31분

1 사랑하는 나의 아들아!
2 "네, 아버님! 말씀하옵소서."
3 나 여호와의 성령이요, 나의 뜻이요,
만백성을 구하는 진리가 천군이 나팔
불며 오듯 요란하게 세상에 오는 것이
아니요,
4 밤에 남의 물건을 훔치는 도둑처럼 나
의 성령이요, 내 뜻이 세상에 내려갈
것이라 내가 성서에 기록한 그 비유의
뜻을 아는가?
5 너희들은 그 의미를 깊이 깨우쳐야 될
것이니라.
6 지금 내가 나의 아들을 통하여 내리는
모든 나의 성령이요, 새로운 이 나의
법전이요, 심판의 이 기준을 천군이
나팔 불며 세상에 내려오듯이 내렸을
때, 과연 너희들은 어찌하겠는가?
7 그것을 나 여호와의 뜻이요, 하늘의
뜻이라 그들이 받아들인다 생각하느
냐?
8 지금의 종교 집단이요, 종파요, 그 광
신도들은 절대 받아들이지 아니함이
니라.
9 사탄의 장난이요, 사악한 자의 장난이
요, 너희들의 눈을 속이는 것이라 하
여, 그들은 힘이 하나가 되어 그 모두
를 저희들이 제압할 것이며, 뿌리를
내리지 못하게 한다 하지 아니하였더
냐?
10 그러니 그들이 얼마나 사악하며, 얼마
나 잘못된 자들이면, 내가 도둑과 같
이 창조주 나 여호와의 진리가 세상에
내려온다 말을 했겠느냐?
11 그러니 나 여호와가 이미 성서에 기록
하여 나의 참진리요, 너희들의 구원의
길은 밤에 움직이는 도둑과 같이 세상
에 조용히 내려온다 하였음이니, 그리
고 '깨어 있으라.' 하지 아니하였더냐?
12 그러니 깨어 있는 자는 이를 들을 것
이며, 깨어 있는 자는 이 역사를 얻을
것이니라.
13 그러니 나 여호와가 미리 이를 알고
전함이니, 너희들이 얼마나 사악하고
깨우치기 어려운 백성들이며, 얼마나
너희들이 용서하지 못하며 사랑을 베
풀지 못하는 백성들인가를 나 여호와
가 알고 있었기에, 그 기록한 의미를
너희들은 알아야 될 것이니라.
14 그러니 지금 나의 법전이요, 나의 성
령이 물 흐르듯이 조용히 하나하나 역
사하는 그와 같은 삶을 가는 것이요,
15 나의 법전을 만드는 데 선택된 백성이
요, 나의 뜻을 이루고자 살아가는 너
희들이야말로 가시덤불 속에서 피어
있는 한 송이의 아름다운 꽃과 같은
것이니라.
16 비바람이 불 때마다 그 가시로부터 찔
리는 그 꽃잎의 아픔이 얼마나 크고
고통스럽겠는가?
17 그러나 그 속에서 향기를 발하는 꽃이
요, 그곳에서 씨앗을 날려 그 자리를
잇는 그 꽃을 피우는 그와 같은 역사
를 하지 아니하면 아니 되는 것이 그
꽃의 운명이라면,
18 오늘의 나의 아들을 따르는 제자들이
요, 나의 법전을 읽고 깨우친 만백성
너희들은 가시덤불 속에 피어 있는 한

송이의 아름다운 꽃이요, 비바람이 불
때마다 찔리는 그 꽃의 아픔보다도 더
고통스럽고 힘든 길을 가야 하는 것이
너희들이 가는 길이기에,
19 내가 나의 성령이요, 나의 참뜻이 심
판의 시대에 내려올 때는 도둑과 같
이 내려온다는 그 의미를 너희들은 알
아야 될 것이니라.
20 너희는 가시덤불 속에 피어 있는 한
송이의 꽃이니라.
21 그러니 그 꽃이 피어서 그곳에서 비바
람이 불 때마다 가시에 찔리고 찔리
는 고통 속에서 향기를 전하며, 그 씨
앗을 세상에 날려 보내 온 세상에 그
와 같이 아름다운 꽃이 피어날 수 있
는 그 한 송이의 꽃이 존재하는 것이
니,
22 그가 거기서 고통스럽다 하여 그 잎을
덮어 버리며, 잎을 다 뜯고 난다면, 아
무것도 이루어지는 것이 없음을 알아
야 될 것이니라.
23 이제 나의 아들을 따르는 사랑하는 제
자들이요, 나의 법전을 읽은 너희들은
무엇이더냐?
24 밤에 도둑과 같이 내려오는 것이 나의
성령이니, 이를 그들이 얼마나 거부하
며, 이를 존재하지 못하도록 하며, 이
를 파괴하는 사악한 자들이면, 내가
그와 같이 밤에 도둑과 같이 내려온다
하였겠느냐?
25 그러니 지금 너희들은 한 송이의 아름
다운 꽃이요, 가시덤불에 피어 있는
꽃이라 하였음이니, 밤에 내려오는 도
둑의 그 심리와 무엇이 다르더냐?
26 그러니 너희들이 찔리고 또 찔리며,
그 주변에 있는 모든 가시들이 저희들
이 비바람이 불어 움직일 수가 있다면
그 아름다운 꽃을 공격하는 그와 같은
형국이 될 것이니,
27 그리하여 밤에 도둑과 같이 온다 함을
너희들은 알아야 될 것이니라.
28 이제 나의 아들을 따르는 제자들이요,
사랑하는 선택된 백성 너희들은 지금
바로 가시덤불 속에서 피어 있는 한
송이의 아름다운 꽃이니,
29 그 찔리고 찔리는 상처의 아픔이 얼마
나 심하겠느냐?
30 그러니 그 고통을 견디고, 너희들이
이겨야 됨이니라.
31 그곳에서 너희들이 가시가 찌를 때마
다 향기를 보내야 될 것이며, 너희들
이 가시가 찌를 때 그 씨앗을 비바람
에 날려 보내 온 세상에 뿌리를 내릴
수 있도록 그 역사를 해야 함이니,
32 오늘의 나의 아들을 따르는 제자들이
요, 나의 법전을 읽고 깨우친 백성이
요, 나의 뜻에 따라 역사하는 너희들
은 지금 바로 가시덤불 속에 있는 하
나의 꽃이니,
33 너희들이 거기서 잎을 덮으며 모두를
버려 버리면, 그는 영원히 존재할 수
없으며, 그 가시만이 이 세상을 지배
하게 될 것이니라.
34 이 모든 종교 집단이요, 지도자들이
가시보다도 더 무서운 자들이요,
35 비바람에 흔들리는 가시가 꽃잎을 찌
르는 것보다도 그들은 직접 움직이며,
창칼을 가지고 너희들의 가슴을 공격
하고자 하며, 너희들의 가슴에 비수를
꽂고자 하며,

36 그리고 나의 법전이요, 나의 성령을
저희들은 반대로써 이론을 내며, 반대
로써 공격을 하며 태워 버리고 찢어
버리니,
37 너희들이 가시덤불에 피어 있어 향기
를 보내며, 그 찔릴 때마다 너희들이
아픔을 참아 그 씨앗을 날리는 것보
다도 더 어렵고 힘든 고통 속에 있음
이니라.
38 그러나 거기에서 너희들이 좌절하며
넘어서는 아니 됨이니라.
39 이제는 너희들이 어떠한 존재인지 알
겠느냐?
40 그러니 내가 너희들을 사랑함이요, 너
희들을 찌를 때마다, 너희들을 공격할
때마다 내 마음이 찔리며, 내 마음의
가슴이 얼마나 아픈지 알겠느냐?
41 그러나 인간은 인간으로서 깨우쳐야
되며, 인간으로서 보여야 됨이니,
42 너희들이 그들에게 공격을 당하며 그
들의 창칼에 갈기갈기 찢기는 그와
같은 아픔을 나 여호와는 언제까지
모르는 체 그냥 보고 있지는 아니할
것이니 그리 알라.
43 너희들이 가시덤불에 피어 있는 아름
다운 꽃이 바람이 불 때마다 찔리는
그와 같은 고통보다도 더 어렵고 힘든
오늘의 그 역경을 딛고 넘어가지 아니
하면 아니 됨을 너희들은 알아야 될
것이니라.
44 사랑하는 나의 아들딸들아, 나 여호와
가 언제까지고 너희들을 버려두지는
아니할 것이며, 내가 언제까지고 모른
다 하지는 아니할 것이니 그리 알라.

9,756 번째 하나님 말씀

2004년 2월 28일 06시 37분

1 사랑하는 나의 아들아!
2 **"네, 아버님! 말씀하옵소서."**
3 가시덤불에 피어 있는 그 아름다운 꽃
은 바람이 불며 비바람이 칠 때 그 가
시로부터 찔림을 받으며 고통을 받는
다 그리하였느니라.
4 그러나 사랑하는 나의 아들을 따르는
제자요, 나의 법전을 읽고 깨우친 만
백성은 살아서 움직이는 그 가시에게
그 고통을 당함이니,
5 살아서 움직이는 그 가시는 너희들의
가장 아픈 곳이요, 가장 고통스러운
곳을 공격하는 그와 같은 것이지 않겠
느냐?
6 그곳에서 너희들이 살아남아야 하며
견뎌야 되는 그 이유가 무엇인지 알겠
느냐?
7 너희들이 거기에서 견디지 아니하면
아니 됨이니, 나 여호와는 너희들을
알고 있음이니라.
8 너희들은 살아서 움직이는 자요, 또한
살아서 너희들이 견뎌야 됨을 알아야
될 것이니라.
9 나 여호와가 너희들이 그와 같은 고통
속에서 견뎌야 되며 이겨내어야만 하
는 그 이유는,
10 나 여호와가 성서에 기록되어 전하는
것은 모두가 비유의 뜻으로써 전해졌
으며, 그것을 연 자가 없으며 그 인봉
을 헤쳐 나의 피조물 만백성에게 제대
로 가르친 자가 없음이니라.
11 그러니 성서에 기록된 비유의 모든 뜻

의 그 인봉된 것을 열고 풀어서 나의
피조물 만백성에게 깨우쳐 주며, 그를
열어 줄 자가 바로 너희들이기 때문임
을 알아야 될 것이니라.
12 사랑하는 나의 아들딸들아!
13 숨겨지고 묶여진 그 인봉을 여는 시대
가 온다면, 너희들은 그것이 무엇인지
알겠느냐?
14 내가 성서의 비밀을 가르쳐 주며 너희
들을 통하여 그 문을 열어 줌이니,
15 이는 곧 새로운 시대에 진입하는 것이
요, 새로운 역사가 시작된다는 것을
너희들은 알아야 될 것이니라.
16 나 여호와가 새로운 시대요, 새로운
역사를 이루는 그때가 되었다는 것을
너희들은 알아야 될 것임이니,
17 바로 그 인봉의 끈을 풀어 주며, 갇혀
있는 비유의 뜻을 열어 주고 전하는
것이 너희들이 해야 할 길이며, 너희
들이 있어야 되기 때문이니라.
18 그러니 곧 너희들이 그를 열어 주는
것이요, 너희들이 이 세상에 존재한다
는 것은, 새로운 시대가 열리며 새로
운 역사가 시작된다는 것을 알려 주는
신호탄이며 시작이라는 것을 알아야
될 것이니,
19 너희들이 그와 같은 중요한 나의 아들
딸임을 잊어서는 아니 될 것이니 그리
알라.
20 인봉된 성경의 뜻을 알려 주며 너희들
에게 그 모두를 깨우쳐 주는 그와 같
은 역할을 하며,
21 너희들의 형제요, 이웃에게 모든 그들
의 새로운 깨달음이요, 진정한 성경의
뜻을 알 수 있도록 모두를 가르치고
지도하는 것이 너희들이라는 것을 잊
어서는 절대로 안 됨이니라.
22 새로운 성경이요, 새로운 시대가 열리
는 것을 알려 주는 것은 나 여호와가
새로운 세상을 이루며 새로운 역사를
이룬다는 것이니,
23 영원히 너희들이 존재하는 그 세상을
이루고자 함이 나 여호와의 뜻이니,
24 그 시작이요, 그 시발은 너희들이 하
게 되며, 출발점의 모든 준비를 마쳐
야 되는 것이 너희들이니라.
25 그러니 너희들이 얼마나 소중하고 귀
한 백성들인지 알겠느냐?
26 그러니 너희들이 오늘의 고통이요, 시
련 속에서 그를 극복하고 이기는 것만
이 너희들이 가야 하는 길이며 역사하
는 길이니라.
27 여기서 너희들이 주저앉아서는 아니
되며, 무너져서도 아니 됨이니라.
28 나 여호와는 영원히 너희들을 모르는
체하지 아니할 것이니 그리 알라.
29 모든 감춰진 비밀이요, 성서의 그 비
유의 뜻이요, 그 봉해지고 봉해진 것
을 열어서 만백성을 깨우쳐 주는 것이
또 너희들이요, 열어 주는 것도 너희
들이니라.
30 그리고 너희들이 열어 주고 성서에 감
춰진 열쇠를 열어 세상에 전하는 것은
내가 새로운 시대요, 새 시대가 역사
하는 기틀이라는 신호탄을 알려 줌이
니,
31 그 또한 따라서 역사하는 것이요, 기
초를 닦는 것이 너희들이니, 바로 너
희들이 얼마나 소중한 나의 아들딸인
데 내가 너희들을 모른다 하며 버린다

생각하느냐?
32 머지않아 너희들이 때가 되었을 때 내
가 거둬들일 것이며, 그때가 되면 너
희들이 알게 될 것이니라.
33 내가 나의 아들을 통하여 역사하는 것
이 무엇이더냐?
34 너희들이 하나의 깨달음을 얻었을 때,
내가 그 이유를 알려 주며,
35 내가 너희들에게 무거운 짐을 지워 주
었음이니, 너희들이 훈련과 훈련을 거
듭하여 그 짐을 이고 지고 가야 되는
것이 너희들의 운명이니라.
36 그리하여 그 짐을 지고 갈 수 있는 그
때가 되었을 때에 너희들이 왜 지고
가야 되는지 그 영광을 너희들이 알게
될 것이니라.
37 내가 너희들에게 무거운 짐을 얹어 주
었으니, 너희들이 무겁다 주저앉는 것
이 아니요,
38 그를 짊어지고 걷는 연습을 하고, 또
연습을 했을 때, 너희들은 그를 짊어
지고 갈 수 있는 힘이 있을 것이요, 그
걸 짊어질 수 있는 자가 될 것이며,
39 지기도 어려웠던 그 짐을 지고 달려가
는 그와 같은 너희들의 변화가 있을
것이니라.
40 그러니 바로 지금 내가 너희들에게 무
거운 짐을 얹어 주었음이니, 여기서
너희들이 무섭다 두렵다 하지 말라.
41 지고 이고 연습하고 또 연습하다 보
면, 너희들이 그를 짊어지고 들고 달
리는 그와 같은 기적의 역사를 이룰
것이니, 너희들은 그와 같은 뜻을 알
라 그리 전하라.

9,757 번째 하나님 말씀

2004년 2월 28일 06시 48분

1 사랑하는 나의 아들아!
2 "네, 아버님! 말씀하옵소서."
3 진정한 나의 뜻이 세상에 전해지는 것
은 그 뜻이 무엇인지 알겠느냐?
4 너희들은 익지 않은 과일은 결국 먹
지 못하는 것이 아니더냐?
5 그리고 너무 익어서 무른 과일 또한
너희들이 먹을 수 없는 것처럼,
6 너희들은 진정한 자세로써 진실한 참
진리요, 조용히 그 깨달음의 길이요,
나의 법전을 읽고 정독하여 인간의
살아가는 도리가 무엇인가 하여 너희
들의 기본적인 자세를 지키고 살아가
는 그와 같은 백성이 아니라면,
7 결코 너희들은 나의 참진리요, 나의
뜻을 받아들일 수 없으며 역사할 수
없다는 것을 알아야 될 것이니라.
8 진정한 자세로써 조용히 깨달음의 길
을 가는 것, 그리고 나의 법전을 정독
하고 정독하여 내가 원하는 것이 무엇
인가를 조용히 무릎 꿇고 생각하는
그와 같은 차분한 마음으로써 역사하
는 백성,
9 그들만이 모두를 알 수 있으며 모두
를 역사할 수 있다는 것을 알아야 될
것이니라.
10 그러니 너희들이 지금 알맞게 익은 과
일만 먹을 수 있는 것처럼, 너희들이
알맞은 그와 같은 깨달음의 자세로
조용히 역사할 때,
11 정녕 내가 모두를 태워 내리는 나의
성령을 너희들이 깨우칠 수 있으며,

12 그 깨우침의 길에 들어선 자만이, 참
진리의 길을 가는 백성만이 너희들이
새로운 시대에 내가 역사하고자 하는
새로운 성경이요, 내가 내리는 메시지
를 들을 수 있고 알 수 있음을 알아야
될 것이니라.
13 다시 내가 너희들에게 깨우쳐 줌이니
라.
14 믿음에 지금 광분하는 자, 그리고 죽
기 아니면 살기로 맹종하고 맹신하는
나의 백성,
15 그와 같은 자들은 성령으로써 나의 뜻
을 들을 수 없으며, 내가 내리는 것을
받아들일 수가 없으며,
16 그들은 그것으로써 저희 것을 만들 수
있는 그와 같은 현명함도 없는 자들임
을 너희들은 알아야 될 것이니라.
17 이제 나의 아들을 따르는 그 제자들이
요, 나의 법전을 읽고 깨우친 만백성
너희들은 들으라.
18 지금의 모든 믿음의 길을 가는 백성,
예언을 하고 예언의 은사를 받았다는
그 백성들, 그리고 방언을 하며 방언
의 은사를 입었다는 그와 같은 백성
들, 병을 고치는 은혜를 입었다 하여
설치는 자들,
19 그리고 저희들은 구원을 받았다 말하
며, 구원은 당연한 저희들의 몫이며,
그 이상 그 이하도 생각할 필요가 없
다 하여 당연히 나에게 오를 수 있다
생각하는 그 광분된 백성들,
20 영적인 역사와 기적에만 매달리는 자,
21 그리고 저희 종교 집단 외에는 듣지도
아니하며 보지도 아니하려 하며, 오로
지 저희들의 종교 집단에 임하는 자,
제 앞에 오는 자, 제 강론을 듣는 자만
구원을 받는다 말하며 구원을 받을 수
있다 말하는 자,
22 모든 믿음과 신앙생활에 지나친 자,
23 그와 같은 백성들은 저 자신이 교만에
빠져 새로운 성경을 절대 접할 수 없
다는 것을 너희들은 알라.
24 광분하고 맹종 맹신하는 그 백성들,
그리고 무슨 은혜요, 역사를 입었다는
자, 그 모두는 나의 참진리요, 나의 성
령의 내림을 절대 받지 못하며 보지
못하며 듣지 못한다는 이 무서운 사실
을 너희들은 알아야 될 것이니라.
25 그러나 또한 어찌하던가?
26 나를 믿지 아니하며 나를 찾지 않는
백성들이요, 성경의 가르침을 너무 모
르며 성경의 가르침의 그 수준이 미달
되는 자, 그리고 그를 등한시하고 살
아가는 자들,
27 깨달음이 무엇이며 진정한 나 여호와
의 뜻이 무엇인지를 모르는 그 백성들
또한 나의 뜻을 받아들이지 못하며 접
하지 못한다는 것을 너희들은 알아야
될 것이니라.
28 그러니 나의 뜻을 알아들으며 나의 뜻
을 역사하는 자들은 나의 법전을 읽고
깨달으며, 너희들의 그 수준이 조용히
흘러가는 물과 같은 자가 되지 아니하
면 아니 됨을 너희들은 알아야 될 것
이니라.
29 내가 나의 아들을 통하여 너희들에게
나의 법전에 기록하여 전함이니, 내가
물을 예로 들어 너희들에게 그 깨우침
을 전하고자 함이니라.
30 너희들이 물을 마심에 있어서 펄펄 끓

는 그 뜨거운 물을 마실 수 있겠느냐?
31 너희들은 그 물을 마실 수가 없지 않더냐?
32 그리고 너무 찬 물을 과연 마음대로 마실 수 있겠느냐?
33 그 또한 너희들이 마실 수 없는 것이 아니더냐?
34 여기서 너희들은 알아야 될 것이니라.
35 뜨거운 물과 같이 펄펄 끓는 그와 같은 행위를 하는 종교 집단에 속해 있는 백성들,
36 예언의 은사요, 방언의 은사요, 치료의 은사요, 제가 기적의 은사를 받았다며 광분하여 그와 같이 하는 백성들, 그리고 맹종 맹신하는 백성들,
37 그들은 절대 나의 진리요, 나의 뜻을 볼 수 없으니, 뜨거운 물은 마실 수 없는 것처럼 그와 같은 형태임을 너희들은 알아야 될 것이며,
38 깨달음이 없는 자, 그리고 이방인이라 말하는 자, 그들은 차고 찬 물이니 그를 마실 수 없는 것처럼, 그들 또한 나의 뜻을 받아들이고 깨우칠 수 없는 것이니라.
39 그러니 나 여호와가 내리는 성령을 받아들일 수 있는 그 수준의 깨달음이 있는 자, 내가 내리는 성령을 이해할 수 있는 그 수준에 서 있는 자, 그가 바로 나의 성령의 나의 뜻을 받아들일 수 있는 것임을 알아야 될 것이니라.
40 물에다 물을 부었을 때 모두가 하나로 이루어지는 것처럼 그와 같은 이치를 깨닫고 가면 될 것이니, 그것이 바로 무엇인지 알겠느냐?
41 나의 법전이 바로 너희들이 그 광분하는 자, 뜨거운 물은 식히는 것이며, 찬 물은 데워 너희들이 마실 때 아무런 지장 없이 마실 수 있는 그 수준을 맞춤이니,
42 이것이 내가 너희들에게 내리고자 하는 나의 성령의 그 수준이요, 그리고 너희들이 그리 받아들일 수 있는 그 깨달음을 얻은 그 백성들이니라.
43 그래서 내가 나의 법전을 읽고 깨우치라 함이 여기 있음이니,
44 거기에 선택된 너희들이니, 지금 나의 아들을 따르는 제자들이요, 나의 법전을 읽고 깨우친 만백성 너희들이 지금 그를 조종하고 있는 것이며, 그 단계에 들어서 있음이니라.
45 뜨거운 자, 내가 그를 식히며, 너무 찬 자, 끌어올려, 나의 아들을 따르는 제자 너희들이야말로 내가 내리는 나의 성령이요, 나의 뜻을 받아들이고 내 역사를 할 수 있는 자이니,
46 누구나 고통 없이 마실 수 있는 그 생수의 수준을 맞추고자 하며, 그것을 올리며 그리 다스리는 것은 나의 법전 밖에 없으며, 나의 아들을 통하여 내리는 강론을 듣는 것밖에 없음을 너희들은 알라.
47 내가 나의 아들을 통하여 나의 법전에 기록하는 이 하늘의 뜻이요, 이 법도를 너희들은 목숨을 다하여 지키고 깨닫도록 그리하라.
48 펄펄 끓는 물은 먹을 수 없듯이, 지금의 광란의 짓을 하는 자, 그들이 다 끓는 물과 같으니, 그들을 어찌하여 인간이 마실 수 있겠느냐?

49 그러니 너희들에게 무슨 도움이 되며, 어찌 너희들이 마실 수 있는 그 물이 되겠는가?
50 그와 같이 지금 나의 뜻을 받아들일 수 없는 오만한 자요, 방자한 자들은 저희들의 믿음이요, 저희들의 성령이 제 나름대로 하늘 높이 와 있음이니,
51 그보다 낮은 나의 참진리요, 너희들 수준에 맞는 진리요, 인간 세상에 맞는 진리를 내려보내는 것을 저희들은 지금 넘어섰다 하며, 그 위에 있다 하는 방자한 자들이요,
52 저 자신을 모르는 자들이 어찌 그 아래에 있는 것을 받아들일 수 있겠느냐?
53 그러니 그들을 다 무시하며 그들을 바라보지 말라.
54 그들은 절대 나 여호와의 뜻에 의해 역사하는 백성이 아니라는 것을 알겠느냐?
55 이방인이라 하여 아무것도 모르며 깨달음의 수준을 몰라 내가 내리는 성령이요, 나의 법전을 알아듣지 못하는 백성, 그들 또한 차고 찬 물임이니,
56 그들도 마음대로 섭취할 수 없음이니, 그들 또한 내 뜻을 받아들일 수 없으며 따를 수가 없음이니라.
57 그러니 나의 성령이요, 나의 법전을 받아들일 수 있는 백성은 너희들이 그저 마실 수 있는, 뜨겁거나 차지도 않은 그 물과 같으니,
58 내가 내리는 그 수준이 바로 너희들이 나의 법전을 읽고 깨우쳐 중화되는 그와 같은 수준만이 볼 수 있고 들을 수 있음이니, 그리하여 나의 법전이 소중하며,
59 나의 법전을 접하는 백성 너희들만이 뜨거운 물을 식힐 수 있으며 찬물을 데울 수 있는 그와 같은 지혜의 깨달음이 있음이니,
60 너희들밖에는 역사할 수 없다 함이 여기 있으며, 나의 법전을 읽고 깨우치지 아니하면 구원의 길을 볼 수 없다 함이 여기 있음을 알라, 사랑하는 나의 아들딸들이!
61 이게 내가 너희들에게 깨우쳐 주는 지혜요, 너희들에게 내가 내리는 상이니,
62 그 많은 상의 은혜를 받은 너희들은 두려워하지 말며, 무엇을 더 얻고 무엇을 더 이루고자 하지 말라.

9,758 번째 하나님 말씀

2004년 2월 28일 06시 54분

1 사랑하는 나의 아들아!
2 "네, 아버님! 말씀하옵소서."
3 오늘의 모든 종교 집단이요, 그 백성들이 썩어져 가는 과일이요, 썩은 과일과 같은 형국이 되어 있음을 너희들은 알아야 될 것이니라.
4 그러니 썩은 그 과일이 어찌하여 그 씨앗이 새로운 싹을 틔울 수 있으며, 새로운 나무를 성장시킬 수 있다 너희들은 말하느냐?
5 오늘의 모든 종교의 그 믿음이 썩어져 가는 모든 과일처럼 상처투성이가 되어 가고 있음이니라.
6 더욱이 그 상처투성이 속에 너희들이 썩은 물을 부으며, 그들이 공기와 접함으로써 그 변화 속에 그들은 견디지 못하며 썩어져 버리고 마는 것이 아니

더냐?
7 지금의 종교 집단이요, 지도자들이 썩
어져 가는 그 형국에 모든 너희들 신
도라는 자들이 재물을 바치며 그를
받들며 제왕과 같이 모시고 그리 감
이니,
8 그것이 너희들이 썩은 과일에 썩은
물을 붓는 짓을 하고 있는 것이니, 바
로 너희들의 죄가 더 무섭고 두렵다
하는 나의 뜻을 알겠느냐?
9 세상의 삶을 탐하며 인간 세상의 부귀
영화를 좇는 그와 같은 삶을 사는 것
이 오늘의 종교 집단이요, 지도자들이
가는 길이 아니더냐?
10 그러니 나의 뜻을 가르치고 전하기 전
에, 저희들은 재물을 모으기 위해 모
두를 다 바쳐 버리니 그들이 오늘에
상처가 난 것이요,
11 그들이 그와 같은 설교, 그와 같이 재
물을 거둬들이는 행위가 바로 저희들
자신이 제 몸에 상처를 내는 그와 같
은 과일들이 되었음이니라.
12 그러니 그 과일들이 지금 썩고 썩어서
제자리를 지키지 못하며 제 역할을 할
수 없는 것이 오늘의 현실이며,
13 그를 썩도록 썩은 물을 부은 것이 바
로 오늘의 맹종 맹신하는 신도 너희들
이 한 일이라는 것을 절대 잊지 말라.
14 썩어서 병든 과일이 어찌하여 세상에
새로운 생명을 부어 넣을 수 있으며,
새로운 나무에 뿌리를 내려 그 많은
과일을 열게 할 수 있단 말이던가?
15 절대 그는 이룰 수 없으며 그는 그 역
사를 할 수 없다는 것을 너희들은 알
아야 될 것이니라.
16 이제 세속적으로 부패된 그 속에서 그
들이 누구를 가르치며 누구를 하늘에
오르는 길로 인도할 수 있단 말이던가?
17 그러니 지금의 신도라는 자, 너희들은
이제 보아야 될 것이며 깨달아야 될
것이니라.
18 첫째는 너희들이 썩어져 가는 그 과일
의 상처 속에 썩은 물을 부어 넣은 자
들이니라.
19 그러니 그들이 바로 가고자, 그리고
정녕 아름다운 신앙의 길이요, 지도자
로 가고자 하여도,
20 그 신도들이요, 그 맹종 맹신하는 너
희들이 그들에게 상처를 내도록 했으
며, 상처를 낸 곳에 너희들은 그저 인
정 사정 없이 썩은 물을 붓기 시작하
는 것이니,
21 그 썩은 물을 감당하지 못하는 그 과
일은 결국 같이 썩어져 가게 됨이니라.
22 그러니 그게 무슨 진리요, 나 여호와
의 뜻을 전할 수 있으며 새 생명을 내
릴 수 있는 그릇이라 말할 수 있단 말
이더냐?
23 지금 나의 원수들을 찬양하며 나의 원
수들을 따르는 것이 오늘의 너희들의
종교 집단이요, 맹종 맹신하는 너희들
임을 알아야 될 것이니라.
24 아니, 너희들이 나의 원수를 만들어
놓고 나의 원수를 육성하는 짓만을 하
고 있다는 것을 알도록 해야 될 것이
며,
25 이를 내가 나의 법전에 기록하여 전하
거늘, 이와 같은 비유의 뜻을 전하여
너희들에게 손에 쥐여 주거늘,
26 그래도 너희들이 이 뜻을 모르며 너희

들이 거듭나고 돌아서는 그와 같은 삶
을 살지 못할 때,
27 결국 너희들은 그 상처 난 과일에 썩
은 물을 부어 준 그 죄 또한 얼마나 무
섭고 두려운 것인가를 알아야 될 것이
니라.
28 이제 너희들이 그와 같은 행위를 중단
해야 될 것이며, 너희들의 죄가 얼마
나 무서운 것인가를 나의 법전을 읽고
깨우쳐 깨달음을 얻는 백성이 되어야
될 것이니 그리 알라.

9,759 번째 하나님 말씀

2004년 2월 28일 06시 58분

1 사랑하는 나의 아들아!
2 "네, 아버님! 말씀하옵소서."
3 사랑하는 나의 아들을 따르는 그 제자
들이요, 그리고 나의 법전을 읽고 깨
우쳐 바로 서고자 몸부림치는 나의 사
랑하는 너희들에게 내가 무엇인들 내
림이 아깝겠는가?
4 그러나 내가 왜 내리지 아니하며 너희
들의 때를 기다리고 있는지 알겠느냐?
5 너희들은 알아야 될 것이니라.
6 너희들이 모든 죄의 때를 벗지 아니하
고는 결코 나에게 올 수 없으며, 너희
들이 지은 죄만큼 열배 백배 그 아름
다움을 행하지 아니하면 나에게 오를
수 없음이니,
7 나 여호와가 너희들을 사랑하기에 너
희들이 지금 지고 있는 그 죄를 벗게
하기 위하여 오늘의 고통과 시련을 너
희들에게 겪게 함을 알아야 될 것이니
그리 알라.
8 너희들이 고통과 시련 속에서 거듭나
며, 너희들의 오늘의 지은 죄를 벗지
아니하고는 결코 나에게 올 수 없으며,
9 너희들이 지금까지 지은 죄요, 너희들
이 짊어지고 있는 그 죄의 옷이 무엇
인가를 깨닫지 아니하면 아니 되기 때
문이니,
10 너희들이 오늘의 고통과 고난과 시련
을 겪지 아니하면 아니 될 것이며, 그
훈련의 과정을 겪지 아니하면 아니 됨
이니라.
11 너희들이 고난과 시련 속에서 너희들
의 죄를 벗는 그것부터 깨우치지 아니
하고는,
12 너희들이 나의 법전을 아무리 읽고 정
독하고 깨우치고 또 깨우치고자 천 번
만 번 읽는다 해도 나의 법전 속에 들
어 있는 그 뜻을 알 수 없으며, 그대로
너희들이 살아갈 수 없음을 알아야 될
것이니라.
13 사랑하는 나의 아들을 따르는 제자요,
나의 법전을 읽고 깨우친 너희들은 들
으라.
14 너희들이 병든 자를 치료하는 것이
'쓴 것이 약이 된다.' 하지 아니하였더
냐?
15 그러니 지금 내가 너희들의 그 죄를
벗기며 죄라는 그 병을 치료하기 위하
여 쓴 약을 너희들에게 투여하고 있음
이니라.
16 내가 쓴 약을 너희들에게 투여하고 또
투여하여 너희들의 그 병이 치료될
때, 과연 내가 너희들에게 쓴 약을 주
겠는가?
17 그때는 너희들이 인간의 삶이요, 너희

들이 하늘에 오르는 길을 볼 것이며,
너희들이 인간의 삶의 소중함을 알 것
이며, 오늘의 너희들이 존재함을 이
세상의 육의 부귀영화와도 바꿀 수 없
는 그와 같은 소중한 것을 깨닫게 될
것이니라.
18 그러니 오늘의 너희들의 죄의 옷을 벗
기며 너희들의 그 병든 것을 치료하기
위해 내가 쓴 약을 투여하는 것이요,
19 너희들이 머지않아 완치되었을 때 내
가 그 모두를 거두게 될 것이니, 그것
이 바로 너희들이 더 성장해서 허물을
벗는 그 미물과 같은 그 고통의 시련
을 겪지 아니하면 아니 됨이니 그리
알라.

9,760 번째 하나님 말씀

2004년 2월 28일 07시 03분

1 사랑하는 나의 아들아!
2 **"네, 아버님! 말씀하옵소서."**
3 내가 나의 법전에 너희들의 그 사정이
요, 그 마음을 하나하나 기록하며 내
마음이 얼마나 저리고 아픔이 있는가?
4 그러나 너희들이 깨우치지 아니하며
바로 세우지 아니하면 아니 되기에,
5 내가 나의 아들을 통하여 지금 160권
의 법전을 세상에 내려보내며, 그가
죽을 때까지 나의 뜻을 받아 만백성을
깨우치는 그 역사를 남길 것이니라.
6 너희들은 인간 세상에 살아가면서 그
와 같은 말을 하느니라.
7 '친구의 마음을 알려면, 재물을 꾸어
주고 받으며 재물을 거래해 봤을 때,
그 친구의 본마음이요, 본성을 알 수
있다.' 그리 말하지 않는가?
8 인간의 본연의 마음을 너희들은 재물
을 주고받는 그 속에서 깨우친다 하나,
9 너희들이 인간의 본성이요, 그 마음을
알고자 한다면, 그가 절대적인 권력을
쥐었을 때, 그리고 제가 부귀와 영화
를 누릴 수 있는 재물을 쌓아 놓았을
때,
10 그것을 손에 쥐고 있을 때 너희들이
인간의 마음이요, 본마음을 알 수 있
음을 알아야 될 것이니라.
11 그러니 너희들이 권력이요, 부귀와 영
화를 한 손에 쥐고 있을 때, 과연 그
마음이 변화되지 않는 믿음의 길을 갈
수 있는 것이 지금 나의 아들을 따르
는 그 백성들이요, 나의 법전을 읽고
깨우친 백성 너희들인가?
12 나 여호와가 너의 제자요, 그리고 너
를 따르는 내가 사랑하는 나의 아들딸
그들에게 바로 이것을 원하고자 하며,
그들의 그 본마음을 찾고자 하는 것이
나 여호와요,
13 그리하여 내가 오늘의 고통과 시련의
길을 훈련시킴이니라, 사랑하는 나의
아들아!
14 네가 눈물로써 기도하는 것을 아느니
라.
15 너의 제자들의 어렵고 힘든 그 모두를
위하여 너 자신을 던져서라도 그들이
바로 갈 수 있으며, 아름다운 길을 갈
수 있으며, 남에게 구애받지 아니하며
어렵고 힘든 길을 가지 아니하도록,
16 너는 그것을 나에게 소원하는 눈물로
써 기도하고자 함을 알고 있음이니라.
17 그러나 사랑하는 나의 아들아, 너는

들어야 할 것이니라.
18 인간이 재물을 주고받고 거래할 때 그 친구의 본마음을 안다 하였거늘,
19 너희들이 권력을 쥐었을 때, 부귀와 영화를 한 손에 쥐고 있을 때,
20 너를 따르는 제자들이요, 나의 법전을 읽은 백성, 그들이 과연 제자리를 지키며 마음이 변화되지 아니하며 흔들리지 않는 길을 갈 수 있겠느냐?
21 나 여호와는 너의 제자들에게서 이를 찾고자 하는 것이며, 이와 같은 너희들의 본성의 마음을 보았을 때 나는 너희들에게 모두를 내릴 것이니라.
22 나 여호와는 너희들의 마음을 비쳐 보고 있음이니 너희들은 그리 알라.
23 나의 아들을 원망하지 말며, 나의 법전을 원망하지 말며, 더불어 하늘을 향하여 나를 원망하지 말라.
24 나 여호와는 사랑하는 나의 아들을 따르는 그 제자들이요, 그리고 그와 더불어 가는 너희들의 마음이 권력과 부귀와 영화를 한 손에 쥐었을 때도 마음이 변하지 아니하는 것, 그 마음을 찾고 있으며 찾고자 함이니,
25 내가 그 마음을 볼 수 있는 것은 너희들 스스로 너희들 손으로써 만들어야 된다는 것을 절대 잊지 말며,
26 너희들이 나의 뜻을 알았으며, 내가 원하는 것을 알았으며, 내가 기다림을 알았으면 너희들이 그리 가도록 하라.
27 모든 종교 집단이요, 지도자, 저희들은 행함이 변하고자 하는 것이 아니라,
28 제 뜻대로 나를 갖다 맞추며, 제 취향에 나를 깎아 맞추는 것이 오늘의 종교 집단이요, 지도자이니라.
29 사랑하는 나의 아들을 따르는 너희들은 그리해서는 아니 될 것이니라.
30 너희들이 창조주 나 여호와가 원하는 것에 맞추며 그 빛으로 와야 되는 것이요,
31 절대적인 나 여호와 아버지라 말하며, 창조주 아버지라 말하면서 어찌하여 인간 너희들이 백사장의 모래 한 알만큼도 못한 그와 같은 너희들의 지혜요, 너희들의 생각이요, 그 욕심에, 창조주 나 여호와의 모든 계획을 다 바꾸고 수정하여 너희 자신의 뜻에 맞추며, 네 비위에 맞추며, 네 소원하는 것에 맞추라 하느냐?
32 나의 아들을 따르는 제자, 너희들은 내가 절대 그리 가도록 할 수 없으며, 그와 같은 기도를 드리게 할 수 없으며, 그와 같은 믿음의 길을 가게 할 수 없음이니라.
33 너희들이 부귀와 영화를 쥐었을 때도 너희들이 지금처럼 마음을 지키며, 자리를 지키며,
34 나의 아들과 더불어 나의 법전을 만드는 데 열과 성의를 다할 수 있는 너의 제자들의 마음이요, 그를 찾기 위해 나 여호와가 기다리고 있음을 그들에게 전하라.

9,761 번째 하나님 말씀

2004년 2월 28일 07시 08분

1 사랑하는 나의 아들아!
2 **"네, 아버님! 말씀하옵소서."**
3 모든 믿음의 길을 가는 그 백성들이 성서를 읽고 깨우치며 저희들이 성경

이라는 것에 파란 줄, 검은 줄, 빨간
줄, 노란 줄을 수없이 칠하고 또 칠하
며, 성서의 책장이 닳고 닳도록 읽고
깨우쳐 그 모두를 다 암송하는 자들이
요,
4 그저 입만 열면 그 모두를 줄줄 외며
그 뜻을 저희들이 아는 것처럼 설교하
고자 대드는 자,
5 그와 같은 자들이 그를 읽고 깨우친들
무엇하느냐?
6 행함이 없는 것은 죽음이요, 그들은
아무것도 이룰 수가 없음을 너희들은
알아야 될 것이니라.
7 그러니 이제 나의 아들을 따르는 제자
들이요, 나의 뜻을 따르는 백성 너희
들은 알아야 될 것이니라.
8 법전을 아무리 읽고 깨우쳐도 너희들
이 행함이 없으며, 그 행함에 있어서
너희들이 게으른 자는 아무것도 얻을
수 없으며 아무것도 이룰 수 없다는
것을 명심하고 또 명심하도록 그리하
라.
9 너희들이 성서를 읽고 읽고 깨우쳐도
게을러 행함이 없으며, 나의 법전을
읽고 읽고 깨우쳐도 행함이 없는 게
으른 자라면 그들과 다른 것이 무엇
이더냐?
10 너희들 말에 있느니라.
11 '과일나무 밑에 가 입을 벌리고 누워
있다.' 함이니, 너희들은 그 과일이 떨
어져 네 입에 들어오기를 바라는 그와
같은 백성들이니라.
12 그러니 그와 같은 마음으로 믿음의 길
을 가며 신앙의 길을 간다 하면, 너희
들이 참진리의 길을 과연 볼 수 있으
며 나에게 오를 수 있단 말이던가?
13 이제 나의 법전을 읽고 깨우친 백성
너희들은 행함이 우선이요, 행함이 소
중함이니, 이 행함은 바로 무엇이더냐?
14 게으르지 않는 자만이 이룰 수 있으며
역사할 수 있음이니,
15 너희들이 그 게으름을 피우는 자요,
게으른 자는 아무것도 이룰 수 없으며
역사할 수 없다 함이 여기 있음이니라.
16 그러니 너희들은 나의 법전을 읽고 깨
우쳐 행함을 앞에 할 것이며, 행함을
먼저 하도록 게으름에서 벗어나는 그
와 같은 백성이 되어야 함을 알아야
될 것이며,
17 거기서 헤어나지 못하면 너희들은 정
녕 그 지금의 믿음의 길을 가는 그 백
성들과 무엇이 다르단 말이더냐?
18 그러니 너희들은 지금의 믿음의 길을
가는 백성처럼 과일나무 밑에 가서 입
을 벌리고 네 입에 떨어지기를 바라지
말며,
19 너희들이 그를 취할 수 있는 노력을
하라, 그리고 너희들이 게으름을 피우
지 말라.
20 그리하면 세상의 이치요, 그 모두를
다 너희들이 알 수 있으며 깨달을 수
있는 이치가 거기 있다는 것을 어찌하
여 모른단 말이더냐?
21 이제 너희들은 알아야 될 것이니라.
22 그와 같이 너희들이 게으르지 말라.
23 게으름을 피워서는 아니 됨이니, 과연
너희들이 나의 법전을 읽고 깨우쳐 그
것을 행하고 지키는 것이 얼마나 되는
가?
24 너희들이 그 모두를 다 잊어버리고 살

며, 그대로 행하지 아니하고 살며, 순
간순간 너희들이 그를 잊어버리고 사
는 자요, 너희들이 결심을 하고 돌아
서서 잊어버리니,
25 이게 다 게으른 자요, 너희들이 게으
름을 피우는 자들이라는 것을 절대 잊
지 말라.
26 너희들이 게으름이라는 것이 일찍 일
어나고 잠이 이니요,
27 너희들이 나의 아들을 통하여 내리는
강론이요, 내가 너희들에게 내린 메시
지를 들어 너희들이 그를 지키는 것
을 잊어버리고 사는 것, 순간순간 너
희들이 기억에서 지워 버리는 것,
28 그리고 너희들이 아차 하는 순간에 죄
를 범하며, 아차 하는 순간에 실수를
하며,
29 그리고 돌아서서 나의 법전의 뜻을
따라 그 내용을 따라서 너희들이 다
시 가고자 하는 그와 같은 삶이요, 이
게 다 너희들이 게으른 자들이니라.
30 게으르지 아니한 자는 그를 지워 버릴
수 없으며, 실수한 다음에 너희들이
돌이켜 고치려 할 필요가 없음이니라.
31 한 번의 실수는 너희들이 열 배로써
갚고 뉘우치며 그 주인에게 용서를 받
아야 된다 했음이니,
32 너희들이 한 번의 게으름을 피워 하나
를 잃어버렸을 때 너희들이 잃는 것이
얼마나 무섭고 큰 것이며 두려운 것인
가를 너의 제자들은 알라 그리 전하라.
33 나의 법전이요, 성서대로 행하지 아니
하는 것이 바로 너희들이 게으름을 피
움이라는 것을 그리 전하라.

9,762 번째 하나님 말씀

2004년 2월 28일 07시 11분

1 사랑하는 나의 아들아!
2 "네, 아버님! 말씀하옵소서."
3 너를 따르는 제자들에게 너는 간곡히
가르쳐야 될 것이니라.
4 너희들이 나의 법전을 읽고 깨우쳐 나
의 법전으로써 굳어지지 아니하면, 결
코 너희들이 나에게 오를 수 없으며
나를 볼 수 없다 하지 아니하였더냐?
5 뜨거운 물과 찬 물의 그 모두를 너희
들이 마실 수 있는 그 조정을 하는 것,
그것을 맞추는 것이 바로 나의 법전이
라 그리하지 아니하였더냐?
6 너희들이 새는 그릇에 물을 부음이니,
그 새는 작은 틈 사이로 그 물은 흘러
땅을 적시며 아무리, 부어도 그 물은
거기에 존재하지 못하지 아니하더냐?
7 그러니 너희들이 큰 그릇에 그 작은
금이 가 그 물이 새어 나가는 것처럼,
그리고 새는 물이 주변의 땅부터 적셔
모두를 다 적셔 버리듯,
8 그리고 땅을 적시며 그 그릇은 아무리
붓고 부어도 언젠가는 그 물이 비워짐
이니, 바로 너희들 몸에 죄악이 침투
하는 것이 그와 같은 것임이니라.
9 너희들이 나의 법전으로 굳어지고 다
져지지 아니하면, 너희들이 큰 그릇에
담아 있는 작은 그 금이 그곳에서 물
이 새는 것이 땅을 적시는 것처럼,
10 너희들 마음에 사악함이 뿌리가 내리
며, 사악함이 너희들을 지배하며 침투
하여 너희들을 잠식시키며 너희들을
무너트림이니라.

11 그리하여 내가 나의 법전을 3회 이상
정독하고 깨우쳐 그를 행하라 함이 바
로 너희들의 마음을 굳히고 다지게 하
고자 함이니, 너희들은 이 무서움을
알도록 그리하라.
12 너희들이 깨진 그릇에서 물이 조금씩
새어 땅을 적시며 그 주변을 적셔 가
듯이,
13 너희들이 나의 법전으로 굳게 굳어지
지 아니하며 다져지지 아니한다면, 너
희들은 그와 같은 형국이 된다는 것을
잊지 말라 그리 전하라, 사랑하는 나
의 아들아!

9,763 번째 하나님 말씀

2004년 2월 28일 07시 15분

1 사랑하는 나의 아들아!
2 "네, 아버님! 말씀하옵소서."
3 하루의 한 순간에도 너희들이 천 가
지 만 가지 떠오르는 온갖 생각들을
너희 자신이 바르고 곱게 다스리지 못
한다면,
4 너희들이 천 가지 만 가지 생각을 떠
나 살아가지 못한다면, 너희들은 결국
무너지게 되어 있음을 알아야 될 것
이니라.
5 그러니 너희들이 하루에도 순식간에
떠오르는 천 가지 만 가지 인간의 욕
심이요, 욕정이요, 그 모든 생각을 떠
나 다스리는 그와 같은 삶을 살지 못
한다면,
6 나의 법전을 천 번 만 번 읽고 또 깨닫
고 깨닫는다 해도 너희들이 거기서 얻
음이 없으며, 너희들이 변화되는 삶을
살 수 없는 것임을 알아야 될 것이니
라.
7 지금의 모든 종교 집단이요, 종파요,
그들이 천 가지 만 가지 그 생각이 그
욕심의 뿌리로부터 모두가 이루어짐
이니,
8 그것을 다스리지 못하고 지금 욕심이
라는 것을 향하여 치달아 가는 그와
같은 믿음의 길을 가는 백성들이 그들
임을 너희들은 알아야 될 것이니라,
사랑하는 나의 아들딸들아!
9 천 가지 만 가지 떠오르는 생각을 너
희들이 지우지 못하며 버리지 못한다
면, 그와 같은 형국을 내가 내려다보
기에 너희들의 모습이 어떠한지 알겠
느냐?
10 너희들은 천 가지 만 가지 떠오르는
죄악을, 그 잘못된 생각을, 그리고 너
희들이 욕심이라는 것을 버리지 못하
고 하늘에 오르고자 나에게 기도하는
그 모습은,
11 너희들이 그물이라는 것을 그저 천 가
지 만 가지 생각으로 엮어, 그리고 너
희들이 그 그물을 쳐 놓고 거기에 내
가 내리는 비를 피하려는 자요, 물을
내리는 것을 막을 수 있다 생각하는
자들이요, 태양빛을 막을 수 있다는
자들의 그 어리석은 행위와 같음을 알
라.
12 너희들이 천 가지 만 가지 그 욕심의
죄를 버리지 못하고 다스리지 못하는
자들이 하늘에 오르고자 한다는 그
형태가 내가 바라보기에는,
13 너희들이 그저 주먹만 한 것보다도,
너희들이 몸이 빠질 수 있는 그보다도

더 큰 구멍으로써 그물을 엮어 그것
을 하늘의 네 머리 위에 쳐 놓고,
14 저희는 태양빛을 막을 수 있으며, 하
늘에서 나 여호와가 물을 부었는데도
그 비를 맞지 아니하며 물을 맞지 않
을 자신 있다 말하는 너희들의 어리석
은 그 삶과 같음을 너희들은 알아야
될 것이니라, 사랑하는 나의 아들딸들
아!
15 그러니 너희들이 대충은 없으며 대충
이 역사하는 것은 있을 수 없음이니라.
16 그러니 하늘에서 내리는 비를 막아 네
몸을 보호한다면, 사랑하는 나의 아들
딸들아, 작은 틈이 있어도 아니 되며,
작은 구멍이 있어도 아니 되거늘,
17 너희들의 몸이 빠지는 것보다도 더 큰
그물망을 엮어 놓고 너희들이 하늘을
향하여 덮어 놓고, 태양을 막으며, 달
빛을 가릴 수 있으며, 그리고 내가 내
려다보는 내 눈빛을 가릴 수 있으며,
내가 내리는 비요, 물을 너희들이 가
리고 막을 수 있으며 너희들은 보호될
수 있다 생각하는 것이 오늘의 종교
집단이요, 지도자들이 가는 형국이니
라.
18 나는 그들을 나무라고 탓하는 것이 아
님이니라.
19 다만, 너희들은 하나의 빗물이 샐 수
있는 작은 틈도 없을 때, 너희들이 막
아 놓고 그 비를 피할 수 있으며 태양
의 빛을 막을 수 있다 하는 그와 같은
게으르지 않는 삶을 살며, 현실적인
삶을 살며, 너희들이 그와 같은 길을
가라 함이니라.
20 그러니 그것이 바로 천 가지 만 가지
떠오르는 잘못된 생각이요, 너희들이
음해하는 마음이요, 그 모두를 다 뽑
아내야만,
21 너희들이 하늘에서 붓는 그 비를 피할
수 있는 것을 너희들이 만들어 놓으며
막아 놓는다는 것을 잊지 말도록 하
라, 사랑하는 나의 아들딸들아!

9,764 번째 하나님 말씀

2004년 2월 28일 07시 20분

1 사랑하는 나의 아들아!
2 **"네, 아버님! 말씀하옵소서."**
3 나의 피조물 만백성 너희들이 세상에
살아가면서 악하고 사악한 마음은, 남
을 시기하고 질투하는 마음은 너희들
의 마음에 번갯불보다도 더 빠르게 침
투하는 것이니라.
4 그러니 바늘구멍보다도 작은 마음의
여유가 있으며 마음이 흔들리는 곳만
있다면,
5 그 악의 뿌리는 번갯불보다도 더 무섭
게 그 작은 틈새를 타고 너희들에게
침투하여 너희들을 무너트리는 것이
악의 근본이며 악의 마음이니라.
6 그러니 과연 너희가 이 악의 마음을
다스리며 너희들을 지키기 위해서는
어찌 살아가야 되는지 알겠느냐?
7 단 1초라도 너희들이 다른 생각을 하
며 마음을 늦춰서는 그 번갯불보다도
빠르게 침투하는 악의 씨요, 악의 뿌
리를 너희들이 지탱하지 못함이니,
8 결국 너희들이 침투를 당하면 어찌 되
겠는가?
9 그 부위가 썩고 썩기 시작함이니 그

부위는 점점 커짐이니, 너희들 자신이
무너지며 너희들이 썩어져 가는 그와
같은 슬픈 역사가 이루어짐이니라, 사
랑하는 나의 아들딸들아!
10 그러니 내가 나의 법전을 3회 이상 읽
으며 완벽하게 다스리라 함이 무엇이
더냐?
11 너희들이 받치고 있는 것에 하늘에서
내리는 그 빗물이 새서 네 몸을 적시
면 아니 되는 것처럼, 너희들이 그와
같이 너희 자신을 다스리며 완벽하게
가야만 된다 하지 않더냐?
12 그러니 악의 씨요, 악의 뿌리가 너희
들이 번갯불보다 빨리 너희들에게 그
틈만 있으면 침투하며,
13 그저 1초의 여유만 있어도 너희들을
무너트리고자 호시탐탐 노리고 있는
이 세상에서 살아가는 것이 너희들의
오늘의 삶이니라.
14 그러니 1초의 생각도 늦춰서는 안 되
며, 잠시도 나와 같이 있다는 것을 잊
어서는 아니 되며, 내가 너희들과 함
께하고 있다는 것을 잊어서는 아니 되
며,
15 나의 법전의 생각이요, 나의 법전의
가르침을 지워서도 아니 되는 것이 너
희들이라 함을 잊어서는 아니 될 것이
니라, 사랑하는 나의 아들딸들아!
16 내가 오죽하면 너희들에게 그리 말하
였느냐?
17 거짓이라는 것은 살인과 같은 것이니,
너희들이 몸과 마음을 다하여 거짓된
짓을 하지 말며 흔들리지 말라,
18 그리고 흔들리고 무너지는 너희들의
그 마음을 바로잡아야 될 것이며, 그
리고 거기서 잠시도 늦춰서는 아니 된
다 하여,
19 몸과 마음을 다하여 남을 속이지 않는
그것부터 내가 너희들에게 훈련을 하
라 함이 무엇인 줄 아느냐?
20 그것 하나를 지키고 역사함으로써 너
희들이 그 모두를 막을 수 있음을 알
라.
21 그러나 나 여호와는 아무리 번갯불보
다 빨리 악이 너희들에게 침투한다 해
도, 너희들이 그를 막을 수 있는 것,
그를 지탱할 수 있는 것, 그로부터 보
호하고 살아갈 수 있는 그 모든 능력
과 그 모두를 너희들에게 주었다는 것
을 또한 너희들은 알아야 될 것이니라.
22 너희들이 그러니 믿음의 길이요, 나를
향하여 가는 것이요, 나의 법전을 읽
고 깨우치는 길이요, 나의 법전을 만
들어 만백성을 구하고자 일익을 담당
하는 자요, 나의 법전을 가지고 들고
뛰는 너희들이 잠시도 흔들리는 마음
이 있어서는 절대 아니 됨이니라.
23 너희들이 열 시간을 나를 위해 경배하
며 모두를 다 바쳤으나, 너희들이 1초
동안 흔들리는 마음을 가졌을 때, 너
희들은 바로 번갯불보다도 무섭게 그
악은 침투한다 하지 않느냐?
24 너희들이 하늘의 1초는 그 시간이 지
상에서 얼마나 길고 긴 시간이더냐?
25 너희들의 1초라도 하늘에서 따질 때
1초는 얼마나 긴 시간이던가?
26 너희들이 살아가는 그 모두는 나 여호
와와 직결되어 있으며, 나 여호와의
법도에 따라간다 하였음이니,
27 그리하니 사탄이요, 마귀들이 여유작

작하게 너희들에게 침투하며 침투할
수 있는 구멍이 생기며 침투할 수 있
는 틈바구니가 생김이니,
28 그들은 웃고 즐기면서 너희들을 썩게
만들며, 너희들을 무너트리며, 너희들
을 지옥으로 끌고 가는 그와 같은 행
위를 하고 있음이니,
29 1초의 마음도 너희들이 놓아서는 아
니 된다는 것을 잊지 말며, 1초라도
너희들이 나를 지워 버리고 나를 잊어
버리고 살아서는 아니 됨이니라.
30 너희들은 나를 위하여 기도하는 것까
지도 모두를 다 잊어버림이니라.
31 너희들이 음식을 먹을 때 나에게 감사
하라고 했으며, 너희들이 또한 무슨
일을 역사할 때 감사하라, 기도드리라
했거늘,
32 그 기도도 잊어버리고 사는 자요, 그
기도도 행하지 아니하고 사는 것이요,
그 기도도 그저 그대로 스쳐 가는 삶
이 너희들의 오늘의 믿음이요, 너희들
의 깨달음이 아니더냐?
33 그러니 사탄이요, 마귀가 너희들에게
얼마나 많이 침투했으며, 지금 너희들
의 몸 속에 그들이 자리 잡고 꿈틀거
리며 너희들을 지금 썩게 하고 있는지
알겠느냐?
34 그러니 너희들이 얼마나 무서움 속에
서 지금 지탱하는가?
35 그리하여 너희들의 모든 죄의 그 사탄
이요, 마귀를 뽑아내는 그 훈련으로써
임하지 아니하면 너희들이 거듭날 수
없기에,
36 오늘의 어렵고 힘들고 고통스러운 길
을 가도록 한다는 내 뜻을 알 수 있을
것이니 그리 전하라.

9,765 번째 하나님 말씀

2004년 2월 29일 06시 22분

1 사랑하는 나의 아들아!
2 "네, 아버님! 말씀하옵소서."
3 너의 제자가 너에게 그리 말하였느니
라.
4 예수님이요, 신약 시대에 가르친 것은
사랑을 실천하라는 가르침이며, 사랑
을 하며 살라 그리 가르친 것이라 말
하였음이니,
5 내가 160권의 법전을 세상에 내보내
며 나의 뜻을 역사하는 것은 정녕 참
진리요, 참진리의 길을 가는 것이라
그리하지 아니하였느냐?
6 그러니 그 모두를 집약해서 한마디로
써 너희들을 깨우치고 가르치는 것이
나 여호와의 뜻이요, 참진리라 그리
말하지 아니하였더냐?
7 그러니 내가 너희들에게 뭐라 내려 주
었느냐?
8 내가 너희들에게 한마디로써, 한줄기
로써 모두를 깨우칠 수 있는 그 대명
을 내렸음이니라.
9 곧 그는 내가 가훈이라 하지 않았느냐?
10 '하늘을 향하여 한 점의 부끄러움이
없는 삶을 살라, 나의 아들딸들아!' 이
것으로써 내 160권의 법전의 그 모두
를 대표하며 요약하여 역사함이니,
11 이것은 바로 너희들이 행하지 아니하
면 구원을 받을 수 없으며 나를 따를
수 없음이며, 심판의 시대에 역사하는
것이니 그리 알라.

12 '하늘을 향하여 한 점의 부끄러움이
없이 삶을 살라.' 함이 나의 160권의
그 모두를 요약함이니라.
13 이는 너희들이 나의 뜻대로 행하지 아
니하면 아니 됨이니, 이것은 마지막
시대이기에 너희들이 정녕 행하는 그
와 같은 마음으로 살지 아니하면 아니
된다는 뜻을 알아야 될 것이니라.
14 그러니 내가 160권으로써 너희들에게
상세히, 세세히 풀어 내리는 것은 무
엇인지 알겠느냐?
15 이를 보고 깨우치는 자가 다 다르며,
이를 보고 생각하는 자가 다 다르기
때문이니라.
16 그리고 너희들은 내가 글로써 증거하
여 명확히 내려 주어도 세월이 흐른
다음에 이를 가지고 갑론을박함이니,
17 그리하여 더 이상 너희들이 무엇을 찾
고 들여다보지 못하도록 하기 위하여
내가 모두를 풀어서 내려보내는 것이
요,
18 그리고 내가 160권을 역사한 다음에
나의 아들을 통하여 하늘에서 이루어
진 것같이 지상의 낙원에서 사는 백성
들이 어찌 살아야 될 것인가를 그 모
두를 전한다 하지 아니하였더냐?
19 이제 내가 너희들에게 전함이니 듣도
록 하라.
20 너희들은 인간 세상의 그 모든 법도를
벗어나는 그와 같은 차원 높은 세상을
위하여 달려가지 아니하면 아니 됨을
알아야 될 것이니라.
21 육의 세상에서 살아가는 것, 그 모두
를 내가 벗어나라 함이 무엇인지 알겠
느냐?
22 너희들이 지금 육의 세상에 사는 것은
육의 한계를 벗어나지 못했기에, 인간
의 삶이요, 인간 세상의 삶 외에는 바
라보는 능력이 없으며 깨달음이 없기
때문이라 함이니라.
23 그리하여 내가 모든 종교의 믿음의 길
을 가는 그 백성들이 우물 안 개구리
라 한 그 말이 무엇인지 알겠느냐?
24 세속의 인간 세상의 삶의 그 법도를
벗어나지 못하며, 그 세상을 벗어나지
못하고 있기 때문이니라.
25 인간의 생각이요, 인간의 상식이요,
인간의 판단에 얽매이고 있으며 거기
에서 벗어나지 못함이니,
26 너희들이 바로 나의 뜻이요, 내가 원
하는 그 세상을 볼 수 없으며, 성서의
비유의 그 뜻을 알 수 없다 함이니,
27 나의 아들을 통하여 강론을 들으며,
나의 아들을 통하여 내리는 나의 기도
소리를 듣는 백성 너희들은 들어야 할
것이니라.
28 너희들은 인간 상식이요, 인간의 판단
을 초월하는 그 세상을 보라.
29 그리했을 때 너희들이 모두가 변하는
것이요, 너희들이 변화된 백성이라는
것을 알라.
30 지금 너희들이 인간의 상식이요, 인간
의 살아가는 모습으로써는 많이 변해
져 있는 나의 아들딸들이니라.
31 그러나 그것은 너희들이 인간 세상의
진흙탕 속에서 지금 벗어나지 못한 것
이며, 거기서 헤어나지 못한 것이니,
32 인간의 상식으로써 너희들이 변화되
고 역사하는 것은 한계가 있으며 그것
은 끝이 있음이니라.

33 그리하여 모든 믿음의 길을 가는 백성
들이요, 구원을 받았다 말하는 맹종
맹신하는 그 광란의 짓을 하고 있는
백성 그들이 바로 너희들이 인간의 노
력으로써는 구원을 받을 수 없으며,
인간의 노력으로써는 거듭날 수 없으
며, 너희들의 노력으로써는 나에게 올
수 있는 길을 올 수 없다 함이니,
34 그것이 바로 인간의 생각이요, 인간의
상식이요, 인간의 판단을 벗어나지 못
하며 뛰어넘지 못하기 때문에 그러하
니라.
35 그러니 너희들이 진흙탕 속에서 서로
얽히고설킨 속에서 벗어나지 못함이
니, 거기서 아무리 털고 턴다 해도 무
엇을 털겠느냐?
36 이제 나의 아들을 따르는 제자 너희들
은 들으라.
37 그 진흙탕 속에서 나와 생수를 부어
너희들의 몸을 씻어 냄이니, 그것이
변화되는 모습이 아니더냐?
38 그와 같은 형국으로 변화되는 너희들
이 되어야 함이니라.
39 그리하기 위해서는 너희들이 인간의
판단이요, 인간의 생각이요, 인간의
그 역사하는 것에서 그 모두의 상식이
요, 판단으로써 기준을 삼아서는 아니
됨을 알아야 될 것이니라.
40 나의 아들 예수가 그 부모를 모른다며
형제를 모른다 한 그 뜻이 무엇이더냐?
41 그리고 그가 말하기를, '나와 더불어
가는 자가 나의 형제요, 부모라' 그리
말하였음이니, 너희들이 그 말을 그대
로 듣는다는 것은 무엇이더냐?
42 인간의 상식이요, 인간의 도리로써는
부모를 사랑하며, 형제를 사랑하며,
사랑을 베풀라는 것에 어긋나는 짓이
요, 이해할 수 없으나,
43 그것은 인간 세상의 것을 뛰어넘은 큰
사랑이요, 참진리의 역사함을 가르치
는 것임을 너희들은 알아야 될 것이니
라.
44 이 한 구절을 가지고 너희들이 지금
나의 피조물 만백성들을 그저 너희들
에게 재물을 바치며, 너희들의 강론을
들으며, 나의 아들 예수를 찾으며 나
를 찾기만 하면 되며, 형제를 버려리
고 부모를 버리면서도 너희들이 믿음
의 길을 가야 하는 것이라 하나, 그것
이 아니니라.
45 그 인간 세상의 인간관계의 고리를 뛰
어넘는 세상을 보라 하는 가르침이 거
기 있음이니라.
46 그리하여 내가 지금 나의 아들을 통하
여 너희들에게 뭐라 말하였느냐?
47 모두를 대중적으로 보라 하였음이니
라.
48 너희들이 너희 가정이요, 자식에 집착
하는 마음을 벗어나 모두를 대중적으
로 볼 수 있는 마음,
49 그것이 너희들의 인간 세상의 생각이
요, 인간의 집착을 벗어나 넓고 큰 위
대한 사랑이요, 하늘의 뜻에 진입하는
것임을 너희들은 알아야 될 것이니,
50 그를 미워하고 버리라는 것이 아님이
니라.
51 그 속에서 너희들이 벗어날 수 있는
것, 그리고 그를 초월할 수 있는 것을
말함이니,
52 그를 초월하지 아니하며 그 집착에서

벗어나지 못할 때, 너희들이 나의 참
사랑이요, 진리의 뜻이요, 그 위대함
을 보지 못하기 때문이요,
53 그래서 너희들에게 가르쳐 주기 위하
여 나의 아들 예수가 그리 말한 것이
니라.
54 나의 아들이 부모를 공경하고 사랑하
라 할 때, 그 부모요, 형제가 찾아갔을
때 '내 부모요, 형제가 어디 있느냐,
지금 여기 앉아 있는 너희들이 나의
형제요, 부모라' 그리 말한 그 의미는,
55 너희들이 집착하는 것을 버리고 높고
위대한 사랑을 보라는 것이요,
56 인간 세상에 있는 그 사랑이 아니라,
크고 진실한 참사랑은 모두를 벗어나
며 대중적으로 볼 수 있는 그 마음이
기에 그리 가르친 성서의 비유의 뜻을
너희들은 알아야 될 것이니 그리 전하
라.

9,766 번째 하나님 말씀

2004년 2월 29일 06시 28분

1 사랑하는 나의 아들아!
2 "네, 아버님! 말씀하옵소서."
3 너의 제자들에게 바로 깨우치고 바로
가르쳐야 됨이니라.
4 모든 종교 집단이요, 지도자 그들이
나의 아들 예수가 '부모를 모르며 형
제를 모른다 하였으며, 내 부모 형제
가 여기 있다 그리 말하였으며, 믿는
자가 나의 형제요, 나의 부모라' 그리
말한 그 의미를 갖고,
5 너희들이 지금 믿는 자만을 중요시하
며 믿지 않는 너희 부모 형제를 사랑
함과 소중함을 모르기에 그리 가르치
고 있음이니,
6 나 여호와의 뜻이 그것이 아님을 너희
들은 이제 알지 않았느냐?
7 인간 세상의 고리에 집착하지 말라 함
이니라.
8 그 고리에 집착하면 너희들이 한 계단
더 올라와서 보는 하늘의 뜻을 보지
못하기 때문에, 인간 세상의 모두를
다 초월하는 그와 같은 참사랑의 깨달
음을 얻으라 함이니라.
9 인간 세상의 삶에서 너희들이 집착하
고 사랑하는 것, 그것이 너희들의 진
정한 사랑이요, 참사랑이라 그리 생각
하지 말라 함이니라.
10 그것은 작은 것이라 그리하였음이니
라.
11 내가 너희 부모를 공경하지 아니하며
사랑하지 않는 자들에게 뭐라 말하였
느냐?
12 너희들이 바치는 십일조를 부모에게
바치며, 너희들의 모두를 다 부모에게
가 그리 공경하라 하지 않았더냐?
13 그와 같이 공경하는 것이 무엇이라 하
였느냐?
14 나 여호와의 큰 사랑 속에서 일부를
차지하며, 내 사랑을 실천하는 것이라
하였음이니,
15 그리하여 너희들이 네 부모를 공경하
며 네 부모를 먼저 사랑하라 한 그 뜻
이 있지 않더냐?
16 너희들이 형제를 사랑하라는 것이지,
형제를 버리라 함이 아니니라.
17 너희들이 그들을 사랑하는 것은 내가
이루는 그 역사의 작은 속에 있는 것

이요,
18 나의 큰 사랑이요, 참진리의 사랑을
너희들이 보기 위해서는 그 모두에 연
연해서는 아니 되며, 너희들이 그 한
계단 올라설 수 없기에, 그리하여 너
희들에게 그를 깨우쳐 전하고자 함이
었음이니라.
19 너희들이 모든 것에 집착하는 것은 바
로 다른 신을 섬기는 것과 같다 하지
않았느냐?
20 그리고 우상을 섬기는 것이라 하지 않
았느냐?
21 그러니 너희들이 형제요, 부모요, 인
간의 고리에 너무 집착하다 보면, 너
희들이 한 계단 넘어 하늘의 뜻이요,
나 여호와의 뜻이요, 참사랑을 모름이
니,
22 나 여호와를 향하는 마음의 참사랑이
라는 것이 만 개라 하면, 너희들 인간
의 사랑하는 것은 열 개라 하자.
23 그 열 개에 얽매어서 너희들이 그를
보지 못하는 것이 아님이니라.
24 열 개는 열 개대로 사랑하되, 그 사랑
을 벗어나 너희들이 만 개의 위대한
사랑이 있음을 보라 하며, 하늘의 뜻
을 보라는 것이요,
25 그를 깨우쳐 너희들이 나에게 올 수
있는 그와 같은 깨달음을 얻으라 하는
것이 나의 아들 예수가 너희들에게 전
한 것이니라.
26 너희들이 상식적으로 이해할 수 없는
것, 깨달을 수 없는 그 가르침을 성서
에 기록하여 나의 아들 예수가 전했음
이니,
27 그것을 너희들이 그대로 듣고 그대로
따른다면, 오늘의 너희들이 이와 같이
험악한 세상이 이루어질 수밖에 없음
이니,
28 그가 전한 비유의 뜻이요, 가르침을
너희들이 깨달으면 그와 같은 오늘의
너희들은 아무것도 아님이니라.
29 그 모두를 다 너희들이 대중적으로 보
라는 나 여호와의 뜻임이니라.
30 그리하여 대중적으로 봤을 때, 니희들
이 모두를 사랑하는 마음이, 너희들이
하나에 집착하며 살아가는 것보다도
위대한 사랑이요, 참진리의 뜻이 거기
있다 하여 가르쳤음이니,
31 그와 같은 의미를 깨닫는 백성은 나의
뜻을 볼 것이며, 바로 성서를 볼 것이
며, 나의 법전을 읽어도 깨우침을 얻
을 것이나,
32 너희들이 그저 곧이곧대로 그를 보고
따르는 자, 그리고 나 여호와가 너희
들에게 가르치고 전하고자 하는 그 비
유의 깊은 뜻을 모르고 가르치는 자가
그와 마찬가지니라.
33 그들 또한 알지 못하고 가르치기에 그
들이 나의 뜻이요, 내가 전하는 것을
왜곡되게 가르치며 나와는 관계없는
길을 달려가는 백성으로 이끌어 가고
있음을 알아야 될 것이니라.

9,767 번째 하나님 말씀

2004년 2월 29일 06시 34분

1 사랑하는 나의 아들아!
2 "네, 아버님! 말씀하옵소서."
3 네가 나의 성령을 받아 만백성을 구하
는 새로운 성경이요, 새로운 법전이라

하여 모두를 다스려 깨우치는 그 역사
를 함이니,
4 네가 이와 같은 역사를 하며, 네가 나
의 기도를 들으며, 내가 내리는 성령
의 뜻을 들어 책으로 만들어 기록하는
것을 네가 너 자신의 욕망을 채우기
위하여, 재물을 긁어 모으기 위하여
이와 같은 일을 한다면 과연 이것이
무엇이더냐?
5 정녕 이는 있을 수 없는 것이 아니더
냐?
6 그러니 지금 나의 뜻을 따라 나의 피
조물 만백성을 하늘에 인도한다는 길,
수천 년 동안 종교 집단이요, 지도자
들이 흘러오면서 그들이 역사한 것이
무엇인지 알겠는가?
7 그들은 자신의 욕망을 채우기 위하여,
제 명예를 위하여, 제 재물을 거둬들
이기 위하여, 그리고 저 자신의 모두
를 채우기 위하여 지금 재물을 받아들
이는 그와 같은 행위를 하고 있음이
니, 이것이 얼마나 무서운 일이더냐?
8 그리고 이는 곧 무엇이더냐?
9 그들은 나의 백성이 아니요, 나의 뜻
을 가르치는 자가 아니요, 사탄이요,
이단이요, 너희들이 말하는 마귀의 자
식이 되어 있는 자들임을 알아야 될
것이니라.
10 그러니 이제 나의 아들을 따르는 제자
들이요, 만백성을 구하는 너희들은 자
기의 욕망을 채우기 위하여, 제 뜻을
이루기 위하여 너희들이 재물을 받아
들인다든지 재물을 거둬들이는 그와
같은 일을 해서는 절대 아니 됨을 명
심하고 또 명심하여야 될 것이니라.
11 그러니 나의 아들과 너희들이 제 욕망
을 채우기 위하여 재물을 긁어모으며
역사하며,
12 너희들의 그 욕망을 채우며 너희들이
재물이요, 명예를 얻기 위하여 나의
아들을 통하여 내리는 강론을 들으며
나의 법전을 읽고 깨우치는 길을 가고
자 한다면, 얼마나 무서운 것이며,
13 그와 같은 자가 세상에 나갔을 때, 나
의 피조물 만백성을 어디로 인도하겠
느냐?
14 사탄의 자식으로 팔아먹는 그와 같은
행위를 할 것이니라.
15 그러니 하늘에서 나 여호와가 내려다
볼 때, 지상의 너희들이 수천 년 동안
흘러온 종교 집단이요, 지도자요, 구
원을 받았다 하여 울고불고하는 그 백
성들이 무엇인지 알겠느냐?
16 제 욕망을 채우며 저 자신을 위하여
모두를 거둬들이고 갈취하는 그와 같
은 행위를 하고 있음이니라.
17 너희들은 아니라 말할 것이니라.
18 나 여호와의 뜻을 위하여 내 사업을
한다 하나, 그는 내 사업이 아니요, 내
뜻이 아니니라.
19 너희들이 기도하고 경배하며 달라, 이
루어 달라 소원을 바라는 것밖에 너희
들이 하는 말이 더 있더냐?
20 그러니 그와 같은 기도를 하는 자들이
사탄이요, 마귀요, 이단이요, 그들은
나로부터 용서받을 수 없는 백성이요,
나의 자식이 아님이니라.
21 그와 같은 추하고 더러운 말을 하는
자들이 나의 법전을 이단이요, 사탄이
요, 마지막 시대에 온 거짓 선지자의

허황된 행위라 그리 말하며 찢어 버리
고 태우는 그와 같은 짓을 하니,
22 이것이 얼마나 가련하고 불쌍한 백성
이요, 사악한 짓을 하는 것이더냐?
23 그들이 나의 아들 예수를 십자가에 못
박아 그와 같이 고통스럽게 죽게 한
그 조상의 후예들이니, 그들이 과연
무슨 짓은 못 한단 말이더냐?
24 그러니 그들이 사악함과 그들의 잔인
함을 하늘도, 천사도, 사탄이요, 마귀
도 경탄하는 그와 같은 사악한 경지에
올라왔으며, 경악을 금치 못할 그와
같은 행위를 하고 있음을 너희들은 알
아야 될 것이니라.
25 나는 너희들에게 말하였느니라.
26 나는 너희들에게 베푸는 하나님이요,
재물은 나 여호와에게 필요 없다 하였
음이니라.
27 그러니 나는 너희들이 거둬들이고 바
치는 그 재물에 관계가 없으며, 필요
없다 하였음이니,
28 필요한 것이 없는 나 여호와가 쌓아
둘 곳을 만들었으며, 너희들이 적재해
둘 곳을 만들어 놓고, 창고의 문을 열
어 놓고 기다린단 말이더냐?
29 너희들은 하늘에 내가 창고를 만들어
놓고 너희들이 금화와 은화를 많이 쌓
아 바치도록 내가 문을 열어 놓는 것
처럼 그리하여 너희들의 신도들이요,
나의 백성들을 그리 가르치고 이끌어
가는 그와 같은 형국이 되어 있지 않
으냐?
30 그 환상을 깨도록 그리하라.
31 나는 재물이 필요 없음이니, 너희들
말처럼 내가 재물을 쌓아 놓을 하늘의
창고 문을 열어 놓고 너희들을 거둬들
이는 자가 아님이니라.
32 너희들이 상상할 수 없는 것이 하늘나
라에 존재하고 있으며, 나는 말로써
내 생각으로써 모두를 다 역사하고
이루거늘, 내가 너희들에게 어찌하여
재물로써 거둬들인단 말이냐?
33 너희들의 곱고 아름다운 마음이요, 너
희들이 내가 너희들에게 심어 준 인간
본성의 마음으로 변화되고 닦는 것이
너희들이 하늘의 창고에 쌓아 놓는 것
이요, 보물의 창고에 쌓아 놓는 것임
을 알라.
34 이제 내가 너희들에게 명확히 말하느
니라.
35 너희들이 어떠한 행위를 하든, 어떠한
짓을 하든, 무슨 명분으로 하든, 나를
위하여 너희들이 이루기 위하여, 나를
위하여 쌓아 놓기 위하여, 나의 창고
에 쌓아 놓기 위해서 나를 기쁘게 하
기 위하여 한다 해도,
36 너희들이 어떠한 짓을 하든 사례금을
받는 것은 자기 욕심을 채우기 위한
사악한 짓이요,
37 그러니 그와 같은 지도자요, 가르치는
자 밑에 너희들이 울고불고 그를 따라
간다면, 너희들도 똑같은 자요, 너희
들도 사례금을 받고도 남을 자임을 알
아야 될 것이니라.
38 지금까지 수천 년 동안 흘러온 그 믿
음이요, 지도자가 무엇을 위해서 살아
왔느냐?
39 자기 자신의 욕망을 채우기 위해 사례
금을 받는 데 혈안이 되었음이니라.
40 저희들이 어찌 강론하며 어찌 설교해

야 그 사례금의 봉투가 더 두터워지며
더 많은 금화와 은화를 거둬들일 수
있고 받아들일 수 있는가 그것만을 위
하여 온 것이니라.
41 너희들이 집회 장소를 만들며, 기도원
을 만들며, 연수원을 만들며 큰 교회
를 짓고 역사하는 것이 무엇이더냐?
42 너희들이 그저 떠들고 말장난하여 그
사례금을 더 많이 받으며 더 많이 거
둬들이기 위하여, 그리고 그 사례금을
받아들이기 위하여 너희들의 그 흉악
한 짓 앞에 울고불고 눈물 짜고 광란
의 짓을 하도록 만드는 것이 너희들이
니,
43 이게 바로 사탄이요, 마귀들이 지금
존재하고 역사하는 현실이니, 이를 덮
고자 하는 나 여호와의 뜻은 당연한
것이 아니더냐?
44 그들을 다 덮고 무너트리는 것이 바로
나의 법전이니, 나의 법전을 만들어
세상에 전하는 너희들 모두가 역사해
야 할 과제라는 것을 절대 잊지 말라,
사랑하는 나의 아들딸들아!

9,768 번째 하나님 말씀

2004년 2월 29일 06시 40분

1 사랑하는 나의 아들아!
2 "네, 아버님! 말씀하옵소서."
3 너희들이 어떠한 기적이요, 이적의 역
사를 이루며, 너희들이 무슨 은혜를
받으며 방언의 은혜를 받으며 병 고
침의 은혜를 받았다 하며, 어떠한 역
사를 이룬다 해도, 어떠한 행위를 한
다 해도,
4 너희들이 그 모두를 역사한 다음에 그
대가를 받는다면, 그것은 너희들이 사
탄이요, 마귀의 자식으로서 행하는 것
임을 너희들은 알라.
5 나 여호와의 존재함을 믿지 않는 자들
이요, 나의 뜻에 의해 역사함이 아니
니,
6 너희들이 어떠한 기적과 역사를 이루
었으며, 병 고치는 은혜를 입었다, 방
언하는 은혜를 입었다, 너희들이 무슨
은혜를 받았다 하여도,
7 그 모두는 다 너희들이 사탄의 자식이
요, 사탄의 힘에 의해 너희들이 역사
하는 것임을 알라.
8 나 여호와의 뜻에 의해 역사하는 것과
나 여호와의 뜻에 의해 역사하지 않는
것, 너희들이 이것은 무엇인지 알겠느
냐?
9 그 대가를 받지 않는 자는 나의 뜻에
의한 백성이요,
10 어떠한 기적과 역사를 이루며 무엇을
보인다 해도 그리하고 나서 너희들이
그 대가를 거둬들이는 것은 너희들이
사탄이요, 마귀의 행위라는 것을,
11 이리 엄연히 구분되어 있음을 만백성
에게 전하도록 그리하라.
12 너희들이 대가를 받지 않고 행하는 자
는 모두 나의 뜻에 의하여 역사하는
것이니라.
13 그러나 어떠한 것을 행하든 대가를 받
아들이며, 나의 피조물 만백성들로부
터 금화와 은화를 거둬들이는 그와 같
은 짓을 하는 것은,
14 너희들이 무대에 서서 마술사가 모든
사람들의 눈을 속이는 그와 같은 행위

임을 알아야 될 것이니라.
15 거기에는 진실이 없으며, 거짓된 것이
며, 허황된 것임을 너희들은 알라.
16 어떠한 역사를 이룬다 해도 그들을 믿
지 말라.
17 대가를 받으면 아니 됨이니 그리 알도
록 전하라.
18 이것으로써 너희들이 사탄이 역사하
는 것과, 선한 나의 참진리요, 나 여호
와의 뜻이요, 천사가 역사하는 것의
차이를 알아야 될 것이니라.
19 대가를 거둬들이는 것은 사탄이 역사
하는 것이요, 대가를 거둬들이지 않는
것은 천사가 역사함이니, 과연 너희들
이 어느 길로 가야 나에게 오를 수 있
는 것인가를 알아야 될 것이니라.
20 이제 명확히 내가 나의 법전에 기록하
여 전했음이니, 너희들은 이를 알고
깨닫는 자, 이를 들으면서도 깨닫지
못하는 자, 이것은 너희들의 의사에
달렸으며, 너희들의 자유의지에 달렸
음을 알아야 될 것이니라.
21 그리하여 대가를 받는 것은 나와 관계
없는 자들이요, 지옥으로 이끌어 가는
사탄을 따르는 것이요,
22 너희들이 대가를 받지 않는 것은 천사
가 이끄는 것이요, 곧 나에게 올 수 있
는 그 역사를 하는 가르침이라는 것을
알라.
23 나 여호와가 모두를 역사하는 것이 아
님이니라.
24 너희들이 대가를 받는 것은 내가 역사
하는 것이 아니라, 인간 자신이 그 역
할을 하는 것이요, 너희들이 마술사처
럼 나의 피조물 만백성을 속이고 속이
는 행위를 하는 것임을 너희들은 알라.
25 그러니 그들이 어떤 자들인지 알겠느
냐?
26 너희들이 나의 뜻을 이용하여 재물을
받아들이며, 은화와 금화를 거둬들이
는 그 순간에 너희들은 사탄이 되는
것이니,
27 그 재물을 받아들이는 자는 나보다도
저 자신이 위대하고 저희들이 나보다
높이 있는 것이라 하는 행위임을 너희
들은 알라.
28 내가 재물을 거둬들이지 말라 하는 것
을 감히 재물을 거둬들인다면 그것은
무엇이더냐?
29 나 여호와를 무시하며 나를 능멸하며,
제가 나보다 위대하며 높은 자리에 있
는 줄 착각하고 있는 자들이니라.
30 그러니 그것을 구분하지 못하고 따라
가는 자, 너희들이 바로 지옥으로 가
는 백성이요, 사탄의 길잡이에 따라
듣고 뛰는 그 길을 보고 달려가는 어
리석은 자들임을 알라.
31 그러니 너희들이 대가를 받는 것은 나
와 관계없는 백성이라는 그 무섭고 무
서운 뜻을 알라.
32 기적을 이루는 것은 자신의 믿음이 전
해짐이니라.
33 너희들의 믿음이 철저했을 때 너희들
에게 모두 얻어지는 것이니라.
34 그러니 너희들의 믿음에 의해 너희들
이 역사하는 것을 가지고 그들이 사례
를 받는 것을 당연하다 너희들이 말
할 수 있겠는가?
35 이는 절대 있을 수 없음이니라.
36 그러나 종교 지도자요, 집단이요, 그

들이 뭐라 말하느냐?
37 너희들이 기적을 이루며 이적을 이루
는 그것은 저희들이 믿음이 철저하며
나 여호와로부터 사랑을 받으며, 나로
부터 은혜를 받는 자요, 나로부터 선
택된 자이기에 그와 같은 역사를 이룸
이니,
38 저희들이 사례금을 받는 것, 금화와
은화를 거둬들이는 것은 당연한 것이
며, 당당한 자세라 그리 생각하고 그
리 가르치고, 전하는 자, 그것이 바로
무엇이더냐?
39 그는 이미 사탄이 되어 있는 자들이
요, 사탄이요, 마귀의 앞잡이가 되어
있는 자들이라는 것을 너희들이 구분
하고 깨닫도록 하는 그 지혜를 전함이
니,
40 이것이 내가 너희들에게 천만금의 재
물보다도 소중한 지혜를 내려 줌이니,
41 나 여호와는 너희들에게 영원히 버리
지 아니하며 영원히 지울 수 없으며
빼어 갈 수도 없으며 너희들이 뺏길
수도 없는 그 지혜를 내려 줌이니, 그
것이 내가 너희들에게 베푸는 상이요,
은혜라 함을 너희들은 알라.

9,769 번째 하나님 말씀

2004년 2월 29일 06시 46분

1 사랑하는 나의 아들아!
2 **"네, 아버님! 말씀하옵소서."**
3 재물을 거둬들이며 모든 행위의 대가
를 받는 것, 그는 바로 무엇인지 알겠
느냐?
4 인간 세상에서만 필요하며 인간 세상
에서만 너희들이 관리하고 쓰고 있는
그 재물의 노예가 되어 버린 자이니라.
5 그러니 재물의 노예가 되어 버린 자가
나와 무슨 관계가 있는가?
6 나와는 아무런 인연이 없다 함을 너희
들은 알아야 될 것이니라.
7 너희들이 재물과 나를 같이 섬기는
것, 재물과 나를 섬김을 너희들이 둘
다 역사하고 갈 수 없다는 것을 어찌
모르는가?
8 나는 일찍이 성서에 기록하여 너희들
에게 그리 전했느니라.
9 두마음을 가지고는 절대 하늘에 오를
수 없으며, 너희들이 나에게 올 수 없
다는 것, 종이 주인을 섬기는 것도 두
마음을 가지고 섬겨서는 절대 아니 된
다 내가 그리 말하지 아니하였더냐?
10 '집 하인이 두 주인을 섬길 수 없나니,
혹 이를 미워하고 저를 사랑하거나,
혹 이를 중히 여기고 저를 경히 여길
것이라 생각하니, 그러기에 너희들이
두마음을 가진 자는 나를 따를 수 없
으며 주인을 섬길 수 없다.' 한 그 의
미가 무엇이더냐?
11 그러니 나의 백성이요, 나로부터 선택
된 백성 너희들이 두마음을 가진다면,
인간이 주인을 두마음을 가지고 섬길
수 없는 것처럼 나 여호와를 너희들이
두마음을 가지고 섬길 수 있겠는가?
12 절대 너희들은 섬길 수 없음이니라.
13 그러니 너희가 나를 섬겨 가며 나의
뜻에 따라갈 것인가, 재물을 너희들이
겸하여 거둬들이며 살아갈 것인가, 이
와 같은 마음을 너희들은 버려야 될
것이니,

14 재물이요, 욕망이요, 욕심을 버려야
될 것이니 너희들은 그리 알라.
15 그를 버리지 아니하고 가는 자, 결코
나에게 올 수 없으며 나를 볼 수 없으
며 나를 따를 수 없음이니라.
16 나의 아들을 따르는 제자들, 그리고
법전을 접하는 백성, 너희들은 충성을
다하며, 목숨을 다하며, 모두를 다 바
쳐 이루겠다는 마음을 가지고 이 길을
가도 나의 법전이 세상을 덮는 그 역
사를 이룰까 말까 하거늘,
17 나의 아들을 통하여 내리는 강론을 들
으며, 나의 법전을 읽고 깨우쳤다는
너희들이 두마음을 가지고 역사한다
면 무엇을 이루겠는가?
18 어떠한 어려운 길에도 너희들은 넘어
갈 수 없는 자들이니라.
19 어렵고 힘든 길을 한 마음으로 목숨을
바쳐 충성을 다해도 이루고 넘을까 말
까 한 것이 너희들이 가는 길이거늘,
두마음을 가지고 무엇이 이루어지겠
는가?
20 그러니 너희들은 이 두마음의 자세를
뿌리를 뽑아 버리는 그와 같은 너희
자신의 거듭남부터 역사해야 함을 알
아야 될 것이니라.
21 너희들이 지금 나의 법전을 만드는 자
도 그러하니라.
22 그리고 나의 법전을 전하는 자도 그러
하니라.
23 그리고 나의 법전을 읽고 깨우치고자
법전을 정독하고 읽는 너희 모두가 그
러하니라.
24 너희들이 나의 법전을 만드는 데 모두
를 다 바치며, 나의 법전을 전하는 데
모두를 다 바치며, 나의 법전을 읽는
데 모두를 다 바쳐 정독하고 또 정독
하지 아니한다면, 정녕 나의 법전은
세상을 덮을 수 없으며 역사할 수 없
는 것이니라.
25 그 이유는 바로 무엇인지 알겠느냐?
26 너희들이 충성된 한 마음으로 모두를
다 바쳐 법전을 만들 때, 모두를 다 바
치며 읽을 때, 모두를 다 바치며 전할
때, 모두를 다 바쳤을 때 모든 백성들
이 이를 귀하고 소중함을 알게 될 것
이요,
27 너희들이 정성을 다하지 아니하고 만
들며, 정성을 다하지 아니하고 전하
며, 정성을 다하여 정독하지 않는다면,
28 나의 아들을 따르는 제자들이요, 나로
부터 선택된 너희들이 그와 같이 두마
음이요, 흔들리는 마음을 가지고 간다
면,
29 이 법전이 세상에 전해졌을 때 어느
백성이 이를 귀히 읽으며, 그리고 이
를 소중하게 생각하며, 이를 제 생명
보다 더 소중히 간직한단 말이더냐?
30 만든 자들이 제 몸보다, 제 생명보다
소중히 생각하지 아니하며, 전하는 자
가 그와 같이 생각하지 아니하며, 정
독하는 자가 그와 같은 마음으로 정독
하지 아니한다면,
31 누가 어떤 백성이 그와 같이 인간 세
상의 한계를 벗어나 모두를 다 바쳐,
그리고 그 소중함을 알아 충성을 다하
며 목숨을 바쳐 이 글을 받아들이고
읽고 역사하고 깨우치겠느냐?
32 그러니 너희들이 바로 서야 됨이니 그
리 알라.

33 너희들이 흔들리는 마음이요, 두마음
을 가지고 역사해서는 아무것도 이루
어질 수 없다 함을 알라.
34 오로지 나 여호와의 뜻에 의해 역사하
는 것, 그것만이 너희들이 구원을 얻
을 수 있음이니라.
35 너희들의 성서에 그리 기록되었느니
라.
36 문둥병 환자에게 흐르는 강물에 일곱
번 들어갔다 목욕하고 나오면 낫는다
하니, 그를 믿고 따르는 자는 그 은혜
를 입을 것이요, 그를 믿고 따르지 아
니하면 그는 은혜를 입을 수 없음이라
그와 같이 역사한 것이 무엇이더냐?
37 그 예언자요, 선지자가 그와 같이 전
한 것은, 바로 그가 기도로써 그 모두
를 역사해서 그 병을 고쳐질 수 있고
역사할 수 있으나,
38 그 자리에서 그를 고쳐 주고 그에게
은혜를 내렸을 때, 그는 그 예언자를
따를 것이며 예언자를 존경할 것이며,
나 여호와를 멀리하기 때문에,
39 그는 그 강물에 들어갔다 나왔다 하라
했음이니, 강물에 들어갔다 나와서 일
곱 번 씻음으로써 문둥병이 없어진
것이 무엇이더냐?
40 제가 일곱 번 물속에 들어갔다 나왔다
하면서 무엇을 생각하였겠는가?
41 지도자를 생각하는 것이 아니요, 예언
자를 생각하는 것이 아니라, 창조주
나 여호와를 생각하고 나 여호와를 믿
고 가지 않았겠느냐?
42 지금 나의 아들이 너의 제자들에게 그
를 가르침이 그와 같은 교육법으로써
그리 가르쳐 감이니, 너의 제자들이
어찌 그를 알며 그 뜻을 알겠는가?
43 그러니 너희들이 오늘의 살아온 그 길
을 반대로 보라 함이 여기 있음을 너
희들은 알라.

9,770 번째 하나님 말씀

2004년 2월 29일 06시 52분

1 사랑하는 나의 아들아!
2 "네, 아버님! 말씀하옵소서."
3 내가 너에게 말하지 아니하였더냐?
4 두마음을 가져서는 안 되며,
5 믿음의 길을 가는 모든 종교 집단이
요, 지도자들이 재물을 사랑한다면,
그리고 재물을 거둬들이기 위해 저희
들이 모두를 다 바치고 있다 하면, 이
는 바로 무엇이더냐?
6 참진리요, 나 여호와에게 오르는 길을
모르며 인간 세상의 한계를 벗어나지
못하며, 인간의 삶을 벗어나지 못하였
음이니, 사후의 세상이요, 하늘 높은
뜻을 저희들이 알 수 없음이니라.
7 그러니 재물을 거둬들이기 위하여 모
두를 다 바치는 자들, 그리고 재물을
사랑하는 백성들, 그 모두는
8 악의 뿌리를 뽑지 못하며, 악의 뿌리
를 뽑아낼 수 없으며, 악의 뿌리에서
벗어날 수 없는 자들이라는 것을 너희
들은 알라.
9 악의 뿌리를 뽑아내지 못하며 악을 뽑
지 못한다면, 그는 바로 나의 백성이
아니요, 사탄의 백성으로서 살아가기
를 원하며 그리 존재하기를 바라는 것
이 아니더냐?
10 그러니 그 백성은 이미 나의 백성이

아니요, 나와 관계없으며, 나의 아들
딸이 아니라는 것을 너희들은 알아야
될 것이니라.
11 아무 관계가 없는 자들이요, 나의 아
들딸이 아니라는 것을 명심하고 또 명
심하도록 그리하라.
12 나의 백성 너희들이 지금 살아가는 형
국이 무엇이더냐?
13 악의 뿌리요, 욕심의 뿌리를 버리지
못하고 너희들이 살기에, 죄를 짓고
회개하고 반성한다 하나, 너희들은 그
와 같이 반성하고 회개하는 것이 아니
니라.
14 너희들은 범죄를 저지르면서도 그 죄
에 대한 의식을 잊어버렸으며, 그 죄
에 대한 두려움을 잊어버렸으며, 그
심판받는 것을 잊어버린 자들이니라.
15 그러니 말로써만 회개한다 하며 말로
써만 변한다는 것이 너희들이 아니더
냐?
16 너희들이 회개라는 것은 무엇인지 알
겠느냐?
17 그리고 너희들이 나에게 약속이 무엇
이며 너희들이 기도로써 회개하고 반
성하는 것이 무엇이더냐?
18 너희들이 회개한 자는 두 번 다시 그
와 같은 행위를 번복하지 아니하는
자, 그와 같은 행위를 하지 아니하고
살아가는 자가 회개한 자요, 거듭난
백성임을 너희들은 알아야 될 것이니
라.
19 지금의 모든 수천 년 동안 믿음의 길
을 온 그 백성 너희들의 행위가 내가
하늘에서 보기에 어떠한 줄 알겠느냐?
20 저희들이 죄를 지으면서도 저 자신이
죄를 짓는 것을 모르며, 또한 저희들
이 죄를 짓는 것을 안다 해도 그 죄로
부터 위안을 받기 위하여 너희들이 믿
음의 길을 가고 있는 것이요, 그리고
너희들이 재물을 바치며 울고불고함
이니,
21 너희들의 죄의 온상인 교회라는 곳에
와, 그리고 성당의 회막에 와 재물을
바치고 울고불고하는 자들이 죄지은
것을 아는 자요,
22 죄지음의 부끄러움을 알고 죄지음의
무서움을 알기에, 저희들이 변호하기
위해, 그리고 강력히 항변하기 위하여
찾아오는 곳이 교회요, 성당이요, 회
막이라는 것을 알겠느냐?
23 너희들이 아무리 뭐라 해도 너희들은
죄로부터 너희 자신이 위안을 받기
위하여, 그리고 너희들이 그 지은 죄
가 두려워 너희들이 강력히 변호하기
위하여 그리 일관하는 그와 같은 뜻
으로써 너희들이 오늘의 믿음의 길을
가는 백성들이니, 거기에 회개가 어디
있으며 너희들의 깨우침이 어디 있단
말이더냐?
24 너희들이 정녕 회개를 하고 눈물로써
깨우친 백성이라면, 너희들이 약속한
죄지은 행위를 두 번 다시 하지 아니
하며,
25 성서에 기록되어 있는 내용을 너희들
이 정독하여, 성경에 기록되어 행하고
실천하고 살라 함을 그대로 지키고 살
아가면, 너희들이 회개하는 백성이요,
나에게 오를 수 있는 백성이요, 정녕
죄를 범하고 그 두려움을 아는 자이나,
26 너희들은 절대 그를 행하지 아니하며

그리 따르지 아니하는 자들이기에,
27 너희들은 지금 모든 믿음이 죄로부터
위안을 얻고 불안을 지우기 위하여,
육의 세상의 모두를 위안을 얻고 죄의
불안함을 잊으면 되는 것이라 그리 생
각하니,
28 오로지 얼마 남지 않은 육의 삶을 사
는 것이요, 그리고 육의 삶을 위하여
너희들이 강력한 변호인을 형성하여
변호를 하고 있는 자요,
29 저 스스로 변호사가 되어 변호하는 그
와 같은 너희들의 오늘의 믿음이 모두
가 다 종결된 것이라는 것을 너희들은
잊어서는 아니 될 것이니라.
30 내가 내려다보는 너희들은 그러하니
라.
31 제가 변호하기 위하여 제 육의 삶의
편안함이요, 제가 죽을 때까지 육의
세상에서 사는 것, 이것으로써 모두
거둬들인다 하는 이방인보다 더 무서
운 생각을 하고 있는 것이 너희들이니,
32 그 기대를 가지고 사는 것이 오늘의
수천 년 동안 믿음 속에서 온 그 후예
들이요, 그리고 구원을 받았다는 자들
이요, 황금 문에 들어왔다는 자들이요,
33 영원히 사는 내 나라에 들어왔다 하
며, 너희들은 자신 있게 무조건 올 수
있다 하며,
34 그저 와서 너희들은 얼마만큼 큰 자리
에, 얼마만큼 큰 영향을 행사할 수 있
는 자리에 앉으며 명을 받을 것인가,
그 꿈속에서 헤매니,
35 지옥문 앞에서 손이 부러지며 손가락
이 잘리며 제 팔이 떨어지도록 들어가
지 아니하려고 몸부림치고 울고불고
그 추하고 무서운 모습으로 악을 쓰는
자가,
36 사자가 먹이를 취하려 할 때 잡아먹히
지 않으려는 것보다 더 험악한 꼴로써
몸부림치는 자들이 네 모습임을 알아
야 될 것이니, 이 두려움을 알라.

9,771 번째 하나님 말씀

2004년 2월 29일 06시 57분

1 사랑하는 나의 아들아!
2 "네, 아버님! 말씀하옵소서."
3 지금의 수천 년 동안 믿음의 길을 오
는 그 백성이요, 신도들이 회개하며
반성하며 깨우쳤다 하여 저희들은 죄
가 깨끗하게 씻어지며 표백된 자라 그
리 말하고 착각 속에 살아간다 그리하
였음이니라.
4 그러나 그 죄는 그들로부터 떠나는 일
이 없으며, 그들로부터 멀어지는 일이
없으며,
5 그들이 씻는다 해서 씻어질 수 없는
것이 그들의 죄이니라.
6 그리고 죄를 지으면서도 죄인 줄 모
르며, 또한 알게 모르게 지은 죄를 저
희들이 회개하고 반성하는 그와 같은
삶을 산다 하나, 그들은 회개하는 것
이 무엇인지를 모른다 하였느니라.
7 회개한 자가 두 번 다시 그와 같은 행
위를 하는 것은 나를 기만하는 것이
아니더냐?
8 그러니 그와 같은 짓은 저희들이 저
자신의 위안을 위해, 저 자신을 변호
하기 위한 방법이라 그리하였음이니
라.

9 그리하여 그들의 잘못 감을 깨우치기
위하여 나로부터 선택된 나의 아들을
따르는 제자 그 백성들,
10 그리고 나의 법전을 읽고 깨우치며
또한 나의 법전에 기록된 대로 너희
들이 고난의 길이요, 어렵고 힘든 길
을 묵묵히 따라가며, 나의 법전을 만
들어 만백성에게 전하는 그 대업을 이
루는 너희들도 알아야 될 것이니라.
11 너희들이 나의 아들을 따라 더불어 간
다 해도, 나의 법전을 만드는 데 충성
을 다하며 나의 법전을 전하는 데 충
성을 다하며 목숨을 다 바쳐 역사하고
전한다 하여도,
12 그 길이 너희들이 10년을 역사했다
해도, 20년을 역사했다 해도, 너희들
이 죽을 때까지 그 모두를 역사했다
해도,
13 너희들이 악의 구렁텅이에 빠져 버리
는 것은 순간이라는 것을 알아야 될
것이니라.
14 너희들이 그와 같이 살아가다가 일순
간에 그저 1초도 안 되는 순간에 악의
구렁텅이에 빠질 수 있으며 빠져 간다
는 것,
15 그리고 1초의 여유만 있어도, 그 틈만
있어도 사탄들은 너희들을 거둬간다
는 것, 그리고 너희들을 채 간다는 것
을 잊어서는 아니 될 것이니라.
16 법전을 만드는 데 모두를 바치며 충성
을 다하며 모두를 다 바쳐 나의 아들
과 더불어 역사한다 해도, 일순간에
너희들이 무너진다는 것, 그리고 무너
질 수 있다는 그 무서운 사실을 너희
들은 잊어서는 아니 될 것이니라.
17 긴장을 풀어서는 아니 되며, 너희들이
마음을 느슨히 가져서도 절대 아니 됨
이니라.
18 무너지는 것은 일순간이니라.
19 너희들이 나의 법전을 만들어 세상에
전하는 그 역사요, 그리고 그 모든 공
을 나 여호와가 앎이니,
20 그와 같이 너희들이 공을 들이며, 정
성을 다하며 나의 아들과 더불어 만백
성을 이끌어 하늘에 오르는 그 대업을
이루며 그 기초를 다져 놓았다 해도,
너희들이 일순간에 그 사탄의 구렁텅
이에 무너지며 빠지는 것이니,
21 그리되면 나 여호와가 너희들을 모른
다 할 수밖에 없음이니, 내 아픈 가슴
을 울리는 그런 일이 없도록 그리하라.
22 너희들이 평생을 바쳐도, 일순간에 무
너져 나에게 와 심판을 받을 때, 나 여
호와는 너희들을 모른다 그리 말할 것
이니라.
23 이미 너희들이 사탄의 구렁에 빠졌으
니, 나의 아들딸이 아니지 않더냐?
24 너희들의 공로를 찾을 수 없으며 볼
수 없으니, 나 여호와가 고개 돌려 외
면하는 아픈 마음의 상처를 나에게 주
지 않도록 그리하라, 사랑하는 나의
아들딸들아!
25 일순간에 무너지고 일순간에 너희들
이 사탄의 자식으로 전락할 수 있다는
것을 잊지 말라.
26 고난의 길이요, 그 어려운 길을 간다
해도 잠시도 너희들이 그 마음을 놓아
서는 안 되며, 끈을 놓아서는 아니 됨
이니,
27 나의 법전을 읽고 깨우쳐, 나의 강론

을 듣고 깨우쳐 그를 항상 기억하며
그를 하나하나 행하며 실천하고 살아
가는 데 잠시도 게을리해서는 아니 됨
이니 그리 알라.

9,772 번째 하나님 말씀

2004년 2월 29일 07시 06분

1 사랑하는 나의 아들아!
2 "네, 아버님! 말씀하옵소서."
3 이제 나의 아들을 따르는 제자들이요,
나의 법전을 읽은 만백성 너희들은 알
라.
4 지금까지 너희들의 살아옴이 얼룩졌
으며, 그가 잘못되었음이니라.
5 내가 너희들이 진정한 마음으로 나의
법전을 읽고 깨우쳐 나의 법전을 전할
때, 내가 너희들의 머리에 손을 얹고
너의 죄를 용서해 줌이라 나의 법전에
기록한 그 대목을 알겠느냐?
6 너희들은 이를 명심하고 기억하도록
그리하라.
7 모두를 다 역사하는 것은 창조주 나만
이 역사할 수 있으며 내가 모두를 이
룰 수 있음이니,
8 감히 그와 같은 것을 나의 법전에 기
록하여 내가 너희들에게 전해 준 그
은혜를 알겠는가?
9 나 여호와가 너희들에게 묻겠노라.
10 너희들이 삶을 살다 죽어 와서 심판대
에 섰을 때, '네가 어찌 살았느냐?' 내
가 너희들에게 물었을 때, '네, 아버
님! 아버님 뜻대로 살아왔습니다.' 하
고 너희들이 대답할 수 있는 그와 같
은 백성이 되도록 그리하라.
11 너희들이 나의 법전을 만들고 전하는
그 순간에, 내가 너희들에게 뭐라 말
하였느냐?
12 '나 여호와가 너의 머리 위에 손을 얹
고 너의 죄를 용서해 줌이니, 네가 세
살 먹은 아이요, 새로 태어난 아이처
럼 아름답고 곱게 살라.' 내가 기록한
그 내막을 알겠느냐?
13 너희들의 죄를 용서해 주면서 아이와
같이 착하게 거듭나는 삶을 살도록 하
라, 그리하여 너희들이 그 죄를 면죄
받도록 하라 함이니,
14 그보다 더 큰 은혜요, 영광이요, 축복
이 어디 있겠느냐?
15 그러니 그 후부터 너희들이 어찌 살고
왔느냐 내가 물었을 때,
16 '아버님 뜻대로 그리 살았으며, 제가
법전을 접하고 난 다음에는 아이와 같
은 마음으로 아버님 뜻대로 살았습니
다.' 하고 대답할 수 있는 너희들이 되
어야 함을 어찌하여 모르느냐?
17 너희들은 그와 같은 삶을 살아야 될
것이니라.
18 내가 다시 한 번 너희들에게 기회를
줌이니라.
19 나의 법전이 이제 130권이 넘어 160
권을 치닫고 있는 그 역사의 공을 그
누가 너희들에게 다 갚으며 누가 다
역사하겠느냐?
20 너희들이 작은 것에서부터 큰 것까지,
모래알을 갖다 놓는 것까지,
21 너희들이 옷을 꿰매는 바늘 하나를 갖
다 놓고 실 하나를 갖다 놓아 나의 아
들의 옷을 꿰매 주며 떨어진 신발을
기워 주는 그와 같은 정성스러운 마음

으로써 너희들의 마음이 하나가 되어
지금까지 오지 아니하였더냐?
22 그 모두는 나의 법전을 믿으며 내 뜻
을 믿으며 나 여호와를 사랑하기 때문
이 아니었던가?
23 내가 너희들의 그 공로를 알며, 160권
의 법전이 세상에 나올 날이 머지않았
음이니, 내가 너희들에게 다시 한 번
기회를 줌이니라.
24 오늘 이후부터 너희들은 내가 어찌 살
았느냐 물었을 때, '아버님 뜻대로 살
아온 백성입니다.' 그리 말할 수 있는
자로 거듭나라.
25 내가 오늘을 기하여 너희들에게 다시
한 번 은혜요, 축복이요, 기회를 주니
그리 알라.
26 이것이 내가 너희들에게 내리는 가장
큰 사랑임이니 그리 알라.
27 두 번 다시 이제는 내가 너희들에게
그와 같은 편안한 방법이요, 너희들이
나에게 올 수 있는 그 길을 열어 줌이
없을 것이니 그리 알라.
28 너희들이 대답할 수 있는 삶을 살라.
29 그리 말할 수 있는 너희들의 모두는
다 내가 너희들의 살아감을 보고 있으
며, 너희들이 기도하며 너희들이 행하
는 뜻을 내가 다 듣고 있음이니 그리
알아야 될 것이니라.
30 내가 항상 보고 있으며 같이하고 있기
에, 너희들이 심판대에 섰을 때, 너희
들이 어찌 살았는지 당당히 대답할 수
있고,
31 또 그 대답이 거짓인지 아닌지를 알
수 있는 것은 나 여호와가 너희들과
항상 같이하고 있다 함을 잊지 말도록
하라.
32 과연 너희가 그 대답을 할 수 있는 삶
을 지금 살고 있는가?
33 오늘 이 순간부터 너희들이 그리 살라.
34 나의 아들을 따르는 제자들이요, 그리
고 나의 법전을 읽는 백성이 이 대목
을 읽을 때, 모두 너희들에게 내가 기
회를 다 한 번씩 주는 위대한 은혜가
있음을 잊지 말도록 그리 전하리라.
35 그리하여 '저의 죄를 용서하여 주옵소
서.' 기도하며 그리 바라며, 너희들이
나 여호와의 뜻에 의해 살아갈 수 있
는 그와 같은 용기를 갖고 살라 함이
니라.
36 그리고 너희들이 마음대로 쓰고 활용
할 수 있는 것이 무엇이라 내가 너희
들에게 전했는가?
37 너희들이 '아버님께서 원하시는 대로
저를 써 주옵소서.' 하며 그 기도를 드
릴 수 있는 것, 그것을 너희들이 마음
대로 쓸 수 있는 것이요,
38 사랑을 베풀고 사는 것을 마음대로 할
수 있다 하지 않았느냐?
39 마음대로 쓸 수 있는 것을 마음대로
너희들이 활용하여 '아버님! 저의 죄
를 용서하여 주옵소서.' 그 기도드리
는 마음으로 너희들이 역사하도록 그
리하라, 사랑하는 나의 아들딸들아!
40 지금의 믿음의 길을 가는 백성 저희들
은 죄가 없으며, 이방인들 그리고 다
른 백성들만이 죄가 있는 자요, 죄 속
에 살아가는 자들이라 그리 말하느니
라.
41 저희들은 표백제에 씻은 것보다도 더
깨끗하고 더 깨끗한 자들이요, 그리하

여 저희들은 죄가 없으며,
42 하늘의 천국의 문을 저희들이 오기만
하면, 그 비단길을 걸어올 수 있도록
그 문을 열어 주어 저희들이 나에게
올 수 있다는 착각 속에 살아가는 그
어리석고 불쌍한 백성들,
43 그들보다 죄 없는 이방인이 나에게 먼
저 올 수 있으며 나에게 가까이 올 수
있다는 것을 알라 전하라.
44 나의 성경에 기록하여 나의 아들 예수
로 하여금 일찍 너희들을 깨우치기 위
하여 내가 전해 준 것을 너희들은 알
지 않느냐?
45 그리하여 너희들이 자만해서는 아니
되는 것이라, 그리고 오만해서는 아니
되는 것이라 하여 내가 일찍이 성서에
기록하여 전한 내용을 너희들은 알겠
는가?
46 너희들은 들으라.
47 '두 사람이 나에게 기도드리기 위하여
성전에 올라가니, 하나는 바리새인이
요, 하나는 세리라.'
48 바리새인은 서서 당당히 나에게 그리
말했다 하지 않느냐?
49 '그는 따로 서서 기도하여 가로되, 하
나님이여, 창조주여! 나는 다른 사람
들과 다르며, 곧 토색질하지 아니하
며, 불의하지 아니하였으며, 간음하지
아니하였으며,
50 그와 같은 행위를 하는 자들과 같지
아니하고, 이 옆에 와 기도 드린다 서
있는 저 세리와도 같지 아니함을 감
사드리며,
51 나는 이레에 두 번씩 금식하였으며,
모든 소득의 십일조를 드렸으며, 모든
헌금을 바치며 그리 드리고 살았나이
다.'
52 너희들은 그리 기도하는 자가 있었으
며 그는 그리 기도하였다 하였음이니
라.
53 그러나 그 세리는 뭐라 말하였느냐?
54 '멀리 서서 감히 눈을 들어 나를 바라
보지 못하며 하늘을 보지도 못하고,
다만 가슴을 치며 가로되 주여, 창조
주 하나님이여! 불쌍히 여기옵소서.
55 나는 죄인이로소이다 하였느니라.'
56 내가 너희들에게 전하기를, 저보다 높
다는 자, 저보다 더 높음을 받고자 하
는 자, 그와 같은 자의 기도요, 그와
같이 원하는 것을 나는 듣지 않는다
하였느니라.
57 너희들이 섬김을 받고자 하는 자, 그
리고 저 자신이 기도의 눈물을 드리면
서도 제가 높은 자요, 제가 죄가 없다
는 자, 가장 낮은 자의 자세로 가지 않
는 자, 그와 같은 자의 기도는 나는 듣
지 아니하며 보지 아니함이니,
58 그는 결코 그 모두를 끝나고 내려왔
을 때 그들은 모두가 뒤바뀐다 했느니
라.
59 그 바리새인은 과연 어떠한 자며 세리
는 어떠한 자더냐?
60 그러니 너희들이 세리와 같은 마음이
요, 그 자세로써 가장 낮은 자요, 자기
를 낮추고자 하는 자, 그와 같은 자의
그러한 백성의 기도는 내가 들음이라.
61 제가 높고 위대한 자라는 오만한 자의
기도는 들리지 아니함이니, 그 성전을
내려가는 순간에 그들은 뒤바뀐 자세
의 위치에 가 있다는 것을 알라.

62 모든 나의 아들딸들아! 너희들이 그
리 가며 그리 행하지 아니하면 아니
됨이니, 명심하고 또 명심하여 행하도
록 그리하라.
63 내가 이를 지키라 명하는 것, 이를 행
하라는 것, 그것이 너희들에게 내리는
가장 큰 은혜요, 축복이요, 영광임을
알라.

9,773 번째 하나님 말씀

2004년 2월29일 07시 22분

1 사랑하는 나의 아들아!
2 **"네, 아버님! 말씀하옵소서."**
3 지금의 모든 종교 집단이요, 수천 년
동안 흘러온 그 신도들, 그 모두가 진
정한 참진리요, 나의 몸통을 잡지 못
하고 있는 자들이니라.
4 그리하여 꼬리만 잡고 가지만 잡고 이
파리만 잡고 그것이 참사랑이요, 그리
고 화평하는 것이요, 사랑하는 것이
요, 용서하는 것이요, 평화를 유지하
는 것이라 저희들이 그리 가르치고 있
음이니라.
5 그러니 그들이야말로 나의 피조물 만
백성을 암흑으로 이끄는 자들이며,
6 그들이 광명천지에 하늘에 오는 그 길
을 보지 못하며 안내하지 못하는 자들
이니라.
7 몸통을 버려두고 가지와 이파리와 꼬
리를 잡고 지금 매달리고 있는 것이
그들이라 함이니라.
8 참사랑과 진리의 길은 '나' 자신이 없
다는 것, 그리고 '나'를 버리는 그와
같은 깨달음이요,
9 '나'를 버리는 그 깨달음을 얻었으면,
결코 그대로 행하지 아니하면 아무것
도 얻을 수 없는 것이 너희들이라 함
을 알지 않느냐?
10 '나' 자신을 버리지 못하고 자기가 존
재한다는 그와 같은 의미요, 자기가
존재함을 의식하고 살기에,
11 세상에 너희들이 살아가는 그 모든 삶
속에서 불화가 생기는 것이며, 생시를
걸고 싸우는 그와 같은 것이 이루어지
는 모든 것이 거기에 있음이니라.
12 '나'의 존재요, 자기 자신을 의식하고
있기 때문이니라.
13 그러니 '나'를 버리고 자기의 존재를
의식하지 아니하는 것이 너희들이 참
사랑이요, 하늘의 뜻을 볼 수 있으며,
내가 역사하는 것을 볼 수 있다는 이
무서운 의미를 깊이 너희들은 받아들
이고 깨우치도록 하며,
14 그리고 끝없이 연구하며 변화되는 삶
을 살아가도록 그리하라.
15 정녕 진정한 믿음의 몸통이 무엇이더
냐, 사랑하는 나의 아들아!
16 **"네, 아버님! 저는 그리 생각하옵나이
다.**
17 **성경에 기록하여 전하기를, 평화요,
화평의 그 모두를 주러 예수님을 세
상에 보낸 것이 아니라 하는 것을, 그
의미조차도 그들은 알지 못하고 있는
것 같사옵나이다.**
18 **화평과 평화를 주러 온 것이 아니요,
칼을 주러 왔다는 그 말조차도 그들
이 깨닫지 못하고 있으며,**
19 **그 믿음이 결국은 저희들이 '나'를 버
리기 어려운 그 갈등 속에서 지키지**

못하는 것을 지키고 가는 것이 하늘
의 뜻이요, 그 모두가 이루어진다는
그 깊은 의미를 아무도 알지 못하며,
20 그 모두를 가르치고 제대로 깨달은 지
도자가 없다 저는 그리 생각하옵나이
다.
21 모두를 바라보는 것, 그리고 모두를
행하는 것, 그 모두는 다 아버님의 뜻
에 의해 역사하는 것이 아니요, 자기
자신의 뜻에 의하여, 제 생각에 의해
서 모두 하기 때문에, 아버님께서 전
하시고자 하는 그 뜻을 아는 자가 아
무도 없다 그리 생각되옵나이다.
22 식구들이 서로 원수가 되게 하고자
왔다는 그 뜻조차도 그들은 알지 못하
며, 그 의미가 무엇인가를 알지 못하
고 있는 것이옵나이다.
23 이 모두의 아버님께서 역사하고 전하
는 것은, 인간의 사랑이 아니요, 그를
초월한 위대한 사랑이요, 그를 바라보
라는 뜻이며,
24 그 뜻을 깨우쳐 저희들이 역사하라는
것임을 저는 알고 있사옵나이다.
25 인간의 작은 것에 연연하고 인간의
사랑에 너무 집착하며 인간의 사랑이
라는 것을 벗어나지 못하며, 인간의
법도요, 생각을 벗어나지 못하고 얽매
이고 거기서 헤매다 보면,
26 진흙탕에서 나오지 못하는 백성이라
말씀하셨듯이, 큰 뜻이요, 아버님의
뜻을 볼 수 없는 것이라 그리하였사옵
나이다.
27 부모를 사랑하는 작은 사랑이 큰 사랑
의 기초라 하였음이니,
28 작은 사랑에 얽매이며 작은 사랑에 매
달리다 보면, 그 인간의 생각에서 집
착하다 보면, 결국 바로 큰 사랑을 볼
수 없으며 그 눈을 뜰 수 없는 것처럼,
29 이 상반된 역사 속에서 이루어지는
것, 그 모두를 바라볼 수 있는 그와 같
은 현명함을 갖지 못하고 지금 헤매고
있는 백성이라 그리 생각되옵나이다.
30 모두를 초월한 위대한 사랑을 바라보
지 못하며, 모두를 넘어서서 이루는
하나님의 사랑이요, 아버님의 사랑의
그 의미를 지금 깨닫지 못하고 모르고
있사옵나이다.
31 예수를 통하여 가르치시기를, 예수보
다 자기 가족을 더 사랑하는 사람은
그의 백성이 될 수 없으며 자격이 없
다는 그 의미 또한 그 자체의 그 위대
한 뜻을 모르고 있사옵나이다.
32 그리하여 모든 종교 집단의 지도자들
이 지금 인간의 사랑이요, 인간의 한
계의 인간의 가족, 그 모두를 다 저버
리며,
33 오로지 예수님을 찾으며 그 보혈로써
은혜를 받으며, 아버님을 부르고 따르
기만 하면 모두가 이루어지며 역사한
다는 그 착각 속에 그들이 헤매고 있
사옵나이다.
34 정녕 아버님께서 예수님을 통하여 가
르치고 전한 것은, 저희들이 그 작은
사랑에 집착하며 인간 세상에 너무 집
착하여 연연하다 보면,
35 하늘의 그 세상의 아버님께서 원하시
는 것, 참진리의 길이요, 아버님이 이
루고자 하시는 사랑이요, 그 의미를
저희들이 모르기 때문에,
36 저희들이 작은 사랑의 그 사랑을 베

품에 주저하지 아니하되, 인간 세상의 그 작은 사랑을 벗어나 큰 참사랑의 진리를 볼 수 있다는 것이며,
37 그를 작은 사랑에 너무 연연하면 보지 못하는 것이라 하는 것이지,
38 그를 버리고 저버리고 저희들이 인간의 도리를 벗어나 살라 함은 아니라 하였사옵나이다."
39 그러나 너희들은 깨달아야 될 것이니라.
40 너희들이 나의 아들 예수가 전했으며 가르친 그 뜻이 너희들 인간 상식으로써는 벗어날 수 없으며, 인간 상식으로써는 이해할 수 없는 그와 같은 부분이 있음이니,
41 이것이 바로 큰 사랑이요, 나 여호와의 뜻이요, 참사랑의 의미를 모르기 때문에 너희들이 이해하지 못하는 것뿐이니라.
42 나 여호와가 이루고자 하는 참사랑이요, 큰 뜻이요, 그 의미를 안다면,
43 나의 아들 예수가 성경에 기록하여 너희들이 이해하지 못할 그와 같은 부분을 너희들이 짚고 넘어갈 수 있으며 그를 이해할 수 있을 것이니라.
44 지금의 나의 아들이 역사하고 행하는 그 모든 것을 너희들이 이해하지 못하며 그를 알지 못하는 것, 그것 또한 너희들이 인간의 생각이요, 한계에서 벗어나지 못하며,
45 '나'를 버리지 않으며 자기 자신이 존재하는 것을 의식하고 너희들이 보기 때문에 그를 이해할 수 없음이니,
46 큰 사랑이요, 높은 참진리의 뜻에서 그를 바라보고 너희들이 역사하면 그 반대편에 있는 그 모든 뜻을 너희들은 알게 될 것이니라.
47 그러니 너희들이 가족 관계에 집착하는 것이 참사랑이요, 사랑의 자체인 줄 알고 있으나, 그 한계를 벗어나는 그 사랑을 봐야 됨이니,
48 그 모두를 가르쳐 주고 깨우쳐 주기 위하여 이리 전하였음이니라.
49 참사랑이요, 큰 사랑이라는 것은 너희들이 가족 관계에 집착하고 연연하는 것, 그것이 너희들이 너무 집요하게 흘러가다 보면, 바로 너희들이 그 차원 높은 사랑의 한계를 깨닫지 못함이니,
50 너희들이 그 한계의 관계를 잘 유지하며 가라는 그 가르침이요, 그 뜻이 거기 있음을 너희들은 명심하고 또 명심해야 함을 알라.
51 작은 것에 연연하면 큰 것을 쥐지 못함이니라.
52 너희들은 내가 그리하여 나의 법전에 기록하여 너희들에게 전한 뜻을 알겠는가?
53 너희들이 작은 것을 두 손에 쥐고 연연하다 보면, 크고 아름답고 소중한 것이 왔을 때, 그를 잡을 수 없으며 그를 취할 수 없다 내가 한 그 의미를 알겠느냐?
54 그러니 너희들이 인간관계의 그 작은 사랑에 너무 집착하며 '나' 자신을 너무 의식하고 살아가다 보면 크나큰 참진리요, 사랑의 본체의 그 자체를 보지 못하기 때문이니,
55 이를 잘 깨우쳐 조화롭게 역사하는 삶을 살며 지혜 있는 삶을 살라 하여 그

리 가르쳤음이니라.
56 가족과 원수 되게 하기 위하여 나의
아들 예수가 내려왔겠는가?
57 사랑으로써 모두를 역사하라는 나의
아들 예수가 가족 관계에 원수가 되며
가족 관계에 너희들의 불화를 위하여
그 칼을 들고 왔다 그리 말한 의미가
무엇이더냐?
58 너희들이 모든 인간관계의 작은 것을
버리라 함이 아니니라,
59 너희들이 지금 살아가는 참사랑이요,
진정한 사랑 자체가 너희들이 인간관
계에서 얽히고설키고 목매달며 가는
것, 그 소중히 하는 것이 너희들이 참
진리요, 하늘의 뜻의 그 사랑이 아니
라,
60 그것은 나 여호와의 뜻의 일부분에 속
하는 것이며, 그 속에 일부에 속하는
것이니,
61 작은 것에 연연하다 보면 너희들이 큰
사랑을 보지 못하기에, 너희들이 큰
사랑을 보라 하였음이니,
62 작은 것을 잘 다스리고 통제하는 그와
같은 관계를 유지하라 한 그 의미임을
이제 알겠느냐?
63 나의 아들이 어찌하여 너희들이 화평
한 것을 위해 오지 아니하며, 너희들
에게 반목하는 것을 위하며, 가정이
화목하지 아니하며 가족들이 원수가
되는 그와 같은 길을 역사하고자 나의
아들이 왔다 그리 말할 수 있겠느냐?
64 이 의미를 이제는 너희들은 알았느냐?
65 작은 것에 연연하다 보면, 너희들이
참사랑의 큰 뜻을 모른다는 것이니라.
66 지금의 너희들이 가는 것, 참사랑이
요, 위대한 사랑의 본체라 생각하는
것, 인간 세상에 이루어지는 그 사랑
이 본체가 아니요,
67 너희들이 그 세상을 초월하여 모두를
대중적으로 보며 모두를 사랑하는 그
큰 사랑의 마음을 갖는 것이 참사랑이
요, 나 여호와가 원하는 사랑의 본체
임을 너희들에게 깨우쳐 주고 알려 주
고자 내가 전한 뜻이라는 걸 너희들은
알겠느냐?
68 이제 너희들이 성서의 뜻을 알 것이니
라.
69 그것 자체도 알지 못하며 깨닫지 못하
는 것이 지금의 종교 집단이요, 지도
자요,
70 그러하기에 너희들이 인간의 형제지
간의 관계를 무시하며 그를 끊어 버리
며, 죽기 아니면 살기로 제가 구원받
고자 매달리기 위하여 저희 형제의 어
렵고 힘든 것을 외면하며 돌보지 아니
하고,
71 그저 죄의 온상인 그 종교 지도자요,
거짓 삯꾼이요, 말장난꾼 앞에 금화와
은화를 바치면 그것이 하늘에 쌓이는
것이요, 축복을 받는 것이라 그리 가
르치니, 그 의미가 아니니라.
72 작은 사랑에 연연하다 보면 하늘의 사
랑을 모름이니, 작은 사랑과 하늘의
사랑을 잘 바라볼 수 있으며, 조화를
이루어 너희들이 바로 가며, 모두를
큰 사랑으로써 덮어 나가는 위대한 백
성이 되라는 뜻임을 알라.
73 '나'를 생각하고 '나'를 버리지 못하고
는 너희들이 아무것도 이룰 수 없다는
의미를 이제 알겠느냐?

74 모든 사랑을 하는 마음의 싹이 다 사
라졌으며 그 싹이 자라지 못하게 만든
것이 오늘의 종교 집단의 지도자들임
을 알라.
75 그러니 이제 나의 아들을 따르는 제자
들이요, 나의 법전을 읽고 깨우친 만
백성 너희들이 위대한 큰 사랑이요,
참진리의 사랑을 볼 수 없기에 지금까
지 우왕좌왕 하고 있음이니,
76 너희들이 나로부터 무엇을 받고 무슨
은혜를 받겠는가?
77 내가 너희들에게 준 것만큼 너희들이
되돌려 주는 것이 아무것도 없다 함을
알지 않느냐?
78 이제 위대한 큰 사랑이요, 참진리의
사랑을 볼 수 있도록 너희들이 변화
되며, 만백성에게 그리 가르쳐 주라.
79 너희들은 가르치고 깨우침이 바로 어
떠한 것인가를 이제 알았다면, 너희들
이 그리 행하도록 하라.
80 '나'를 버리지 못하고 가족에게 집착
하며 가족에게 하는 것으로는 너희들
이 그 큰 참사랑을 보지 못하기에,
81 그 작은 사랑은 너희들이 소중하되 그
사랑 위에 더 큰 사랑이요, 위대한 참
진리, 나 여호와의 사랑이 있다는 것
을 그들에게 깨우쳐 주도록 그리하라.
82 그러니 작은 것에 연연하면 큰 것을
보지 못함이니, 인간 세상에 너희들이
작은 것에 연연하면 큰 것을 실패함
이니,
83 작은 것을 이루는 것이 또한 기초이니
거기에 최선을 다하되, 그것이 끝이라
생각면 아니 된다 하는 나의 뜻임을
알겠느냐?
84 그리하여 가족이 원수요, 가족 속에
원수가 있으며, 그와 같이 너희들이
화평하지 못하도록 나의 아들 예수가
세상에 왔다 함이니, 이제 너희들이
그 상반되는 뜻을 알 수 있을 것이니
라.

9,774 번째 하나님 말씀

2004년 2월 29일 11시 44분

1 사랑하는 나의 아들아!
2 "네, 아버님! 말씀하옵소서."
3 나의 법전이 160권이 세상에 나와 물
이 흐르듯이 그 모두가 흘러간다 그리
하였느니라.
4 나의 사랑이요, 나 여호와의 뜻은 물
과 같다 하지 않았느냐?
5 물은 낮은 곳으로 흘러가 낮은 곳에
고임이니,
6 나 여호와의 사랑이 낮은 곳을 찾아가
며, 낮은 곳에 있는 백성들을 채워 주
는 것이 나 여호와의 뜻이라 그리하지
아니하였더냐?
7 도둑과 같이 나의 법전이요, 내 뜻이
세상에 전해지지 아니하면 아니 됨을
너희들은 알라.
8 너희들이 무어라 해도, 이 세상을 바
라보는 나 여호와는 어떠한 줄 알겠느
냐?
9 믿음이요, 구원의 길을 가는 그 백성
들이 알코올에 중독된 자요, 마약에
중독된 그와 같은 백성들로서 지금 이
세상에 들끓고 있음을 알라.
10 저희들이 감히 나 여호와의 고유의 권
한인 하늘에 올라왔으며 구원을 받을

수 있는 자들이요, 저희들은 구원의
명패를 받은 자라 그리 말하는 자들이
알코올 중독자요, 마약 중독자요,
11 제가 정신을 잃지 아니한 자라면 과연
그리 말할 수 있단 말이더냐?
12 그러니 지금 너희들이 나가서 알코올
중독자요, 마약 중독자에게 네 몸이
상하며 네가 인간으로 바로설 수 없으
니 그 모두를 버리라 말한다면, 과연
그들이 너희들의 말을 듣겠느냐?
13 그들은 광분하고 흥분하여 그 비수를
너희들에게 들이댈 것이니, 도둑과 같
이 나의 법전이 세상에 전해지지 아니
하면 아니 되는 형국이니라.
14 더욱이 내가 너희들에게 깨우쳐 주느
니라.
15 알코올 중독자요, 마약 중독자가 그
것이 떨어져 더 이상 투약을 하지 못
한다면, 그들이 제정신이 돌아왔을 때
너희들의 말을 들을 수 있으며 내가
그리하여 한 번 너희들에게 역사할
수 있으나, 절대 그리되지 아니함이니
라.
16 알코올 중독자에게 알코올을 계속 부
어 넣어 주는 자들이 있으며, 마약 중
독자에게 마약을 계속 공급하고 투여
하는 종교 지도자요, 집단이요, 잘못
된 자들이 이 세상에 존재하여 그들을
그리 계속 이끌어 가기 때문이니,
17 그들은 그를 공급해 주는 것보다 더
귀하고 소중한 것이 없으니, 그들의
말에 맹종하고 맹신하는 그와 같은 형
국이 되어 있음이니라.
18 그러니 이를 어찌하겠느냐?
19 너희들이 무어라 해도 내가 바라다보
는 세상은 지금 그리되어 있음이니라.
20 알코올에 취해 있으며 마약에 취해
있으니, 그리하여 그것을 끊으라 하여
너희들이 나의 법전을 높이 들고 너희
를 따르라 한들 그들이 그를 보겠는가?
21 며칠을 굶은 맹수 앞에 먹이를 던져
주는 것보다도 더 무섭게 너희들을
짓밟을 것이며,
22 마약이요, 알코올을 들고, 너희들을
공격하고 너희들을 쓸어버린 다음에
그걸 준다 하면, 그 정신박약아 같은
자들이 너희들에게 공격하지 아니할
자가 하나도 없음이니,
23 그리하여 도둑과 같이 나의 법전이 세
상에 흐르며, 흐르는 물이 낮은 곳으
로 흘러가듯이 모두가 역사하는 그와
같은 법도에 의해서 흘러감이니,
24 너희들은 두려워하지 말며 주저하지
말도록 그리하라.
25 알코올을 공급하는 자요, 마약을 공급
하는 자가 없다면 그를 잡을 수 있으
나,
26 계속 공급하는 사악한 자들이 있는 한
그는 다스릴 수가 없기에, 서서히 너
희들에게 역사하는 것임을 알라, 사랑
하는 나의 아들딸들아!

9,775 번째 하나님 말씀

2004년 2월 29일 20시 10분

1 사랑하는 나의 아들아!
2 "네, 아버님! 말씀하옵소서."
3 너희들이 나에게 와서 심판을 받음이
니, 그 심판의 시간은 무엇이라 했느
냐?

4 너희들이 육의 세상에 살고 죽는 것은
단 1초라 하였음이니라.
5 그러니 그 1초를 책임질 수 있는 그와
같은 삶을 살아가야 하는 것이 너희들
이라 내가 그리 가르치지 아니하였느
냐?
6 그리하여 내가 나의 아들을 통하여 너
희들에게 명하였으니, 내가 너희들에
게 심판을 받을 때 너희들이 어찌 살
았느냐 물었을 때,
7 너희들은 '아버님의 뜻이요, 아버님
뜻대로 살았사옵나이다.' 그리 대답할
수 있는 나의 백성이 되라 그리하였음
이니라.
8 정녕 그와 같은 마음을 가지고 사는
백성, 그와 같은 나의 아들딸을 내가
불러 쓸 것이며, 너희들을 내가 거둬
들이는 것은 당연한 것이 아니더냐?
9 나의 아들이 너희들에게 그리 전하였
느니라.
10 나 여호와가 내리지 아니하며, 나 여
호와가 너희들을 부르지 아니하며, 너
희들 뜻을 들어주지 아니하며, 너희들
에게 어찌하란 명을 내리지 아니함이
니,
11 나의 아들이 너희들의 어렵고 힘든 길
을 위하여 기도할 수 없으며 그 마음
으로도 생각할 수 없는 그와 같은 안
타까운 마음이라 그리하였음이니라.
12 그 모두는 나 여호와가 이루는 것이며
나 여호와의 역사함이니라.
13 그러니 너희들이 어찌 변하며 어찌 역
사하느냐에 따라서 그 모두는 다 이루
어짐을 알아야 될 것이니라.
14 지금 나와 너희들이 더불어 무엇을
이루고 있는 것인가?
15 너희들이 한 시대의 과학의 문명이요,
발명을 위하여, 너희들이 하나를 만들
기 위해 지금 나와 더불어 이 역사를
하는가?
16 하늘의 새들처럼 나는 그와 같은 과
학 문명을 위해서 지금 너희들이 나와
하나가 되어 이 성전에 와 나의 아들
을 통하여 내리는 강론을 들으며, 내
가 너희들에게 전하는 그 뜻을 듣고자
너희들이 여기에 와 앉아 있는가?
17 너희들이 말하는 세상의 첨단과학이
요, 그와 같은 것을 역사하는 것, 너희
들이 얼굴을 보지 아니하고도 대화를
할 수 있으며, 천리만리 떨어져 있어
도 얼굴의 모습으로써 대화할 수 있는
그와 같은 그 문명의 역사를 여기서
너희들과 내가 같이 앉아 있다 생각하
느냐?
18 너희들은 알아야 될 것이니라.
19 너희들과 내가 더불어 역사하는 것보
다 더 큰 것이요, 더 위대한 것을 역사
하고 만드는 자가 세상에 없음을 너희
들은 알아야 될 것이니라.
20 너희들이 만백성을 구하는 일이요, 나
의 피조물 만백성을 그 구원의 길로
인도한 것이 6천 년 동안 나 여호와가
참고 인내한 오늘의 시점에,
21 나의 피조물 만백성들이 지옥으로 가
는 것을 더 이상 볼 수 없어, 너희들을
통하여 그 백성을 구하고자 하는 것이
요,
22 내가 아담과 하와에게 이 세상에 자연
의 아름다운 천국을 내려 주었듯이,
내가 그와 같은 역사를 이루고자 하는

것이 지금 나 여호와의 뜻이니라.
23 아담과 하와 그 두 명도 내 명을 지키
지 못했으며 그 환경에서 벗어나지 못
하여, 저희들이 사악한 지금의 이 역
사를 이룬 것이 아니더냐?
24 그러니 수천 년 동안 흘러오는 그 세
월 속에 지금 나의 피조물 만백성 너
희들이 보기에 그들이 바로 선 자가
어디 있으며 바로 가는 자가 어디 있
느냐?
25 저 자신을 버리는 것이 나에게 오르는
길이라 하였으니, 만백성 너희들 형제
가 자기를 버리고 살아가는 백성이
어디 있단 말이더냐?
26 그러니 저를 버리지 아니하면 내 뜻을
알 수 없으며, 너희들이 내가 원하는
그 세상으로 돌아올 수 없음이니,
27 이는 너희들이 상상을 초월하여 아무
리 생각해도, 너희들이 이는 그와 같
이 돌아올 수 없으며 역사할 수 없을
것이라는 것을 알고 있을 것이니라.
28 지금 나의 아들을 통하여 내리는 160
권의 법전이 아무리 위력이 있으며 아
무리 위대한 기적을 역사한다 해도,
29 지금의 모든 백성들의 그 마음이 아담
과 하와같이 지상의 낙원이 이루어질
수 있는 것은 너희들이 상상할 수 없
는 것이라 그리 말할 것이니라.
30 너희들이 그리 생각하고 그리 알고 있
는 것처럼 그리 어렵고 힘든 것이 바
로 이것이 내 뜻대로 너희들이 돌아오
는 길이니라.
31 그러나 그 모두는 역사해야 되며, 그
리 이루지 아니하면, 나의 피조물 만
백성 너희들이 한 번 가면 돌이킬 수
없는 그 영원히 사는 그 세상에 고통
의 세계로 가게 됨이니, 이를 어찌해
야 된단 말이던가?
32 나 여호와의 뜻은 너희들이 변화되는
그와 같은 백성이 되어 지금의 너희들
의 후손이요, 백성들을 구하는 것뿐만
이 아니라,
33 그들이 구원을 받아 이 지상에 하늘에
서 이루어진 것같이 낙원이 이루어졌
을 때,
34 너희들로 하여금 너희들의 그 조상이
지옥에 가 있는 자들도 구원을 받을
수 있으며, 너희들의 그 공에 의하여
그들이 다시 한 번 태어나는 그 길을
얻을 수 있게 하고자 함이니라.
35 그것을 그들이 보고 무어라 말하는지
아느냐?
36 죽은 자가 살아날 것이며, 나의 아들
예수가 다시 재림함으로 인해서 너희
들이 죽어 간 자들도 구원을 받으며
거듭나며 살아난다 그리 말함이니, 그
것은 있을 수도 없으며 상상할 수도
없는 길임을 알라.
37 나의 사랑하는 백성들이 천 년에 걸쳐
너희들이 지상의 낙원을 이루었을 때,
그리고 하늘에서 이루어진 것같이 이
지상이 이루어지는 그와 같이 낙원을
이루었을 때,
38 너희들의 그 공에 의하여 너희들의
조상이요, 너희들과 인간관계로 이루
어진 자들을 내가 용서할 자, 구원할
자, 그와 같은 너희들에게 기회를 한
번은 줄 수 있으며 기회가 있을 수도
있으나, 그렇지 아니하고는 절대 그
문은 열리지 아니하니,

39 절대 너희들 죽은 자가 다시 거듭나
며 너희들이 들림을 받아 하늘에 오르
는 그와 같은 허황된 속에서 허덕이
지 말라.
40 결코 있을 수 없는 일이라는 것을 알
라.

2004년 3월

9,776 번째 하나님 말씀

2004년 3월 1일 06시 14분

1 사랑하는 나의 아들아!
2 "네, 아버님! 말씀하옵소서."
3 네가 나에게 나의 성령을 받으며 나의
뜻을 받아 만백성을 구하고자 하여 무
릎 꿇고 나에게 기도를 드리는 그 마
음 자세가 과연 어떠한 것이라 너는
하였느냐?
4 "네, 아버님! 그렇사옵나이다.
5 제가 인간의 생각으로써 그 한계를 벗
어나 무엇을 이루고자 무엇을 생각하
는 마음으로 아버님의 성령이요, 그
말씀을 받아 기록하고자 한다면,
6 그것은 다 물거품이요, 사탄의 밥이
되는 것이며, 아무것도 역사하고 이룰
수 없다 그리 말씀하셨으며, 그를 저
는 그리 알고 있사옵나이다."
7 그러니라, 사랑하는 나의 아들아!
8 모든 지금의 백성들이 잘못 가고 있으
며 나의 뜻과는 관계없는 그 길을 달
려가고 있음이니라.
9 그러니 사랑하는 자식이 잘못되는 것
을, 한 자식의 잘못되는 것을 보는 것
도 부모의 마음이 아프며 가슴이 찢어
지거늘,
10 수억의 그 많은 백성들이 나의 뜻을
거역하며, 저희들이 한 번 가면 두 번

다시 오지 아니하며 나하고는 인연이
끊어지는 그 지옥 불로 달려간다면,
11 그걸 바라보는 나 여호와의 마음이 과
연 어떠하겠는가 너희들은 생각해 보
았느냐?
12 그러니 그들을 구원하기 위해 너를 세
상에 내려보냈으며, 그리고 너를 따르
는 제자들이요, 나의 법전을 읽고 깨
우친 만백성 너희들이 세상에 내보내
진 것이 그 이유로 존재함이니라.
13 그러니 그 길을 가는 백성 너희들이
나의 뜻에 의해 역사하지 아니하며,
너희들이 인간 세상의 육의 삶에 무엇
인가를 위해 생각하고 바라는 마음이
있다면,
14 너희들은 아무것도 얻을 수 없으며 취
할 수 없으며 이루어지는 것이 없다
하였음이니라.
15 그리고 그 많은 죽어 가는 나의 아들
딸인 그 백성을 살리는 이 법전 자체
도 사탄의 밥이 되는 것이요, 그 역사
의 임무를 할 수 없다는 그 무서운 뜻
을 알겠느냐?
16 그러니 내가 너에게 바라는 것이 무엇
이더냐, 사랑하는 나의 아들아!
17 "네, 아버님! 그렇사옵나이다.
18 인간 세상에서 똑똑하며 지혜가 있으
며 영특하다는 것, 그 모든 것이 다 아
버님 앞에서 부질없는 것이옵나이다.
19 그러니 인간 속에서 지혜가 있고 똑똑
하고 영특하다는 백성이 제 생각이요,
제 뜻대로 가는 그것보다,
20 그저 부족하고 모자라는 그와 같은 백
성이지만 아버님 뜻대로 역사하는 것,
그리고 순종하여 가는 그 길이 세상을
구하는 길이며 만백성을 구하는 길이
라 저는 그리 깨닫고 있사옵나이다.
21 지혜가 있고 영특한 백성은 만 개 중
에 하나는 이룰 수 있으며 하나는 역
사할 수 있으나,
22 정녕 창조주 아버님의 뜻에 의하여
세상을 역사하며 세상을 지배하는 것,
그리고 저희 형제요, 한 생명이라 말
할 수 있는 아버님의 아들딸들을 구원
하는 그 역사요,
23 수천 년 동안 흘러오는 동안에 지옥
불로 가는 그 백성들, 타락의 길로 가
는 그 형제요, 그 백성을 구원하는 길
이 얼마나 위대하고 소중하고 귀한 것
인가를 저는 이제 깨닫고 있사옵나이
다."
24 그러니 너는 무엇이라 말하고 싶으며
무엇이라 전하고 싶느냐?
25 "네, 아버님! 그렇사옵나이다.
26 저의 제자들이요, 저를 따르는 그 제
자들이요, 그리고 저를 가까이에서 따
르는 그 제자들이요, 또한 멀리서 따
르는 제자들이요, 그리고 아버님의 법
전을 읽고 깨우쳐 그 자리에서 깨닫고
있는 백성,
27 그 모두가 법전을 전하면서 저희들이
무릎 꿇고 기도하기에, 인간의 생각이
요, 인간의 욕구요, 인간의 무엇인가
를 얻고자 하는 그와 같은 생각을 다
버리며,
28 오로지 아버님께 '저의 죄를 용서하여
주옵소서.' 기도하는 그 목소리와, 그
리고 아버님께서 원하시는 곳에 사용
할 수 있는 백성이 되게 해 달라 기도
하는 것,

29 그리고 아버님께서 사용하실 수 있는
그 백성은 마음을 비운 자요, 속에 두
마음을 갖지 아니하는 자이니,
30 그리 마음을 비우는 데만 오로지 최
선을 다하고 묵묵히 달려갈 때, 그들
이 그리 가고 그리 역사할 때,
31 아버님의 찬란한 빛이요, 역사함을 알
수 있으며 모두를 얻을 수 있는 그와
같은 길이 있다는 것을,
32 저의 제자들이요, 그리고 법전을 읽고
깨우친 많은 형제들에게 그리 전하고
싶으며, 그것이 제가 하고 싶은 말이
옵나이다."
33 사랑하는 나의 아들아!
34 정녕 너희들이 살아가면서 물질을 버
리며 너희들이 믿음의 길을 가라 하는
것, 그리고 모두를 비우라는 것,
35 모두를 다 아무리 귀하고 소중한 것이
라 해도 너희들이 그저 낙엽 하나 놓
는 것처럼 그와 같은 마음으로 변화되
지 아니하며 그와 같이 가지 아니하면
아니 되는 것이니라.
36 그러니 과연 너의 제자들이 그리 살아
가는 자가 있으며 그리 변하여 가는
자가 있는가?
37 그것이 너희들이 얼마나 소중하고 귀
한 것인가를 아는가?
38 그와 같은 너의 제자들이 있어야 되며
그와 같이 깨닫는 너를 따르는 제자들
이 있어야만 모두를 역사할 수 있으며
이룰 수 있다는 것을 너희들은 알아야
될 것이니라.
39 이 세상의 모든 백성들이 하늘을 향하
여 개구리처럼 울어 댐이니, 그것은
제 부귀영화요, 저의 영달을 위하여
그와 같은 짓을 하고 있는 것이 아니
더냐?
40 그러니 그들이 나를 위하여 기도하는
것이 없으며, 나의 마음을 따라 기도
하는 것이 없으며, 내 마음을 알고자
하는 자가 없으며, 내 마음을 따라 행
하고자 하는 자가 없음이니라.
41 그러니 오로지 너희들의 기도요, 너희
들만이 그나마 나를 기쁘게 하며, 내
뜻이 무엇인가를 알고자 하며, 자신의
부귀영화를 위하여 너희들 앞에 기도
하는 그 마음이 지금은 너희들은 없음
이니라.
42 그리고 외형적으로 부르짖는 것은 너
희들이 없음이니라.
43 이제 너희들은 외형적으로 부르짖지
아니하나,
44 너희들의 내면의 마음에는 아직도 너
희들의 손발이 저릴 때 그것을 치료해
주며, 너희들이 어렵고 힘들 때 그를
들어주지 않나 하는 그와 같은 생각을
너희들의 마음속에는 갖고 있음이니,
45 그러니 내면의 마음을 다스리며 내면
을 정녕 비우는 그와 같은 마음으로
살라.
46 이제 너희들이 어찌 되었는지 알겠느
냐?
47 너희들이 무거운 짐을 지고 한 발짝
한 발짝 나에게 오르기 시작함이니라.
48 그러니 그 짐을 지고 너희들이 좀 더
훈련하여 임한다면, 너희들이 나에게
올 수 있는 것이니라.
49 그러니 여기서 이 한계를 넘지 못하면
아니 됨이니라.
50 이 한계를 넘는 그와 같은 너희들의

마음의 굳은 결의가 필요함을 알아야
될 것이니라.
51 이제 너희들은 그 모두를 역사함이니
라.
52 내가 너희들에게 언약궤를 짊어지고
강을 건너면 그 물이 갈라질 것이라
하여, 그를 믿고 건넌 백성들이 아니
더냐?
53 그러니 이제는 그 강 앞에 지금 오기
시작하며 너희들에게 그 강에 너희들
의 발을 담그라 하니, 너희들이 담그
는 자는 은혜를 입을 것이요, 담그지
않는 자는 물러날 것이니,
54 이제 너희들이 그와 같은 훈련의 마지
막 단계요, 내 뜻에 순종하는 그곳까
지 와 있음이니라.
55 사막을 너희들이 벗어나기 시작하였
으며, 머지않아 그 사막 속에 푸른 나
무들이 보이니, 그게 오아시스가 아니
더냐?
56 그 보이는 오아시스 앞까지 온 것이
너희들이니, 여기서 너희들이 얼마 남
지 않은 그 길에 주저하지 말며 포기
하지 말도록 그리하라, 사랑하는 나의
아들딸들아!
57 어떠한 것이든 너희들이 포기하지 말
라.
58 너희들의 생각이 있으며 계획이 있을
것이니라.
59 그리고 너희들이 하는 인간의 목표가
있음이니라.
60 다만 그것을 달라, 달라, 이루어 달라
너희들의 입으로써 행하지 아니하며
마음으로써 행하지 아니하고 지우나,
나 여호와는 그 모두를 알고 있음이
니, 그 끈을 너희들이 놓지 말라.
61 그리고 너희들이 그를 위해 달라, 이
루어 달라 하지 말며, 묵묵히 아름다
운 모습으로 살아가는 그와 같은 역사
를 다하라.
62 지금 파란 오아시스가 보이기 시작했
으며 너희들 눈에 들어오기 시작하였
음이니라.
63 그러니 그곳까지 가는 데 너희들이 오
로지 가기 위한 것에만 전념을 다하라.
64 너희들이 오아시스에 가면 물이 있다
는 것을 생각하면 오늘의 고통을 넘기
고 갈 수 있음이니,
65 너희들이 이 길이 나에게 오르는 길이
요, 하늘에 오르는 길을 보기 시작하
며 반석 위에 일어서는 것이 머지않았
다 생각하거든,
66 너희들은 그와 같은 용기와 힘을 포기
하지 말며 좌절하지 말라.
67 너희들이 이제 머지않아 그 반석 위에
설 수 있는 그와 같은 길에 왔음이니,
여기에서 너희들이 주저앉으면 아니
되느니라.
68 머지않아 모두가 다 너희들이 마음속
으로 생각하는 것, 너희들의 가슴속에
있는 것이 이루어질 것이니라.
69 상상할 수 없는 것도 이루어질 것이며
역사할 수 없는 것도 이루어질 것이니
라.
70 너희들이 말하는 백 세가 넘어 자식을
얻는 그와 같은 역사뿐만이 아니라,
그보다 더 귀하고 귀한 것을 너희들은
얻을 것이니라.
71 욥이 나로부터 받은 내가 내린 그 상
이요, 은혜라 하는 것, 그리고 내가 그

에게 내렸던 것, 그보다 더한 것을 너
희들은 말없이 기다리는 속에서 얻을
수 있으며 역사할 수 있을 것이며,
72 너희들의 꿈이라는 것, 너희들의 생각
하는 것은 이루어질 것이니, 지금 이
루어지기 위해 보이기 시작하였음이
니 그리 알라.

9,777 번째 하나님 말씀

2004년 3월 1일 06시 29분

1 사랑하는 나의 아들아!
2 **"네, 아버님! 말씀하옵소서."**
3 너희들이 인간 세상에 살아감에 있어
서 지금 시베리아의 춥고 추운 그와
같은 길을 걸어감이니라.
4 더욱이 너희들은 태양은 지고 그 달빛
아래 눈보라가 치며, 인간이 견딜 수
없는 살을 에는 그 추운 고통 속에서
방랑객으로서 걸어감이니,
5 온갖 너희들의 주변에는 따뜻한 방이
있으며 불이 켜진 집들이 있음이니,
너희들을 반겨 주며 너희들이 그곳에
기거할 수 있다면,
6 그 문을 열어 줘 너희들을 반겨 준다
면 너희들의 지치고 죽어 가는 생명을
살릴 수 있는 것이니라.
7 그러나 그 모두는 문을 열어 주지 아
니하며 너희들을 반겨 주는 자가 없는
것이 지금 너희들이 가는 길이요, 너
희들이 역사하는 운명이라는 것을 알
아야 될 것이니라.
8 너희들이 아무리 얼어 죽는다고 발버
둥치며 문고리를 잡고 사정해도,
9 그 방문을 열어 주지 아니하며 너희들
을 반아 주는 자가 없는 것이 오늘의
너희들이 가는 길이며 너희들의 운명
이라는 것을 알아야 될 것이니라.
10 참진리요, 나 여호와의 뜻을 가지고
전하는 너희들을 그는 절대로 열어 주
지 아니함이니라.
11 그러니 너희들이 썩어서 냄새가 나는
것도 아니요, 너희들이 남들에게 묻어
서는 안 되는 오물을 묻히고 문을 열
어 달라는 것도 아님이니라.
12 그러니 바로 그것이 무엇인 줄 알겠
느냐?
13 저희들의 생명이요, 저희들이 병들어
고통스러워하는 것을 치료하고자 하
는 너희들이거늘,
14 그들은 오히려 너희들에게 전염되며
병자가 되는 것처럼 절대 문을 열어
주지 아니하며, 너희들을 반겨 주지
아니하는 이와 같은 세상에서 살아가
는 것이 너희들의 운명이요, 오늘에
살아가는 너희들이라는 것을 절대 잊
어서는 아니 될 것이니라, 사랑하는
나의 아들딸들아!
15 이것이 오늘의 모든 백성들이 가지고
있는 마음이요, 너희들을 바라보는 자
세요, 너희들을 보는 그 마음의 형태
니, 절대 아무도 그를 열어 주지 아니
함이니라.
16 아무리 너희들이 오물이 묻은 자요,
병을 전염시키는 자라 해도, 너희들이
추운 겨울 눈보라 속에서 죽어 가는
그와 같은 생명이 마지막 따뜻한 물
한 모금을 달라 하며, 그저 비바람을
막을 수 있는 그 헛간의 장소라도 빌
려 달라 해도,

17 그들은 절대 빌려 주지 아니하는 것이
며, 너희들을 들여놓지 않는 것이며,
그들의 마음이 오늘의 종교 집단이요,
지도자들이 가지고 있는 그 마음이니
라.
18 그러니 너희들이 그 길에서 살아나야
될 것이며 그 길에서 너희들이 역사해
야 하는 것이니라.
19 그리고 너희들이 그곳을 넘어야 되는
것이니라.
20 그곳에는 모두가 전염병에 감염되어
있으며 모두가 죽어 가는 형국이니,
21 죽는 날을 기다리는 그와 같은 자들이
저희들이 그 죽어 감을 모르며, 저희
들이 죽어 가는 그 생명을 치료해 줄
수 있는 것이 너희들이라는 것을 모르
는 자들이니라.
22 그러니 그와 같은 속에서 너희들이 어
찌 살아야 되는가?
23 힘들고 어렵고 그 추위에 너희들이 모
두를 포기하고 그저 길거리에 나뒹구
는 그와 같은 사람으로서 네 인생을
포기하는 사람이 되어야 되겠는가?
24 너희들이 이를 악물고 어떠한 형국이
든지 그 비바람이요, 그곳에서 벗어
나, 그리고 너희들을 반겨 주지 않는
곳을 벗어나, 너희들을 반겨 주는 자
가 있는 그곳까지 가야만 되는 것이
아니더냐?
25 거기서 쓰러져 죽은들 과연 그들은 무
어라 말하겠느냐?
26 '저 자신도 구하지 못하며 저도 살리
지 못하는 자가 어찌하여 남을 살리며
내 생명을 살리며 나를 치료할 수 있
는 약을 가지고 있다 하여 제가 내 방
문을 두드리며 나의 집에 들어오기를
원했단 말이더냐?' 그리하고 그들은
침을 뱉을 것이며,
27 너희들의 죽은 시신을 거둬 주는 자도
없으며 보살펴 주는 자도 없는 것이
그들이니라.
28 그러니 너희들 스스로 그곳을 벗어나
야 되며, 그곳을 통과해야 되며,
29 그리고 너희들을 반겨 주며 너희들이
진정한 나 여호와의 뜻이요, 진정한
만백성을 구하는 의사요, 의술을 가진
백성이라는 것을 인정하는 그 세상까
지 너희들이 가야 됨이며,
30 그리 가는 것은 스스로 너희들이 가지
아니하면 아무도 너희들을 데려다 줄
수 있는 자가 없으며 업어다 주는 자
가 없음이니라.
31 저희들 자신의 그 헛간이라는 곳, 그
리고 짐승이 자는 움막에까지도 너희
들을 받아들이지 아니하며 쉬지 못하
게 하는 그와 같은 백성들이,
32 과연 너희들을 그곳까지 안내하고 너
희들을 인도해 주는 자가 있다 생각하
느냐?
33 그것은 오로지 너희들이 해야 할 길이
며 너희들이 역사해야 할 길이니라.
이것이 바로 너희들의 고비이니라.
34 그 마을만 지나면 너희들이 파란 잔디
위에 너희들을 반겨 주는 그와 같은
집이 있으며, 모든 백성들이 너희들에
게 경배하고 손뼉을 치며 환호하며 구
세주가 왔다 부르짖는 그와 같은 세상
이 머지않았음이니라.
35 나의 아들 따르는 제자요, 너희들은
하나하나 뿌리가 되어 너희들이 담당

한 그 지역에 가 그 만백성을 구해야
됨이니,
36 오늘의 너희들을 벗어 내고 씻어 내지
아니하면 너희들이 정녕 갈 수 없다는
것을 알아야 되느니라, 사랑하는 나의
아들딸들아!
37 모든 인간 너희들이 그 도시 속에 생
활하면서 어찌하느냐?
38 너희들이 소변을 보고자 하여 그곳을
찾으나, 그 문을 열어 주는 곳이 없으
며 그와 같은 장소가 없으며, 너희들
이 대소변을 볼 수 있는 그와 같은 곳
까지도 제공을 하지 아니할 때,
39 너희들은 얼마나 당황스러우며, 얼마
나 야속하며, 너희 자신이 부담과 고
통의 그 시간을 갖겠느냐?
40 그것보다도 더한 것이 오늘의 종교 집
단이요, 지도자들이니라.
41 너희들이 소변을 보고 지나가고자 해
도 문을 열어 주지 아니할 것이며, 반
겨 주지 아니할 것이며, 더욱이 그와
같은 소변을 보고자 하는 너희들을
핍박하며 밀어붙일 것이며, 그곳에서
소변도 보지 못하도록 할 것이니라.
42 저희들의 뒷골목에 가 그와 같은 소
변을 보지도 못하게 할 것이며, 저희
들이 그 문을 열어 주지도 아니할 것
이며, 그러니 그 어떤 것을 너희들이
거기서 어찌 해결하고 어찌 견디겠는
가?
43 이와 같이 당혹스러운 것이 지금 너
희들의 오늘의 모습이요, 너희들이 존
재해 있는 그와 같은 형국이라는 것
을 알라, 사랑하는 나의 아들딸들아!
44 거기에서 너희들이 헤쳐 나와야 되며,
그 모두를 너희들이 스스로 해결해야
되며, 너희들이 거기에서 나와야 됨을
잊지 말라, 사랑하는 나의 아들딸들아!
45 내가 오죽하면 이와 같은 것을 비유하
여 너희들에게 깨우쳐 주겠느냐?
46 그보다 더 다급한 것이요, 그보다 더
한 것이 너희들의 오늘의 삶이니라.
47 그러니 저희 뒷골목에 가서 너희들이
침 한 번을 뱉지도 못하게 하며, 너희
들이 소변이라는 것을 보지도 못하게
하며,
48 그들은 모든 연장을 들고 그와 같은
너희들을 그저 공격할 준비만을 하고
있음이니, 두렵고 무서움이니 너희들
이 어찌하겠는가?
49 너희들은 죽기 살기로 두 주먹을 쥐고
뛰는 수밖에 없음이니라.
50 그리고 너희들이 모두를 편하게 이룰
수 있는 그곳을 위하여 달려가는 그
길밖에 없음이니,
51 오늘의 바로 너희들의 모습임을 알라,
사랑하는 나의 아들딸들아!
52 그러기에 너희들을 사랑함이니라.
53 타는 불 속에 들어 있는 것보다도 더
한 것이 너희들이 오늘의 고통이요,
그것을 넘어야 너희들이 반석 위에 설
수 있는 네가 됨을 잊지 말라, 사랑하
는 나의 아들딸들아!

9,778 번째 하나님 말씀

2004년 3월 1일 06시 35분

1 사랑하는 나의 아들아!
2 "네, 아버님! 말씀하옵소서."
3 참진리의 가르침이요, 그 깨달음이라

는 것은 너희들이 인간적인 상식을 벗
어나 인간적인 측면에서 이해할 수 없
는 것이며, 너희들이 해결할 수 없으
며 얻을 수 없는 것이라 내가 그리하
지 아니하였더냐?
4 그러니 너희들은 그 얻을 수 없는 부
분이 많음을 알아야 될 것이니라.
5 그러니 너희들이 참진리의 차원에서,
그리고 하늘의 뜻에 의하여 그 세상을
바라보며 나 여호와가 원하는 것이 무
엇인가를 알고자 하지 아니한다면,
6 나의 뜻을 결코 알 수 없으며 너희들
은 얻을 수 없음이라 나의 아들을 통
하여 너희들에게 그리 가르치지 아니
하였던가?
7 그러니 너희들이 인간 세상에 살면서
벗어나는 그 지혜를 얻어야 될 것이니
라.
8 그리고 너희들이 거기서 헤어나는 것
을 얻어야 될 것이니라.
9 내가 너희들에게 그와 같은 백성이 되
지 아니하면 너희들이 만백성을 가르
치는 선생이 될 수 없으며, 너희들이
모든 인도하는 지도자가 될 수 없음이
라 함이니,
10 그리하여 내가 사랑하는 나의 아들을
따르는 제자 너희들이 그를 벗어나며,
그와 같이 너희들이 딛고 서기를 바라
는 것이 나의 이 애절한 마음이요, 그
아픔이니라.
11 사랑하는 자식을 너희들이 치료하기
위하여 그에게 원하는 것을 주지 아니
함이니,
12 너희들이 갈증이 나 몸부림치는 자에
게 그 물을 주면 아니 되기에 물을 주
지 못하는 그 부모의 마음이 어떠하던
가?
13 그보다 천 갈래 만 갈래 더 아픈 것이
나 여호와의 뜻이요, 내 마음이니라.
14 그러니 너희들이 인간적인 상식을 벗
어나야 될 것이며, 그 모두를 차원을
넘는 그와 같은 너희들의 깨달음이 없
이는 얻을 수 없음이니,
15 오늘의 고통과 시련 그것만이 너희들
이 그를 볼 수 있으며 그를 차지할 수
있으며 그 길을 갈 수 있기 때문임을
알아야 될 것이니라.
16 사랑하는 나의 아들딸들아! 내가 말
하지 않느냐?
17 너희들은 시베리아 벌판에서 너희들
이 그 눈길에 죽어 가나, 아무도 그 방
문을 열어 주는 자가 없으며,
18 너희들이 대소변을 보고자 하여 그 문
을 두드리고 원하나, 그것도 허락하지
않는 것이 오늘의 모든 백성들이요,
믿음의 길을 가는 자들이라 하였음이
니,
19 너희들이 그 모두는 스스로 벗어나며,
너희들이 그곳을 떠나지 아니하며 해
결하지 아니하면 아니 되는 것이 너희
들의 운명이라 하였음이니라.
20 그러니 그와 같은 속에서 너희들이 사
랑하는 나의 백성이 되고자 한다면,
21 너희들은 그 차원 높은 세상을 볼 수
있는 깨달음이 없이는 만백성을 지도
할 수 없으며 나의 아들딸로 거듭날
수 없기 때문이니라.
22 그를 알고 있는 자, 그 길을 가고 있는
자는 지금 고통과 시련이 없을 것이
며, 그들에게 내가 상을 내림이니라.

23 그는 내가 구분해야 하는 것이요, 나
의 아들이 구분하여 너희들에게 역사
하는 것이 아님이니, 나의 아들을 원
망치 말라.
24 다만, 너희들이 그 세상에 진입해야만
나의 아들을 따라 만백성을 구원하는
전사가 될 수 있기 때문이니,
25 너희들이 스스로 부족함을 채워 주기
위한 오늘의 그 훈련이라는 것을 알라.
26 이제 내가 머지않았다 하지 않았느냐?
27 너희들이 사막에서 죽어 가기 직전에
오아시스의 그 모습이 보인다 하였음
이니,
28 그곳을 너희들이 가고 못 가는 것은
너희들의 마음에 달렸다 함이니 그리
알라.
29 참진리요, 나의 가르침이요, 나의 아
들을 통하여 내리는 새로운 성경 또한
내가 뭐라 말하느냐?
30 선악이요, 그 모든 인간의 관습이요,
도덕, 너희들이 생각하는 것을 뛰어넘
어, 내가 그를 나의 아들을 통하여 가
르치고 전하기에 너희들이 그를 알아
야 되며, 그를 받아들여 너희들이 그
와 같은 것을 뛰어넘어야 된다 함이니
라.
31 너희들에게는 선한 것도 없으며 악한
것도 없는 그와 같은 너희들의 깨달음
의 경지에 오를 때,
32 너희들은 바로 나의 뜻을 역사할 수
있는 나의 백성으로 완벽하게 섬이니,
33 그때 너희들이 세상 것이 다 네 손안
에 있음을 알아야 될 것이니라.
34 너희가 생각하고 살아가는 인간 자체
의 삶에 대한 관념이나 모든 그 흐르
는 너희들의 그 통념을 다 벗어나야
되며,
35 관습과 도덕이요, 너희들의 생각으로
써 판단하는 그 기준을 뛰어넘어서 볼
수 있는 백성이 되어야 될 것이니라.
36 뛰어넘어야 함이니라, 뛰어넘지 못하
면 아무것도 알 수 없으며 볼 수 없는
너희들이니라.
37 이제 막바지에 너희들이 다다르고 있
지 않은가?
38 나의 법전이 130권이라는 그 많은 장
서가 넘었으며, 이제 160권이 머지않
은 그와 같은 시기에 도달했음을 너희
들은 알아야 될 것이니,
39 그 속에서 너희들이 지금 변화되지 아
니한다면, 너희들이 앞으로 변화되어
만백성을 구할 수 있는 그 기회요, 시
간이 없음이니라.
40 160권이 세상에 내려왔을 때, 나의 아
들의 변하는 모습처럼 너희들이 그 옆
에 변하여 같이 가는 백성이 되어야
될 것이니,
41 이제는 너희들의 몫이 남아 있음을 알
아야 될 것이니라.
42 나를 따르는 백성 너희에게 형제요,
가족이요, 불화가 이루어지는 것, 그
모두를 버리고 '나를 따르라!' 그리 말
한 의미를 내가 무어라 너희들에게 전
하였더냐?
43 그러니 그와 같은 의미요, 뜻도 모르
는 것이 오늘의 지도자요, 거기에서
구원을 받았다 몸부림치고 있는 그 백
성들 속에서 너희들이 그를 바로잡고
다스리는 것이 얼마나 힘든 길이라 하
였느냐?

44 사막에서 너희들이 또한 그 오아시스
를 향하여 달려가는 그와 같은 마지막
그 고통에 모든 힘을 다 쏟아야 될 것
이며,
45 죽기 직전에 너희들이 그 모든 힘을
다 쏟는 그와 같은 마음으로 살아가야
될 것이며,
46 너희들이 눈보라 치고 추운 그곳에서
잠깐 문을 열어 몸을 녹이고자 하며
따뜻한 물 한 그릇을 달라 사정을 해
도 절대 문을 열어 주지 아니하며, 너
희들이 전염병을 전하는 자인 것처럼
받아 주지 않는 것이 그들이라 하였음
이니라.
47 그 속에서 너희들이 존재하기 위해서
는 어떠한 길을 가야 되며 어찌 역사
해야 되겠는가?
48 이 모두를 너희들은 알아야 될 것이니
라.
49 그러니 너희들이 나에게 오고자 하는
것은 너희 자신을 버리며 자신을 다
무시하며 자기가 없는 그와 같은 변화
되는 길이 아니면 절대 나에게 오를
수 없다 하지 않았느냐?
50 그리하여 내가 너희들이 가족의 관계
요, 그 가족 관계에서 이기적인 생각
과 이기적인 사랑으로써 너희들이 그
가족을 사랑하는 마음에 집착하여 그
를 뛰어넘지 못한다면,
51 참진리요, 참사랑을 너희들이 나에게
보일 수 없으며 너희들이 올 수 없다
는 그 의미의 가르침 또한 너희들은
이제는 알지 않느냐?
52 그러니 모든 뜻을 아는 너희들이, 이
제 참사랑이요, 나에게 오르는 길이
요, 나에게 역사하는 뜻이 무엇인가를
알 수 있는 너희들이 어찌하여 너희
자신을 버리며 바로 서는 그와 같은
길을 가지 못한단 말이던가?
53 이제 너희들은 모두를 다 저버리는 그
와 같은 삶을 살아야 됨이니, 저버리
라는 것이 무엇이더냐?
54 세상사의 모두를 다 버리면 너희들이
그 위에 올라서게 되어 있음이니,
55 놓은 자만이 그 위에 올라설 수 있음
이니, 사후의 세계요, 나 여호와가 역
사하는 것을 너희들이 알 수 있는 것
임을 알라.
56 너희들이 똑같은 진흙탕에서 허덕이
며 똑같은 무게를 가지고 있다면, 과
연 그리 오를 수 있으며 역사할 수 있
겠는가?
57 그러니 너희들이 모두를 다 놓았을 때
만이 모든 백성 위에서 그를 내려다보
는 지혜를 얻을 것이니,
58 너희들이 옆으로 보고 좌우로 봐서는
그 형태를 볼 수 없으며, 그와 같은 상
황을 볼 수 없는 것이 너희들의 시야
가 아니더냐?
59 너희들이 조금만 높이 와서 보면 그
높이 온 만큼 밑을 내려다볼 수 있음
이니,
60 그러니 너희들이 얼마나 높이 와서 깨
달았을 때 모두를 다 볼 수 있겠느냐?
61 너희들이 오를 수 있는 것은 네 손에
잡고 있는 모두를 다 놓아야 됨이니라.
62 그를 놓고도 너희들이 오르기가 힘들
며 날기가 힘들거늘, 너희들이 맷돌짝
을 들고 있으며, 쇠뭉치를 들고 있으
며, 금화와 은화의 자루를 들고 있으

며, 욕심의 보따리를 들고 있으며,
63 그러면서 너희들이 어찌 나의 다른 백성보다 위에 오를 수 있으며 높이 날 수 있다 하느냐?
64 높이 올라야 되며, 높이 날아야 됨이니라.
65 그것이 무엇이냐?
66 모두를 다 놓아야 됨이니라.
67 모두를 다 놓았을 때만이 너희들이 큰 것을 얻을 수 있으며 영광을 얻을 수 있다는 것을 잊지 말라, 사랑하는 나의 아들딸들아!

9,779 번째 하나님 말씀

2004년 3월 1일 06시 39분

1 사랑하는 나의 아들아!
2 "네, 아버님! 말씀하옵소서."
3 너희들이 수천 년 동안 살아온 지금 제3의 시대를 열어 너희들을 심판하는 그 기준이요, 나의 법전을 세상에 내려보냄이니,
4 이를 가지고 시시비비하는 그 백성들 중에서 너희들은 바로 이것이 창조주 나 여호와의 뜻이요, 나의 가르침이라 믿고 그를 인정하는 백성들이 아니더냐?
5 그러면서 너희들은 또한 그 길을 지켜 가고 그 길을 행하고자 살아감이니라.
6 그리고 또한 너희들은 나의 아들을 통하여 내리는 그 강론도 들어 깨우칠 수 있는 기회를 얻은 백성들이니,
7 이것으로써 너희들이 더 무엇을 바랄 게 없으며, 이보다 현명한 백성이 없음을 알아야 될 것이니라.
8 모든 백성들은 나의 법전을 접하나 이를 찢어 버리고 태우는 자요, 그리고 이를 나 여호와의 뜻이라 믿지 않는 자요,
9 그리고 내가 역사하는 것을 보지 아니하며, 순종하지 아니하며, 거역하는 그와 같은 백성들이 이 세상을 지배하고 있지 않으냐?
10 그 속에서 그 세 가지 모두를 알고 얻은 자가 나의 사랑하는 아들딸들이요, 그리고 나의 아들을 따르는 제자 너희들이 아니더냐?
11 그러니 이것이 나의 법전이요, 그리고 이것은 너희들이 이대로 행하고 살아야 되는 것이며, 그리고 그를 믿고 가는 자는 무엇인 줄 알겠느냐?
12 너희들은 곧 나에게 오르는 반석 위에 설 수 있는 백성들이요, 하늘에 오르는 길을 볼 수 있으며 깨달음을 얻는 백성들이니라.
13 그러나 그와 같은 것을 다 인정하지 아니하며 너희들과 그 반대의 길을 가는 백성들,
14 그들은 정녕 저희들의 손에 쥐어진 것, 저희들의 그 모두를 다 너희들이 역시할 수 있는 것, 그저 수저를 들고 먹기만 하면 되는 그 밥상을 차려 주니, 그를 발로 차 엎는 자요, 그리고 그를 집어던지는 자요,
15 그곳에 독약이 들어 있으며 너희들의 생명을 앗아 가는 극약이 들어 있는 것처럼 그들이 그리 말하니,
16 두 번 다시 저희들이 먹고살 수 있는 밥상이 제 앞에 차려지는 그 영광은 그들에게 없는 자들이니, 그것이 바로

무엇이더냐?
17 너희들이 그리도 가지 않으려 몸부림
치는 지옥의 길로 가는 그 길을 선택
하는 백성들이라는 것, 이것이 차이임
을 너희들은 알아야 될 것이니라.
18 그러니 이는 나의 성령이요, 나의 뜻
이요, 이대로 행하는 것이 너희들이
나에게 오를 수 있다는 것, 그 모두를
알고 있는 너희들이 바로 이 썩어져
가는 세상을 바로잡지 아니하면 아니
됨이니,
19 그를 바로잡는 것은 너희들의 희생과
봉사이니, 너희들이 희생과 봉사를 하
겠다는 그 마음 외에 어떤 마음을 가
져서도 너희들은 정녕 봉사와 희생을
할 수 없다는 그 의미를 알겠느냐?
20 마음을 비우고 던지라 함이 그런 것
이니라.
21 너희들이 봉사와 희생을 할 때, 대가
를 바라는 것은 거래하는 것이요, 장
사꾼의 소치요,
22 그 모두를 버리고 행하는 것은 정녕
나의 뜻에 의해 역사하는 백성이요,
그리고 진정한 봉사요, 희생을 하는
백성들이니, 그 대가는 반드시 너희들
에게 있음을 알아야 될 것이며,
23 너희들이 거래하고자 하는 자는 사는
것이 없으며 얻는 것이 없으며 구하
는 것이 없는 것이 너희들이 오늘의
가는 길이라는 것을 잊지 말라, 사랑
하는 나의 아들딸들아!
24 모두를 아는 것이 너희들이니라.
25 그러니 모두를 아는 자가 지도자요,
선생으로 나가는 것은 당연하며 만백
성을 구하는 것은 당연하지 않더냐?
26 이것이 너희들과 그들과의 차별화이
며, 너희들이 높이 와 있으나 좀 더 너
희들이 높이 날지 아니하면 그 모두를
보지 못하기에, 너희들이 가벼운 마음
으로 날 수 있도록 준비를 하라 함이
나의 뜻이니라.

9,780 번째 하나님 말씀

2004년 3월 1일 06시 44분

1 사랑하는 나의 아들아!
2 "네, 아버님! 말씀하옵소서."
3 내가 나의 아들을 통하여 너희들에게
깨우쳐 줌이니라.
4 물이라는 것은 가장 낮은 곳으로 흘러
그곳에 채워진다 내가 그리하지 않았
느냐?
5 그러니 너희들이 모두를 시작할 때의
그 마음보다 지금 과연 낮아진 백성이
되었는가?
6 시작할 때보다 너희들이 낮아진 백성
이 되지 아니하면 아무것도 너희들에
게 고이는 것이 없으며 쌓이는 것이
없으며 역사하는 것이 없다 함을 알라.
7 생명수가 흐르고 흘러 낮은 곳으로 흘
러가 그곳에 정착하며 모두 거기에 쌓
이듯이,
8 너희들이 모두를 시작할 때 나로부터
명을 받았을 때, 너희들이 그때보다
더 낮은 자요, 더 강한 열정과 충성된
마음으로써 모두를 살아감에 역사하
지 아니하면 아니 됨이니,
9 너희들이 시작할 때보다 낮은 자만이
너희들에게 모두가 고이고 쌓임이니
라.

10 너희들이 시작할 때보다 높은 자요, 높은 자리에 있고자 하는 자에게는 아무것도 쌓이는 것이 없으며, 역사하는 것이 없으며,

11 쌓일 장소가 없으며, 공간이 없기 때문에 쌓이지 않는 것은 당연한 이치라는 것을 너희들은 알도록 해야 될 것이니라.

12 사랑하는 나의 아들딸들아! 너희들이 어찌하여 이 세상에 태어났는가?

13 너희들은 나의 피조물 만백성이요, 나로 하여금 너희들이 이 세상에 태어난 백성들이 아니더냐?

14 그러니 곧 너희들은 나의 피조물이니라.

15 그러니 너희들이 나의 백성으로서 살아가야 할 덕목이 있으며 지키고 역사할 것이 있지 않으냐?

16 그러니 내가 사랑으로써 사랑 속에서 너희들을 이 세상에 보냈음이니, 너희들이 사랑이라는 것을 행하며 겸손이라는 그 덕목을 갖고 살아가야 되는 것임이니라.

17 그러니 사랑이 무엇인가를 행하고자 하는 백성이요, 그리고 겸손과 겸양을 아는 백성은 내 앞에 너희들이 고개 들고 중언부언하는 그와 같은 기도를 하는 마음 자세가 있어서도 아니하며, 감히 그와 같은 행동을 해서도 아니 되는 것이 너희들이니라.

18 겸손한 자는 조심스러움을 알며, 오늘의 삶이 얼마나 귀하고 소중한가를 알아, 인간 세상에서 말하는 살얼음판을 걸어가는 그와 같은 마음 자세로 살아도 너희들이 내가 내리는 은혜에 보답함이 아니요, 그 길을 가고자 하는 너희들의 정성이 부족함이니,

19 과연 너희들이 어떠한 마음으로 살아가는가를 봐야 될 것이니라.

20 나는 나의 아들을 통하여 너희들에게 전했느니라.

21 겸손한 자만이 나의 음성을 들을 수 있으며 나를 볼 수 있다 하였으며,

22 너희가 하고자 하는 것, 너희가 역사하고자 하는 것, 너희들이 바라는 그 기도의 소원을 들어줄 수 있다 함이니라.

23 너희들을 그저 어디에 쓰든 쓰고 싶은 곳에 쓸 수 있는 백성으로 거듭나 써 주시기를 바란다는 너희들의 그 간곡한 기도에 따라서 내가 너희들을 써 줄 것이며, 내가 너희들을 부를 것이며,

24 또한 내가 너희들에게 내리는 그 음성을 들을 수 있으며, 내가 너희들을 쓰고자 부르는 것을 들을 수 있으며, 네 자리가 어디인가를 알고 네가 가서 채울 수 있는 그와 같은 영광의 은혜가 있기 때문이니, 너희들은 이를 알아야 될 것이니라.

25 겸손한 자만이 내 앞에 와 설 수 있으며 겸손한 삶을 사는 자만이 나에게와 심판대에 설 수 있는 영광을 얻게 된다는 것을 절대 잊지 말며, 겸손한 마음으로 살아가라.

26 그리고 시작할 때보다 낮은, 가장 낮은 자가 되라.

27 시작할 때보다 높은 자가 되어서는 아무것도 네 앞에 쌓을 수 있는 공간이요, 여백이 없다는 것을 명심하고 또

명심하도록 그리하라, 사랑하는 나의
아들딸들아!

9,781 번째 하나님 말씀

2004년 3월 1일 06시 54분

1 사랑하는 나의 아들아!
2 "네, 아버님! 말씀하옵소서."
3 너를 따르는 제자들이요, 그리고 나의
법전을 읽고 깨우친 만백성 너희들은
알아야 될 것이니라.
4 나의 아들과 더불어 한 시대를 역사하
며, 새로운 대개혁의 혁명을 이루며,
만백성을 구하는 이 대업을 이루는 선
택된 너희들이야말로,
5 너희들이 이 세상에 태어나 이 세상에
존재하는 것부터, 너희들이 나의 법전
을 다듬고 만드는 것, 그리고 전하는
것,
6 너희들이 대역사를 이루는 것은 그 모
두가 누구의 뜻에 의하여 행하여지는
가를 알겠는가?
7 너희들 뜻에 의하여 이루어지는 것이
하나도 없음을 너희들은 알라.
8 나의 법전을 만드는 것, 너희들이 세
상에 태어난 것, 그리고 나의 아들과
더불어 나의 뜻에 의하여 행하고 역사
하는 것,
9 그 모두가 다 너희들은 나 여호와에
의하여 이루는 것이요, 내 계획에 의
한 것임을 알라.
10 그러니 너희들은 누구를 원망하거나
누구를 탓하지 말라 하는 나의 뜻을
깊이 새겨듣도록 하라.
11 너희들이 이곳에 와 강론을 듣는 것,
나의 아들을 통하여 기도를 듣는 것,
그 모두도 다 너희들이 스스로 역사하
는 것이 아무것도 없음을 알라.
12 너희 스스로 여기 와 강론을 듣는 것
도 아니요, 지금 나의 아들을 통하여
새벽에 내리는 그 기도를 듣고 또 깨
우침을 얻는 것, 그리고 배우고 역사
하는 것,
13 그 모두는 너희들 스스로 온 것이 아
님을 알아야 될 것이니라.
14 이것이 나로부터 선택된 백성 너희들
이 다름이니라.
15 너희들이 모두의 역사하는 것은 너희
들이 역사하는 것이 아니요, 나 여호
와가 주관하며 내 뜻에 의해 이루어지
는 것이라는 것을 알아야 될 것이니라.
16 너희들 스스로 이루어진 것이 아무것
도 없으며, 너희들 스스로 여기 온 것
도 아니며, 너희들 스스로 나의 강론
을 듣는 것도 아님을 너희들은 알라.
17 그러니 너희 스스로 온 것이 아니라는
것을 명심하고 또 명심하도록 그리하
라.
18 너희들이 이곳에 온 것이 너희들 스스
로 온 것이 아니요, 너희 스스로 역사
한 것이 아니라면,
19 바로 너희들을 인도한 자가 있으며 너
희들을 이리 이끌어 준 자가 있음이
니, 이는 곧 창조주 나 여호와이니라.
20 내가 너희들을 이곳에 있을 수 있도록
이끌어 주었으며, 나의 강론을 들을
수 있도록 내가 너희들을 이 세상에
보냈음을 알라, 그리고 너희들을 이끌
어 주고 있음을 알라, 그리고 내가 너
희들과 더불어 같이하고 있다는 것을

알라.
21 나의 아들을 세상에 보내어 내가 나의
성령을 내려보내 그 모두를 역사하는
것처럼 너희들이 이루고 살아가는 그
모두는 나의 주관하에 이루어지고 있
음을 알라.
22 그러니 지금의 너희들이 나에게 와 정
확히 심판을 받을 때, 너희들 인간 세
상의 뒷거래가 통하지 아니하며, 너희
들이 말하는 힘 있는 자의 능력으로
변하는 것도 아니요,
23 너희들이 이미 죽어 와 나에게 심판을
받을 때, 너희들이 그 심판을 받는 것
은 이미 때가 늦음이니라.
24 너희들이 살았을 때 나에게 심판을 받
는 것이 선택된 백성들임을 알라.
25 그러니 너희들이 지은 죄에 대한 심판
을 이 세상에서 나로부터 받음이니라.
26 그리하여 너희들이 살아서 나로부터
심판을 받아 너희들이 지은 죄를 다
사면받았을 때,
27 내가 너희들을 용서해 줄 수 있도록
너희들이 변화되는 삶을 살았을 때,
28 그때부터 너희들이 만백성을 가르치
고 지도하는 그 지도자로서 거듭날 수
있는 것이 너희들이 나로부터 받은 은
혜요, 영광이요, 축복임을 알라.
29 너희들이 거듭나는 것이 너희들의 남
은 인생이 5년이 남든, 10년이 남든
너희들은 그것이 내 뜻에 의해 살아가
는 역사요, 나를 위해 삶이니라.
30 지금의 너희들이 법전을 만들고 전하
고 역사하는 것은 내 뜻에 의해 나를
위함이 아니라, 너희 스스로 너희 자
신을 위해서, 너희들이 육의 세상에서
나로부터 심판을 받는 그 영광을 얻기
위하여 너희들이 오늘에 감임을 알아
야 될 것이니라.
31 너희들이 나의 아들을 따라 어려운 길
을 역사하는 것은 바로 너희들이 지은
죄를 너희들이 바로 심판을 받고자 함
이요, 내가 이 지상에서 너희들을 심
판을 하고자 하는 것이 나 여호와의
뜻이니라.
32 너희들은 알라, 나의 아들을 따르는
백성들이요, 그 제자들이요, 그리고
나의 법전을 만드는 자들이요, 그 모
두는 너희들이 나의 부름에 의하여 내
가 역사하고 내가 주관하여 너희들이
지금 강론을 듣는 백성들이라 하지 아
니하였느냐?
33 그러니 나의 아들을 따르며 강론을 듣
는 백성, 너희들은 죽어 와 나에게 심
판을 받을 때, 너희들을 내가 써먹을
수 있는 내가 활용할 수 있는 공간이
요, 기간이 어디 있더냐?
34 너희들이 80이요, 100년을 살다 나에
게 와 심판을 받으며 너희들이 그 심
판에 의해 아무런 부끄럼이 없는 삶을
살았다 해도,
35 너희들은 그때부터 육의 세상이 아님
이니, 너희들이 나를 위하여 내가 역
사하는 일을 할 수 있는 기회가 하나
도 없으며, 너희들은 나를 위하여 역
사하는 백성이 아니라는 것을 알아야
될 것이니라.
36 그러나 너희들이 죽기 20년 전에 지
상에서 나로부터 심판을 받아 그와 같
이 거듭나는 백성이 된다면,
37 너희들이 남은 여생의 20년 동안은

만백성을 위한 지도자요, 만백성을 구
하는 너희들이 아니더냐?
38 이것이 나의 아들을 따르는 백성이요,
선택된 백성 너희들의 다름임을 알라.
39 너희들은 지상에서 모든 죄의 대가를
받는 것이며, 그 심판을 받는 것이니
라.
40 지상에서 너희들이 나에게 심판을 받
아 '사랑하는 나의 아들아! 네가 죄가
없으며, 네가 지금 지은 죄의 모두를
네가 아름답게 변하는 것으로 감면을
받았다.' 할 때,
41 너희들이 그때 진정한 지도자요, 하늘
의 뜻에 따라 역사하는 선생이요, 나
의 뜻을 역사하는 나의 아들딸이요,
선생으로서 거듭남이니,
42 그때서부터 너희들이 살아 있는 그 생
명의 시간만큼 백성을 구할 수 있으며
지도자가 되며 전사가 될 수 있다는
것을 알라.
43 너희들이 지금 나의 법전을 읽고 깨우
치며 나의 아들과 더불어 가며 그 강
론을 들어 변화된다 하여 만백성의
지도자가 될 수 있는 것이 절대 아님
을 알라.
44 그렇다면 내가 아무나 불러 썼을 것이
며, 죄가 남아 있는 자, 그리고 사악한
마음을 가지고 있는 자를 내가 선생이
요, 지도자라 쓸 수 있지 않겠느냐?
45 그러니 모든 종교 집단이요, 지도자가
유리로 봐서 한 점의 부끄럼이 있는
자는 지도자가 될 수 없으며 선생이
될 수 없다는 나의 그 무서운 뜻을 너
희들은 이제 깨달았을 것이니라.
46 너희들의 죄가 있기에 그 죄를 다스
리는 것이며 그 대가를 치르는 것이
라, 너희들이 어렵고 힘든 것은 그것
이라 너희들에게 전하고 깨우쳐 주었
음을 알라.
47 사랑하는 나의 아들딸들아! 어려서부
터 손발이 저리게 살아온 자들이 있으
니, 그래도 너희들의 죄요, 제가 가지
고 있는 업을 벗지 못하였음이니, 어
찌한단 말이더냐?
48 너희가 아름답게 살아가며 착하게 살
아 너희가 가지고 있는 모든 죄에 대
한 대가를 이 세상에서 심판을 받는
것이 너희들이니라.
49 그러니 얼마나 너희들이 어렵고 힘든
길이더냐?
50 모든 백성은 죽어 와 너희들이 산 것
에 따라서 지옥이요, 천국이요, 그 무
게에 따라서 그 죄의 대가를 치르고
간다 하였음이니,
51 그들은 선생이요, 만백성을 구하는 그
위대한 대업을 할 수 없지 않더냐?
52 그러니 너희들이 나에게 오기 전에 너
희들이 천사가 되는 것, 그것이 만백
성을 천사로 이끌 수 있는 길이니,
53 이 운명을 어찌하겠는가?
54 이를 바꿀 수 없으며 이를 버릴 수 없
는 것이 하늘의 법도이며 하늘의 뜻이
니라.
55 사랑하는 나의 아들딸들아! 고개를
숙여 너희들이 이를 들으라.
56 너희들이 어찌 가야 될 것이며, 어찌
역사해야 될 것이며, 어찌 가야 될 것
인지 알겠느냐?
57 나의 아들 또한 이 세상에서 심판을
받아야 할 것이니,

58 그리하여 160권의 법전이 세상에 나
가며 나의 아들의 머리가 하얗게 되었
을 때 그가 심판을 받는 그 결과요,
59 그는 그때 천사가 된다 내가 미리 가
르쳐 주었음이니라.
60 그러니 너희들이 그 의미를 아는가?
61 그러니 너희들이 빨리 변하는 그 세월
이요, 너희들이 벗어나 육에서 나에게
심판대에 심판을 받을 수 있어야 함이
니, 너희들이 제로가 되었을 때, 내가
너희들을 심판대에 세움이니,
62 그것이 너희들이 앞으로 남은 생명이
요, 20년이요, 30년의 그 세월 동안에
변하지 못한다면, 너희들은 내가 너를
모르는 자라 할 것이니라.
63 내가 너희들에게 기회를 주었으며 영
광을 주었으나, 그것을 저버린 자들이
아니더냐?
64 그러니 너희들이 나 여호와의 뜻을 알
겠느냐, 사랑하는 나의 아들딸들아!
65 이제 너희들은 들으라.
66 너희들은 이 세상에서 심판을 받는 백
성이니라.
67 심판을 받아 너희들이 죄의 사함을 받
았을 때, 나머지 너희들이 사는 기간
동안에 만백성을 이끄는 지도자가 됨
이니,
68 그 세월은 네 손으로 이루는 역사에
따라서 네가 나를 위하여 봉사할 수
있으며 희생할 수 있으며 만백성을
구할 수 있다는 것을 알라.
69 그러니 너희들이 순종하는 백성으로,
깨닫는 백성으로, 변화되는 백성으로
서 나의 법전을 가슴에 안고 생명보다
도 더 소중히 정독하고 또 정독하여
너희들이 빨리 심판을 받도록 그리하
라.
70 너희들이 변하는 속도가 빠르며 너희
들이 변하는 높이가 높을 때, 나 여호
와가 너희들의 그 죄목을 아니,
71 제로와 제로로써 너희들의 죄를 사할
수 있도록 너희들이 선행이요, 너희들
의 마음이 변했을 때,
72 너희들의 그 모두가 다 빙점이 되었
을 때, 원점으로 돌아왔을 때, 너희들
을 내가 그때부터 쓰니,
73 지금은 내가 너희들을 쓰는 것이 아니
요, 너희들의 죄를 다스리기 위해, 너
희들이 심판대에 서기 위해 지금 몸
부림치는 백성이라는 것을 깨우치고
알도록 그리하라, 사랑하는 나의 아들
딸들아!

9,782 번째 하나님 말씀

2004년 3월 1일 07시 00분

1 사랑하는 나의 아들아!
2 "네, 아버님! 말씀하옵소서."
3 자신을 위하여 자신이 무엇을 이루고
자 해도 아무것도 너희들이 이룰 수
없다 하지 않느냐?
4 너희 자신이 무엇을 이루고 무엇을 얻
고자 한다 해도, 너희들이 아무것도
이룰 수 없으며 구할 수 없으며 얻을
수 없다는 나의 명을 너희들은 알아야
될 것이니라.
5 너희들이 선택된 백성처럼 육의 세상
에서 심판을 받는 그와 같은 백성이
된다면, 너희들이 그 후로부터 나에게
얻을 수 있으며 구할 수 있으며 이룰

것이 있으나,
6 지금의 너희들은 육에서 심판이 아니
요, 죽어 와 나에게 심판을 받음이니,
너희들이 아무리 발버둥치고 무엇을
역사하고자 한다 해도 그것을 너희들
스스로 이룰 수 없으며 역사할 수 없
다는 것, 그것이 바로 너희들의 행함
의 삶의 길이니라.
7 그러니 너희들의 마음이 어찌 변하며
어찌 아름답게 살아가느냐, 그것만이
너희들에게 존재함이니라.
8 너희들이 나로부터 수많은 축복이요,
영광의 은혜를 받았으나, 나를 위하여
너희들이 아무것도 역사한 것이 없지
않은가?
9 무엇을 위하여 너희들이 나를 위하여
역사했으며 나를 위하여 기도했던가?
10 그러니 너희들은 구하지 말라, 너희들
이 구하는 것은 하나도 얻지 못하는
백성이라 내가 함을 알겠느냐?
11 그것은 너희들의 마음을 비우고 너희
들이 너희 자신을 버렸을 때만이 모두
를 다 얻을 수 있다는 나의 가르침을
너희들은 명심하도록 그리하라.
12 너희들이 축복과 구원과 너희들의 그
모두를 얻는 것은 겸손한 백성으로서
살아가야 된다 하였음이니라.
13 그러나 지금 나의 아들을 따르는 백성
너희들은 바로 무엇이더냐?
14 너희들은 육의 세상에서 나로부터 심
판을 받는 그 심판대에 서는 백성들이
니, 너희들이 그를 위하여 오늘에 다
스려 가며 천사와 같이 변화되는 삶을
살기에도 너희들이 더없는 짧은 시간
이거늘,
15 거기에서 너희들이 무엇을 이루어지
기를 바라며, 무엇을 역사하기를 바라
며, 편안한 것을 원하며, 부귀영화를
원하며, 재물과 금화를 거둬들이기 위
한 어떠한 것이라도 너희들이 생각하
고 간다면, 육의 세상에서 너희들이
심판을 받는 시간이 길어짐이니,
16 너희들은 나의 뜻에 따라 희생하고 역
사하는 것이 아니요, 내가 역사하는
것을 너희들이 이루는 그 시간이 그만
큼 단축되며, 영원히 또한 그 길에 참
여하지 못하는 백성이 될 수 있다는
것을 알라.
17 그러니 내가 너희들에게 무어라 말하
였느냐?
18 어린아이와 같은 백성이 되라 하였으
며 어린아이와 같은 백성이 되어 살라
하였음이니, 오늘의 내 그 뜻을 알겠
느냐?
19 그와 같이 지키고 살라는 의미를 또한
너희들은 알아야 될 것이니라.
20 내가 나의 아들을 통하여 말하지 아니
하였더냐?
21 그러니 너희들이 그와 같은 마음 자세
로 살아가라.
22 바로 내가 물의 섭리가 너희들의 사랑
의 섭리요, 너희들이 살아가는 길이라
하지 않았더냐?
23 물은 흘러 흘러 높은 곳에서 낮은 곳
으로 흘러감이니, 물은 아마도 너희들
이 가장 낮은 곳에 고일 것이며, 고임
으로써 그곳에서 그 모두가 역사한다
는 것,
24 물은 얕은 곳을 버리지 아니하고 그리
흘러들어 감을 너희들은 그리 알라.

25 그것이 너희들이 가야 할 순리이니라,
사랑하는 나의 아들딸들아!
26 모두를 역사할 수 있는 것, 모두를 이
룰 수 있는 것, 그것은 너희들이 오로
지 육의 세상에서 심판을 받는다는 그
두려움 앞에 너희들이 그를 위하여 그
시간을 단축시키는 것이니,
27 나의 아들을 따르는 제자들이요, 나의
법전을 읽고 깨우친 만백성은 모두를
거기에 다 투자하고 바치도록 그리하
라.

9,783 번째 하나님 말씀

2004년 3월 2일 06시 12분

1 사랑하는 나의 아들아!
2 "네, 아버님! 말씀하옵소서."
3 내가 너에게 무어라 말하였느냐?
4 모든 것을 만든 사람에 대해서 그 뜻
이요, 그 깊이요, 그 의미를 안다면,
5 그를 창작하고 만든 사람이요, 글을
쓴 사람의 마음이요, 심정이 되어서
그와 같은 마음으로 돌아갔을 때 그를
느낄 수 있으며,
6 창작자요, 또 제작자요, 그와 같은 사
람들의 마음이요, 그 뜻을 조금이라도
읽을 수 있다 하지 아니하였더냐?
7 그 사람들의 마음을 모르고는 거기에
근접할 수 없다 하였음이니,
8 나의 피조물 만백성 너희들이 지금 성
서를 가르치고 깨우치는 의미가 얼마
나 우매하고 어리석은 쪽에서 모두를
가르치고 있는가?
9 나 여호와가 전하는 뜻이요, 내가 역
사하는 것을 전혀 너희들이 알지 못함
이니, 더욱이 비유의 뜻으로써 기록된
성서를 알 수 없다 그리함이니라.
10 내가 성서에 기록하여 너희들에게 무
어라 전하였느냐?
11 나의 아들이 그리 말하였느니라.
12 너희들이 인간 세상에 살아가는 것,
인간의 생각이요, 그리고 인간을 먼저
생각하며 인간의 도리를 먼저 생각하
는 그와 같은 삶이 아니라,
13 그것은 너희들이 접어 두고 사는 것이
요, 오로지 나 여호와에게 기쁨이요,
나 여호와의 뜻에 따라 너희들이 나
여호와의 뜻을 알아 행하는 그것만이
너희들이 우선이요, 그것만이 너희들
이 행할 수 있는 길이라 그리 말하였
느니라.
14 그러니 그걸 가지고 모든 백성들에게
그리 가르치는 것, 그리 가라 하는 것,
그와 같이 행하는 것만이 너희들이 축
복이요, 하늘에 오르는 길이라 그리
생각하느니라.
15 그러나 나 여호와는 그와 같이 너희들
이 행하라는 것이 아니니라.
16 모두가 너희들이 생각해서, 그 또한
너희들이 불리한 쪽이요, 유리한 쪽이
요, 이것을 구분할 줄 알아야 되느니
라.
17 너희들이 성서의 깨달음이라는 것은
모두가 너희들에게 불리한 쪽으로 생
각하는 깨달음이 진정 성서를 보는 눈
이라 내가 그리하지 아니하였더냐?
18 그러니 너희들이 모든 것을 나 여호와
의 뜻이요, 나를 기쁘게 하는 데 있어
서,
19 너희들의 이해관계에 따라서 너희들

을 기쁘게 하는 것이냐, 너희들을 슬
프게 하는 것이냐, 이와 같이 너희들
이 생각하라 함이니라.
20 너희들을 기쁘게 하는 것이라면 그를
행해서는 아니 되는 것이요, 너희들이
고통스러움이요, 손해를 보며 슬픈 일
이요, 괴로운 일이라면, 너희들이 그
쪽으로 생각해야 됨을 알아야 될 것이
니라.
21 지금 내가 너희들에게 가르친 그 뜻은
무엇이더냐?
22 너희들이 나 여호와를 기쁘게 생각하
며 내 뜻에 따라 생각하다 보면, 너희
들이 모든 것이 얻어지는 것이 없으며
역사하는 것이 없음을 알아야 될 것이
니라.
23 그러니 너희들이 나의 뜻을 안다는
것, 나의 뜻에 따라서 행한다는 것은
어렵고 힘든 길이요, 그리고 너희들의
기쁨의 선택이 아니라 힘들고 어려운
선택이니라.
24 그리고 기쁨이 있는 것이 아님을 너희
들은 알아야 될 것이니라.
25 그러니 이는 너희들은 내가 무엇을 기
뻐할 것인가를 연구하고 생각하는 것
은 바로 너희들이 겸손한 자세요, 낮
은 자세로 모든 걸 행함이니라.
26 이제 내가 너희들에게 말함이니, 너희
들이 정녕 나를 위한 기쁨이요, 나를
위하는 것으로써 행하되,
27 너희 자신의 기쁨이요, 너희들의 이해
관계에 있어서 너희들에게 이익이 있
는 쪽으로 모두를 생각한다는 것은 형
식적이요, 다 허례허식이요, 그와 같
은 행위로써 모두가 다 이루어진다는
것을 알아야 될 것이니라.
28 너희들이 적게 취하고 너희들이 잃는
것, 그리고 너희들이 손해 보는 쪽으
로써 나 여호와의 생각이요, 내 마음
을 기쁘게 하는 것을 생각하고 또 노
력한다면 너희들이 알게 되어 있음을
알라.
29 너희들이 즉 무엇이더냐?
30 너희들이 큰 떡을 놓고 생각하되, 그
것이 누구에게 어찌하는 것이 좋은
것인가 하는 것을 생각할 때,
31 너희들이 큰 떡을 놓고 생각하며 또
생각하면, 내 뜻이 무엇이며 나에게
기쁜 것이 무엇인가 하는 것을 너희
들이 또 생각하고 또 생각하면,
32 결국은 나 여호와는 그 떡을 많은 백
성들에게 나누어 주며, 너희도 그들과
똑같이 그저 조금만 맛을 보는 자세
요, 그리고 네 것은 없는 자세로써 너
희들이 그 깨달음을 얻을 것이니라.
33 그때 그것이 바로 나의 기쁨이요, 너
희들이 나의 기쁨을 위해 살아가는 것
이요, 나를 위해서 살아가는 것이니라.
34 그 깨달음을 얻는 것을 너희들이 나의
기쁨이요, 나의 뜻대로 살아가라는 것
이니 그리 알라.
35 그것을 모르고 지금의 종교 집단이요,
지도자들이 가고 있음이니라.
36 그저 누가 너희들에게 떡을 한 그릇
갖다 주었으니 그저 무심코 갖다 먹는
것, 하나님이 주셨으니 영광이요, 축
복이요, 하나님께 감사한다 기도하고
그저 너희들이 먹고 먹는다면,
37 그리고 너희들이 너희 자신만 취한다
면, 그것이 바로 너희들이 내 뜻대로

살아가는 것이 아니요,
38 인간의 생각이요, 인간의 도리로서 살
아가는 것이니라.
39 그 의미를 너의 제자들에게는 깨우쳐
주어야 될 것이니 그리 알라.
40 내가 너희들에게 한 그릇의 떡을 줌이
니, 그걸 가지고 너희들이 생각할 때,
나 여호와의 뜻이 과연 무엇일까, 나
를 기쁘게 하는 것이 무엇일까 하는
것을 너희들이 생각하고 연구하고 나
의 기쁨에 따라서 행함이 무엇인 줄
알겠느냐?
41 이제 알았느냐, 사랑하는 나의 아들아!
42 "네, 아버님! 알겠사옵나이다.
43 똑같은 한 그릇의 떡이 있음이니, 그
것이 제 것이라 생각하지 말며 아버님
의 뜻이요, 아버님이 기쁘게 생각하는
것은, 그것을 이웃사람에게 똑같이 나
눠 취하며 어려운 사람들에게 나누어
주는 것,
44 그것이 아버님을 기쁘게 하는 것이요,
즐겁게 하는 것이요, 아버님 뜻대로
살아가는 길이니,
45 그는 저에게 남는 것이 없으며 제 손
에 있는 것이 없사옵나이다.
46 그와 같은 마음으로 살아가는 것이 아
버님을 기쁘게 하는 것이며, 아버님
뜻대로 살아가는 것이요, 인간의 생각
으로 살지 말라는 그 말씀의 비유가
거기에 있음을 깨달았사옵나이다.
47 그 떡을 아버님께서 주셨으니까, 그
떡을 아버님께서 저에게 내려 주신
것이니, 그저 저 혼자 포식하고 저 혼
자 챙기면서 그것이 아버님의 기쁨이
요,
48 아버님이 저에게 주셨으니, 그대로 제
가 먹고 쓰는 것이 아버님의 기쁨이
요, 아버님의 뜻대로 살아가는 것이라
생각하는 것,
49 그와 같은 자는 허례허식이요, 형식이
요, 그 모두는 아버님의 뜻을 거역하
는 것이요,
50 그러니 아버님의 뜻에 따라 살아가라
는 것은 하나를 놓고 생각하고 생각
할 때, 제가 잃는 것이요, 제가 갖는
것이 없음이요,
51 제가 가장 불리한 쪽으로 생각하는 그
속에서 아버님의 뜻을 알 수 있으며,
아버님의 사랑을 알 수 있으며, 아버
님께서 원하시는 것을 알 수 있는 것
이라 그리 가르쳐 주심을 이제야 알겠
사옵나이다."
52 사랑하는 나의 아들아!
53 성서의 비유의 가르침이 다 그러하니,
그리 알고 그리 가르치는 종교 지도자
들이 과연 어디 있느냐?
54 그러니 내 성서의 비유의 뜻을 모르며
내 마음을 모름이니라.
55 그러니 너를 따르는 제자들이요, 나의
법전을 읽고 깨우친 만백성 너희들이
축복과 은혜 속에 삶이니,
56 나 여호와의 뜻을 직접 들으며, 내가
원하는 것을 직접 들음이니, 너희들이
거기서 깨달음을 얻을 것이며, 너희들
이 행함을 얻을 것이며, 성서의 가르
침의 뜻이 무엇인지 알게 되니, 그것
이 바로 내가 너희들에게 내리는 지혜
의 사랑이니라.
57 내가 금화와 은화를 너희들에게 주는
것이 아니요, 지혜를 내려 줌으로, 너

희들이 그 지혜의 축복을 받음으로써
그것은 너희들이 영원히 변할 수 있으
며, 영원히 행복함을 누릴 수 있으며,
너희들이 기쁨을 누릴 수 있음이니,
58 그것이 내가 너희들을 사랑하며 내가
너희들에게 내리는 은혜요, 영광이라
는 것을 잊지 말라, 사랑하는 나의 아
들딸들아!
59 이제 내 뜻을 알겠느냐?
60 그와 같이 너희들이 나의 기쁨이요,
내 뜻대로 행하는 것이 오직 너희들의
인간이 살아가는 길이요, 너희들의 도
리라 하였음이니,
61 그 모두를 너희들이 유리한 쪽으로 그
리 생각하는 것은 잘못되었음이니라.
62 그것이 아니라 너희들이 다 잃는 것,
버리는 것, 그리고 고통스러운 것, 그
리고 너희 앞에 쌓아 놓는 것이 없는
그것이 나의 기쁨이요, 나의 즐거움이
니,
63 그와 같은 것을 먼저 행하라 하여 성
서에 기록된 나 여호와의 뜻이라는 것
을 너의 제자들과 만백성에게 전하도
록 하라, 사랑하는 나의 아들아!

9,784 번째 하나님 말씀

2004년 3월 2일 06시 17분

1 사랑하는 나의 아들아!
2 "네, 아버님! 말씀하옵소서."
3 너희들이 겸손한 마음으로 살라 하였
으며, 겸손한 마음으로 사는 백성은
시기가 없으며, 질투가 없으며, 남을
음해하고 남을 핍박하는 행위를 하지
않는 것이 겸손의 마음의 근본이니라.
4 그리하여 나 여호와가 너희들에게 겸
손한 마음으로 살아가라 함이니라.
5 겸손이야말로 남의 기쁨이요, 남의 축
복을 진심으로 축하해 주며 진심으로
기뻐할 수 있는 그와 같은 마음을 가
질 수 있는 사람이니라.
6 그 마음이 얼마나 순수하고 아름다운
마음이더냐?
7 너희들이 겸손하지 못함으로 인하여
남에게 축복해 줄 것을 시기하고 질투
하며 이와 같은 마음으로 살아가는 것
이 아니더냐?
8 그러니 겸손한 마음으로 살라 함이니
라.
9 그러니 겸손한 마음이요, 남의 기쁨이
요, 축복을 그대로 축복이요, 기쁨으로
같이해 줄 수 있는 것, 그와 같은 마음
으로 살아가는 것이 인간의 도리요, 너
희들이 살아가는 것임을 알아야 될 것
이니라.
10 그 마음만이 너희들에게 축복이요, 영
광이니라.
11 그러나 저에게 아무런 이해관계가 없
으면서도 남의 기쁨과 축복을 같이
기뻐해 주고 축복해 줄 수 없는 마음
을 가진 자, 이것이 인간 너희들의 마
음이니, 속과 겉이 다른 자들이 아니
더냐?
12 그러니 진정한 겸손한 자요, 진정한
사랑을 아는 자는 바로 너희들의 모두
를 그대로 받아들일 수 있는 자들이요,
13 남이 갖고 얻는 것을 제가 얻는 것보
다도 더 기쁘게 생각해 줄 수 있는 마
음을 갖는 것이 나의 백성이요, 나의
뜻을 따라가는 너희들이 가져야 될 마

음의 덕목임을 알라, 사랑하는 나의
아들딸들아!
14 겸손이요, 사랑하는 마음이야말로 가
장 아름다운 꽃이요, 가장 아름다운
향기라는 것을 너희들은 알아야 될 것
이니라.
15 그리고 겸손한 마음이야말로 너희들
이 나의 아들 예수의 삶을 그대로 살
수 있으며 그 뜻을 알 수 있음이니,
16 그 백성만이 거듭나는 영광을 얻게 된
다는 것을 너희들은 알아야 될 것이니
라.
17 인간 세상에 너희들이 살아가는 그 모
습이 어떠한 줄 알겠느냐?
18 너희들이 겉으로는 겸손하며 인자한
마음같이 보이고 그와 같이 보이는 듯
행동하나, 실제 가지고 있는 속마음이
오만하고 교만한 마음을 가지고 있다
면 너희들이 어찌 그 죄를 벗어나겠느
냐?
19 그러니 겸손도 사랑도 너희들이 두마
음이 아니요, 모두가 속과 겉이 같은
마음으로써 행동하는 것, 그것만이 너
희들이 나의 사랑이요, 아름다움을 실
천하는 것임을 잊어서는 아니 될 것이
니,
20 그러니 너희들이 속과 겉의 마음이 똑
같은 자로 변하라.
21 그렇지 아니하면 너희들은 아무것도
얻을 수 없느니라.
22 이는 바로 무엇인 줄 알겠느냐?
23 너희들 인간 세상에서 너희들이 지금
지고 있는 모든 죄를 벗어야 너희들
은 내 뜻을 역사하기 때문이라는 그
가르침을 알지 않는가?
24 그 의미가 거기 있음을 전하라, 사랑
하는 나의 아들딸들아!

9,785 번째 하나님 말씀

2004년 3월 2일 06시 26분

1 사랑하는 나의 아들아!
2 "네, 아버님! 말씀하옵소서."
3 진정한 나의 뜻이요, 나의 길을 가는
백성들이요, 그리고 진정한 믿음의 길
을 가는 백성들이 어떠한 백성들이냐?
4 너희들이 이와 같은 신앙의 근본이 무
엇인가를 과연 알고 있는가?
5 너희들은 들어야 될 것이니라.
6 진정한 믿음의 길을 가는 백성이요,
나로부터 선택된 백성, 너희들은 자신
의 존재 가치를 생각하지 아니하는 마
음, 자기를 기억하지 아니하며 자기를
기억에 두지 않는 그 마음이요,
7 나로부터 받은 은혜와 그 축복 앞에
너희 자신이 얼마나 무기력한 것이며,
너희들이 얼마나 능력이 없으며, 너희
들 자신의 존재 가치가 어떠한 것인가
를 너희들이 낮은 자세로 볼 수 있는
자,
8 그와 같은 저 자신의 깨달음을 얻는
백성이어야 될 것이니라.
9 그와 같은 겸손한 깨달음을 알지 못하
는 나의 백성들, 너희들은 바로 무엇
인 줄 알겠느냐?
10 저 자신이 오만과 교만으로 차 있는
자들이니라.
11 그리고 너희들이 살아가면서 인간의
생활 속에서 무럭무럭 피어오르는 그
욕심을 굴복시키며, 악의 껍데기를 스

스로 하나하나 벗겨 내는 그와 같은
역사를 이루는 삶을 살 때, 너희들은
나의 뜻에 의하여 역사하는 것이요,
12 나의 뜻에 의하여 살아가는 백성, 그
와 같은 백성이 너희들이 스스로 되지
못하며 그 길을 가지 못한다면, 아무
것도 너희들이 이룰 수 없으며 얻을
수 없음이라는 것을 알라.
13 모든 믿음의 길을 가는 그 백성들이
요, 마지막 죽음의 그 순간까지도 내
뜻을 꺾지 아니하며 내 뜻에 의해 역
사하는 것이 바로 너희들이 나에게 선
택된 백성들이요, 나와 더불어 갈 수
있는 백성들이 아니더냐?
14 그것을 보여 준 것이 나의 아들 예수
의 죽음이니라.
15 그 고통스러운 죽음으로써도 그는 나
의 뜻을 순종하였음이니, 이게 바로
너희들이 믿음의 길을 가는 백성이요,
나의 길을 달려오는 백성들이니라.
16 그를 따르던 열두 제자요, 그 명성을
날렸다는 그 제자들도 과연 어찌하였
는가?
17 그와 같은 마지막 순간에 그들이 선택
한 것은 무엇이더냐?
18 그것이 인간 너희들의 마음이니, 그와
같은 믿음으로 가는 백성, 너희들은
내 앞에 무기력한 존재라는 것을 낮은
자세로 생각하지 못하기 때문이니라.
19 그리고 인간 속에서 일어나는 그 욕심
이요, 사악한 마음을 스스로 다스리지
못하며 굴복시키지 못한 백성이니, 그
와 같은 백성이야말로 바로 무너지는
백성이니라.
20 그리고 내 뜻에 따라서 너희들이 결정
을 할 때, 고통과 시련의 길과 편안한
길 중에 하나를 선택할 때,
21 너희들은 아무리 사후에 나에게 구원
을 받는다 해도 너희들이 오늘의 고통
이요, 시련의 그 끈을 놓을 수 있는 것
이 너희들의 마음이니,
22 그 마음이 아닌 나의 백성이요, 나의
아들딸로서 너희들을 거듭나게 하고
자 함이니라.
23 이제 마지막 시대에 내 뜻을 모두를
태워서 내려보낸다는 그 의미를 알겠
느냐?
24 내가 마지막이 아니면 내 성령을 태워
서 너희들에게 바치지 아니함이니라.
25 불나비가 불 속을 뛰어드는 것처럼 제
모두를 태워서 버리는 그와 같은 마음
자세니, 다 태워 버리고 던진 내 가슴
에 무엇이 남아 있다 생각하느냐?
26 그러니 이것이 마지막 시대이니라.
27 마지막 시대에 내 뜻을 역사하는 나의
아들을 따라 더불어 가는 그 제자들이
요, 나로부터 너희들이 명받아 은혜를
받고 가는 그 백성들, 너희들이 그와
같은 백성이 되어서는 아니 되기 때문
이라 함이니라.
28 그러나 모든 믿음의 길을 가는, 그리
고 신앙생활 하는 그 백성들이 어찌
가느냐?
29 나 여호와의 뜻에 의하여 저희들이 어
렵고 힘든 길을 가려 하는 것이 아니
요,
30 저 자신의 유리한 쪽으로 모두를 판단
하고 그것을 위하여 가니, 형식적이
요, 나와는 아무런 관계도 없는 뜬구
름 잡는 그와 같은 저희들이 신앙이

요, 믿음의 길을 가고 있지 않으냐?
31 그것이 바로 무엇이더냐?
32 나에게 기도하고 경배하는 백성들이, 나에게 받은 은혜요, 축복에 감사드리며 산다는 백성들이, 제가 더 이루고자 소원과 제 뜻을 위하여 믿고 가는 그 믿음이요, 기도하는 믿음의 그 관계이니,
33 그것이 나와 관계없는 죽음의 길로 가는 그 믿음이라 함을 너희들은 알겠느냐?
34 이를 바라보는 나 여호와의 마음이 얼마나 저리고 아프겠는가?
35 그리하여 지금 나의 아들을 통하여, 그 제자들을 통하여 나의 법전을 가지고 만백성에게 전하며, 그리하여 겸손한 마음이요, 사랑하는 마음이요, 아름다운 마음으로 너희들이 살아가라 함이니라.
36 겸손한 마음이요, 사랑하는 마음이요, 자기의 존재 가치를 생각하지 아니하고 살아가는 백성,
37 자기 자신이 창조주 앞에 얼마나 무기력하며 얼마나 능력 없으며 보잘것없는 백성이요, 가진 것 없는 백성인지 깨닫고,
38 그리고 세상 것에 제 것이 없다는 그와 같은 마음을 가지고 살아가는 백성들의 마음이야말로 아름다운 꽃 중에서도 아름다운 꽃이요, 가장 아름다운 향기를 품어 내는 백성이요,
39 그 아름다운 향기를 품어 내면서 아름답고 고운 결실을 맺는 것, 열매를 맺는 그와 같은 역사를 하는 나의 백성들이라는 것을 알라, 사랑하는 나의 아들딸들아!

9,786 번째 하나님 말씀

2004년 3월 2일 06시 31분

1 사랑하는 나의 아들아!
2 **"네, 아버님! 말씀하옵소서."**
3 내가 너를 통하여 가르치기를, 너의 제자들은 그와 같은 변화를 역사하리라 하였음이니라.
4 얼굴은 너희들의 마음의 거울이라 내가 그리하지 아니하였느냐?
5 그러니 과연 너희들이 그 얼굴이요, 마음의 거울이 어찌 비쳐지며 얼마만큼 변했는가를, 내가 너희들에게 너희들 스스로 그 마음을 알라 그리하였음이니라.
6 너희들의 얼굴은 마음의 거울이니, 너희 자신의 과거의 모습을 너희들이 바라보며, 오늘의 너희들의 얼굴이 과연 얼마나 변했는가를 보고 너희 마음의 깨달음을 측정하며 알라 그리하지 아니하였더냐?
7 그러니 너희가 나의 법전을 아무리 읽어도, 아무리 강론을 듣는다 해도, 너희들의 얼굴이 변화된 모습이 보이지 아니하며 하나도 변한 것이 없다면,
8 너희들의 그 속의 마음이요, 진정한 마음의 변화는 없는 것이라는 것을 알아야 될 것이니라.
9 이제 나의 아들을 따르는 제자들이요, 그리고 나의 법전을 읽는 만백성 너희들은 이것이 바로 너희들의 변한 모습이니라.
10 그러니 너희들이 그 마음의 얼굴이 어

찌 변했는지, 과거의 네 모습과 오늘
의 네 모습이 얼마나 변했는가를 너희
스스로 발견하지 못한다면,
11 너희는 변한 것이 아니며 너희 자신이
변하는 길을 가지 아니하고 있으며,
12 네 욕심이요, 네 자만이요, 네 오만이
라는 그 겸손을 모르고 살아가, 지금
도 나와는 관계없는 길을 달려가는 백
성이요,
13 너희가 하는 것은 모두 진실이 아니
요, 형식적이요, 위선인 것이요, 그리
고 너희들이 금화와 은화요, 부귀영화
를 누리는 그것을 위해 살아가는 자요,
14 나 여호와의 뜻이요, 내가 원하는 그
기쁨의 길을 위하여 너희들이 나의 은
혜에 보답하고자 하는 그와 같은 마음
으로 살아가는 백성이 아님을 알아야
될 것이니라.
15 이것이 너희들이 가야 할 길이요, 변
화되어야 하는 너희들의 삶이니라.
16 그러니 그것을 누구에게 물어볼 것도
없으며 너희들이 남에게 변한 것을 보
여 줄 것도 없음이니라.
17 남들이 네 얼굴에서 변한 마음을 보고
그를 읽게 됨이니, 그것이 바로 너희
들의 마음이니라.
18 그러니 이제 너를 따르는 제자들이요,
너희들은 정녕 네 지난 과거의 모습이
요, 그리고 오늘의 너희들의 모습을
기억하라.
19 그리하여 너희들이 앞으로 변하는 네
모습이 어찌 변하는가를 보고,
20 변하지 않는 네 모습이라면 네 마음의
변화는 하나도 없는 것임을 알라.
21 이는 바로 무엇을 의미하는 것인가?
22 너희들이 선한 마음을 갖고 살아가며
선한 행함을 진정 행하며 나 여호와의
뜻에 의하여 나를 기쁘게 하는 그와
같은 삶에 너희 모두를 바쳐 살아간다
면, 너희들은 선한 마음이니 선한 얼
굴로 변할 것이요,
23 너희들이 악한 마음을 가지고 있으며
그 악한 마음의 뿌리를 뽑지 못했다
면, 너희들의 얼굴 모습은 악한 모습
이요, 과거의 죄의 모습에서 하나도
변화되는 것이 없으며, 너희들이 변화
되는 역사를 이룰 수 없음이니,
24 나는 너희들에게 말함이니라.
25 너희들이 스스로 너희 제자들이요, 너
희들의 형제간에 볼 때 너희들의 모습
이 변한 모습이요, 변화된 형태로 변
하지 아니하였다면, 너희들은 변하지
못함이니라.
26 내가 너를 통하여 가르치기를 무어라
말하였느냐?
27 외형적으로 너희들이 변하는 것은 쉬
운 것이며 아무것도 아니라 하였거늘,
28 너희들이 외형적인 네 얼굴의 모습이
요, 네 자세요, 네 그 모두가 변하지
아니했다면,
29 너희들이 정녕 변하기 힘들고 어려운
그 속마음은 변화된 것이 아니며,
30 너희들이 나의 기쁨이요, 나의 뜻에
의해 살아가는 그와 같은 길을 연구하
고 생각하는 백성이 아님이라는 것을
알아야 될 것이니라.
31 얼굴은 마음의 거울이라 했음이니라.
32 이제 나의 아들을 따르는 제자 너희들
은, 얼굴은 마음의 거울이라 했으니,
너희들의 마음이 얼굴에서 비쳐 보이

는 것이니, 너희들의 얼굴이 변하는
역사를 이루도록 먼저 그리하라.
33 그것이 작은 변화의 시작이니라.
34 그리했을 때 정녕 너희들이 모든 마
음을 변화할 수 있으며 거듭날 수 있
는 백성이요,
35 살아서 너희들이 나에게 심판을 받는
은혜를 얻게 됨이니라, 사랑하는 나의
아들딸들아!

9,787 번째 하나님 말씀

2004년 3월 2일 06시 40분

1 사랑하는 나의 아들아!
2 "네, 아버님! 말씀하옵소서."
3 오늘의 이 아침에 내가 나의 뜻을 전
함이니, 이는 내가 네 제자를 위하여
함이니라.
4 '김철종'과 '조현숙'이라는 그 제자를
위하여 내가 너에게 성서의 한 구절을
내림이니,
5 그들이 가슴 깊이 새기고 살아가는 그
마음으로 살아가라 그리 전하라.
6 그들이 그것을 버리지 않고 지키고 행
했을 때 그들은 나에게 오를 수 있는
나의 아들딸이요, 백성임을 전하라.
7 내가 성서에 기록한 내용을 이 아침에
내가 너를 통하여 그 부부에게 특별히
내림이니, 그 상이라 그리 전하라.
8 너희가 나에게 오르고자 한다면, 구원
의 역사를 이루고자 한다면, 가장 소
중하고 귀한 것, 그 모두를 다 팔아서
가난하고 불쌍한 이웃에게 나누어 주
어야 한다는 그 대목을 그들은 가슴
깊이 새기고 그리 살라 그리하라.
9 너희들은 이것이 무엇을 의미하는 것
인가를 알아야 될 것이며, 그 부부에
게 내가 내려 주는 가장 소중한 가르
침이라 그리 전하라.
10 너희들에게 귀하고 소중한 것이 있어
서는 아니 된다는 뜻이 아니더냐?
11 너희들이 나 여호와요, 내 뜻에 따라
가는 것, 그리고 내 뜻을 역사하는 것,
그것보다도 더 귀중하고 소중한 것이
너희들의 마음이요, 네 가슴속에 있어
서는 절대 아니 된다는 뜻이니,
12 이를 그들에게 명심하고 또 저희 것으
로써 만들어 가도록 그리하라.
13 그리했을 때, 너희들이 지금의 남아
있는 고비의 그 험악한 산을 넘을 수
있을 것이니라.
14 그들이 살아오는 삶에 작은 길은 저희
들이 잘 넘어왔으나, 오늘의 크고 큰
마지막 이 고비는 너희들의 능력으로
써 넘을 수 없으며 헤쳐 나갈 수 없음
이니라.
15 그 모두는 나 여호와가 역사할 것이
며, 나의 아들이 더불어 그들의 길을
열어 줘야 될 것이니라.
16 그러나 바로 너희들이 나로부터 그 고
비를 넘길 수 있는 그 길을 간다면, 내
가 지금 나의 아들을 통하여 내리는
성경의 한 구절을 저희들의 생명의 지
표요, 삶의 지표로 삼으라 그리 전하
라.
17 너희가 나에게 오르고자 한다면, 구원
의 역사를 이루고자 한다면 가장 소중
한 것, 귀한 것, 그 모두를 팔아서 가
난하고 불쌍한 이웃에게 나누어 주어
야 한다는 그 대목을 지키고 행하는

그와 같은 아들딸로서 거듭나라 그리
전하라.
18 모든 믿음의 길을 가는 백성들이요,
수천 년 동안 믿음이요, 구원을 받았
다 울고불고하는 그 백성들, 과연 그
들이 이와 같은 것을 지키고 이와 같
이 행하고 살아가는 백성들이 있느냐?
19 그것이 없음이니라.
20 그러니 이제 나의 아들을 따르는 백성
들이요, 나의 법전을 읽고 깨우친 만
백성이요, 그를 따르는 제자 너희들은
이 대목을 읽고 또 읽어, 너희들이 그
와 같은 모범적인 삶을 살아가는 백성
으로 거듭나지 아니하면 아니 되느니
라.
21 내가 한 부부에게 이 뜻을 전함이니,
이는 나의 아들을 따르는 제자 너희들
모두에게 해당되는 것이며, 너희들이
다 지키고 따라가야 할 행위이니라.
22 그러니 내가 그 부부에게 상을 내려
주기 위하여, 그들에게 은혜를 내리기
위하여 이 아침에 특별히 내리는 한
토막의 기도이니라.
23 그러니 너희들이 가슴에 깊이 간직하
여 이 뜻을 행하고 지키도록 그리하라.
24 아무것도 없음이니라.
25 너희들에게는 더 귀하고 소중한 것이
있어서는 아니 되느니라.
26 그 무엇도 너희들의 가슴에 가져서는
아니 된다는 뜻임을 너희들은 알고 그
리 행하도록 그리하라.
27 그렇지 못하면 인간의 욕심이요, 인간
의 욕구를 버리지 못하는 것이니,
28 거기서 벗어나지 못하였으니 내가 너
희들을 모른다 할 수밖에 없으며, 인
간의 욕심이요, 욕구를 버리지 못하고
살아가는 너희들을 내가 거둬들일 수
없음이니라.
29 크고 큰 산을 넘는 만큼 너희들이 크
게 쓰임을 알아야 될 것이니라.
30 너희들에게 고통이 따르면 따를수록
너희들의 그 깨달음이요, 얻음이 있듯
이, 너희들의 오늘의 마지막 고비이니
라.
31 그 부부에게 오늘의 마지막 고비이니
라.
32 이를 너희들이 넘고 못 넘는 것은 너
희들에게 달렸으니, 마지막 고비를 너
희들은 넘어야 됨이니라.
33 그리했을 때 너희들이 모두를 다 벗어
날 것이며, 너희들이 죄업을 벗어날
것이니 그리 알라.
34 사랑하는 나의 아들딸들아!
35 나의 아들이 너희들을 사랑하며, 나의
아들이 너희들을 지키고자 하며, 나의
아들이 너희들을 바라보는 눈빛에 눈
물이 어려 있음이니, 내가 오늘 너희
들에게 내리는 상이며 은혜니,
36 너희들은 이를 명심하고 이를 잠시도
너희 부부가 잊지 말며, 이를 위하여
모두를 바치고 살아가라.
37 모두를 놓고 버리라.
38 그리고 소중한 것을 팔아서 역사할 수
있는 그 마음이요, 그와 같은 자세로
살아가며,
39 너희들이 내 뜻을 따라 역사하는 것,
너희들의 마음을 비우는 것, 너희들이
천사와 같이 생각하는 것, 아무것도
손에 쥐지 않는 방대한 마음이요, 큰
마음이요, 모두를 버리는 마음을 가지

라.
40 그러면 너희들이 이 고비를 넘을 수 있을 것이니 그리 알라.

9,788 번째 하나님 말씀

2004년 3월 2일 06시 47분

1 사랑하는 나의 아들아!
2 "네, 아버님! 말씀하옵소서."
3 지금의 모든 종교 집단과 지도자, 그리고 그와 같이 나의 피조물 만백성을 구원한다 말하는 자, 그들이 진정한 종교 집단이요, 지도자가 없음을 너희들은 알아야 될 것이니라.
4 내가 보는 모든 오늘의 종교 집단이요, 지도자요, 그리고 너희들이 목자라 하는 자는 진정한 목자요, 종교 지도자가 없다 함을 너희들은 알겠는가?
5 내가 나의 법전에 이리 기록하여 전할 때, 너희들은 나를 사탄이요, 거짓된 자요, 마귀가 그와 같은 말을 한다 하며, 너희들은 진정한 종교 집단이요, 종교 지도자요, 진정한 목자라 그리 말할 것이니라.
6 그러나 위에 있는 나 여호와가 내려다보는 너희들은 진정한 종교 지도자, 나의 목자가 하나도 없음을 알라.
7 너희들이 지금 저 자신이 자칭 종교 지도자요, 구원자라 그리 말하는 자들이지, 나 여호와의 뜻에 따라 역사하는 자는 하나도 없음이니라.
8 자칭 종교 지도자요, 만백성을 구하는 명을 받은 자라 말하니, 그것은 제가 붙인 이름임을 알아야 될 것이니라.
9 지금 모든 종교 집단이 어찌 가는가?
10 너희들이 재물이요, 부귀영화를 위하여, 내가 짓지 말라는 더 큰 교회 건물을 짓기 위하여 역사함이니라.
11 그리고 너희들이 어렵고 힘든 속에서도 바치면 바칠수록 더 구원을 받는다 하여 재물을 거둬들이고자 하는 그와 같은 자,
12 그러니 그들이 바로 죄악 속에서 헤어나지 못하며 허덕이고 있는 자들이니라.
13 그리고 이미 그들은 사탄의 노예가 되었으며, 사탄의 자식이 되어 있는 자들이니, 어찌 나의 백성들을 천사와 같은 백성으로 깨우치고 만들어 낸다 한단 말이더냐?
14 저희들이 까마귀와 같은 검은 모습으로써 되어 있으면서, 제가 어찌 백로가 될 수 있단 말이더냐?
15 결코 그는 될 수가 없음이니라.
16 너희들의 근본이요, 그 씨앗부터 잘못된 것이요, 너희들의 가르침의 그 뿌리부터 지금 잘못되어 몇천 년 동안 흘러온 것이니,
17 여기에서 너희들이 그 죄악 속에서 너희 스스로 벗어나지 아니하고는 나의 피조물 만백성을 구할 수 없음이니라.
18 제가 사탄의 노예가 된 자들이니라.
19 너희들은 아니라 하나, 내가 보는 것은 너희들이 그러니, 그와 같은 자세로 너희들이 어찌 남을 구할 수 있단 말이더냐?
20 모든 종교 집단이요, 지도자 너희들은 자칭 종교 집단이요, 지도자요, 구원자라 그리 말하느니라.

21 이것이 바로 대표적인 것이 무엇이더
냐?
22 너희 신도라는 백성들이 저희들이 구
원을 받았으며, 저희들은 죽어 나에게
오며, 저희들이 죽어 왔을 때 나로부
터 얼마나 큰 은혜와 영광이요, 축복
을 받느냐 그것만이 남아 있다는 백성
들,
23 그러니 그것이 자칭 제가 구원을 받은
자요, 자칭 나에게 오른 자요, 자칭 축
복을 받은 자가 아니더냐?
24 제 제자들을 그리 가르치니, 그와 같
은 생각을 가지고 그와 같은 행동을
하고 있는 것이 종교 집단이요, 지도
자라는 것을 너희들은 알라.
25 내가 나의 아들을 통하여 160권의 법
전이요, 나의 성령을 책으로 기록하여
증거함을 내림이니,
26 너희들이 이를 보고 깨우치지 아니한
다면, 너희들이 자칭 종교 지도자요,
구원을 받았다는 그 허상에서 벗어나
지 못하며 깨어나지 못할 것임을 알라.
27 그리하여 내가 나의 법전이요, 나의
뜻을 책으로 근거하여 만드니, 이는
너희들이 영원히 지구가 깨진다 해도
없어지지 아니하며, 모두가 부서진다
해도 이는 존재할 것이니라.
28 이는 곧 나의 아들을 따르는 제자들의
가슴에 심어져 있으며, 그리고 나의
법전을 읽고 깨우친 만백성의 가슴에
심어져 있음이니, 절대 지워지고 없어
질 수 없음이니라.
29 그리하여 증거로 함이니라.
30 너희들이 증거하지 아니하면 믿지 아
니하며, 증거를 해도 믿지 못하는 것
이 너희들이니라.
31 그리하여 남을 믿지 못하는 것은 너희
자신의 마음을 믿지 못하는 것과 마찬
가지니라.
32 그러니 내가 보는 이 세상에 진정한
종교 지도자요, 진정 구원을 받을 수
있는 자는 하나도 없으며, 나의 목자
가 없다 함을 너희들은 알아야 될 것
이니라.
33 자칭 제가 구원자요, 저희들이 구원을
받은 자요, 자칭 저희들이 종교 지도
자라 하여 지금 허황된 속에서 허덕이
고 있는 것이니, 바로 이들이 무엇이
냐?
34 정신이상을 가지고 있는 자들이요, 정
신이상의 세상에 사는 자들이니라.
35 그러니 너희들이 모든 세상에 살아가
는 것, 그 숫자로써 모두를 이루는 것
이요, 숫자가 많으면 그것이 정의요,
진리라 말하는 것이 너희들이라 하지
아니하였더냐?
36 사람이 여섯 개의 손가락을 가졌다 해
도, 그 숫자가 많으면 그들이 정의요,
옳은 것이요, 다섯 개를 가진 것이 틀
리다고 우기는 것이 오늘의 너희들의
삶이라 하지 않았느냐?
37 모든 종교 집단이요, 저희들이 재물이
요, 권력이요, 물리적인 힘이요, 그리
고 방대한 조직이요, 인원을 가지고
그것이 하늘에 오르는 길이요, 진정한
구원의 길이요, 나에게 오르는 길이라
하나,
38 거기에는 진정한 종교 집단이요, 지도
자가 없음이니라, 그리고 구원을 받는
백성이 없음이니라.

39 자칭 제가 지도자요, 제가 구원자요,
저희들이 구원받아 하늘에 오를 수 있
는 자라 말함이니,
40 그들이 깨어 있을 때는 이미 지옥문
앞에 저희들이 몸부림치고 있는 자들
이 되어 있다는 것을 잊지 말라 그리
전하라.

9,789 번째 하나님 말씀

2004년 3월 2일 06시 55분

1 사랑하는 나의 아들아!
2 "네, 아버님! 말씀하옵소서."
3 이 세상에 가장 큰 축복이요, 너희들
이 누릴 수 없는 그와 같은 은혜와 영
광을 받은 것이 바로 나의 아들을 따
르는 제자 너희들이 아니더냐?
4 누가 누리는 부귀영화보다도 너희들
이 더 위대한 것을 얻었으며, 누구도
소유하지 못한 가장 소중한 것을 너희
들은 지니고 있는 백성이라 내가 하지
아니하였더냐?
5 너희들이 오늘의 삶을 살아간다면, 결
국 지옥문에 가 몸부림치는 너희들일
것을,
6 너희들이 나의 법전을 접하며 나의 아
들을 통하여 내리는 강론을 들으며,
하나하나 악습을 벗으며 너희 자신을
다스려 감이니,
7 그러니 나의 아들을 따르는 제자 너희
들보다도 더 축복이요, 영광된 것을
얻은 자가 없으며 받은 자가 없다 하
는 내 뜻을 알겠느냐?
8 그러니 나의 아들을 따르는 제자들이
요, 가장 크나큰 영광과 축복 속에서
살아가는 너희들은 이제 정녕 너희 자
신을 구함이 아니요, 남을 구하는 그
와 같은 나의 아들을 따르는 제자들이
요, 만백성을 구하는 전사로서 나가야
될 것이니,
9 그리고 선생으로서 세상에 나가 만백
성을 구하는 그 대명을 받고 실행할
너희들이니, 그러니 너희들이 정녕 남
을 구원하려거든 어찌해야 되느냐?
10 너희 자신부터 거듭나 있어야 되며,
너희 자신부터 구원이 되지 아니하였
다면, 너희들은 나의 피조물 만백성을
구할 수 없는 것이 아니더냐?
11 그러니 자신부터 거듭나지 아니하면
아니 되며, 모든 것을 역사할 수 없으
며,
12 내가 불러 쓰는 백성으로서 쓸 가치가
없으며, 내가 너희들을 찾지 아니하며
불러 쓰지 아니한다는 것을 알아야 될
것이니라.
13 사랑하는 나의 아들딸들아!
14 저 자신이 수영을 하지 못하는 자가
물에 빠져 허덕이면서 어찌 남을 구원
할 수 있다 소리를 지르며, 소리를 지
름으로써 과연 그가 구원을 할 수 있
는가?
15 말로써 구원한다 하나, 그는 저 자신
이 먼저 살아나며 저 자신이 먼저 구
원의 길을 받아야 될 것이거늘,
16 제가 물속에서 허덕이면서 남을 구한
다고 말하는 것, 이것이 과연 말이 되
는 것이며 가능한 행동이라 생각하느
냐?
17 그리고 지혜 있는 자가 생각할 수 있
는 것이더냐, 진실한 마음을 가지고

있는 자가 행할 수 있는 것이던가?
18 제가 수영을 하지 못해 저도 곧 물에
빠져 죽을 자가 당장 남을 구원하겠다
소리 지른다면, 과연 그것이 되겠는가?
19 말이 아니 되며 이것은 가능하지 아니
하며 행할 수 없는 것이니라.
20 오늘의 종교 집단이요, 지도자들이 하
고 있는 형태가 바로 그러한 것이니라.
21 나 여호와가 너희들에게 깨우침을 주
기 위하여 극단적으로 표현하여 전하
나, 모든 종교 집단이요, 지도자들이
그와 같은 짓을 하고 있음을 너희들은
알아야 될 것이니라.
22 앞을 보는 자, 눈이 밝은 자가 너희들
앞을 인도하며, 다른 사람을 안내할
수 있는 것이 아니더냐?
23 제가 앞을 보지 못하면서 남을 인도한
다면 어찌한단 말이더냐?
24 지금의 모든 종교 집단이요, 지도자들
이 제 두 눈은 감겨 있는 자가 눈을 뜨
고 있는 나의 사랑하는 백성들을 인도
한다고 나서는 이와 같은 웃지 못할
짓을 하고 있는 것이니라.
25 거기에 '아멘, 할렐루야, 믿습니다!'
하나님의 뜻이요, 하나님의 말씀이라
며 따르고 가는 그 백성들, 그리고 구
원을 받았다 하는 그 백성들, 그들이
얼마나 불행하고 불쌍한 백성들인 줄
알겠는가?
26 그러니 너희들이 너희 자신이 구원을
받지 못하면 남을 구원할 수 없으며
인도할 수 없으며, 안내자의 역할을
할 수 없다는 것을 나의 아들을 따르
는 백성 너희들은 알아야 될 것이니라.
27 너희들은 나의 법전에 기록하여 이를
가지고 만백성에게 전하라, 그리고 모
든 종교 집단이요, 지도자들에게 그리
전하라.
28 이제는 너희들이 남을 위하여 슬퍼하
는 체하지 말며, 남의 고통을 위하여
같이 슬퍼하는 체하지 말며, 통곡하는
체하지 말며, 괴로워하는 체하지 말라
그리 전하라.
29 그리고 너희들이 이제는 남의 슬픔을
제가 대신 겪는 것 같은 그와 같은 사
기극을 더 이상 벌이지 말라 그리 전
하라.
30 이제 제 슬픔이요, 제 고통부터 제가
바라보는 그와 같은 자로 바로 서지
아니하면 아니 됨이니,
31 이는 바로 너희들의 죄를 보며, 너희
가 살아온 사악함을 보며, 너희 자신
을 들여다보며, 너희 자신부터 먼저
볼 수 있고 씻는 자가 되라 하는 것이
니라.
32 너희가 지금까지 이루어진 모든 행동
이 바로 무엇이더냐?
33 말세의 시대요, 종말의 시대요, 도둑
이 들끓는 세상으로 만들어 놓은 이것
에서부터 너희들이 내가 원하는 세상
으로 돌려놓는 그와 같은 마음 자세와
그 책무를 다하지 아니하면 아니 됨을
너희들은 알라.
34 이제 나의 아들을 따르는 제자 너희들
은 들으라.
35 어떠한 종교 집단이요, 지도자가 무엇
을 말하며 무엇이라 말하고 어찌 가르
치든, 너희들은 바로 너희들부터 바로
서고 거듭나는 그 삶을 위하여 최선의
노력을 다하라.

36 그리하여 너희들이 거듭났을 때만이
다른 백성을 구할 수 있는 것이 지도
자의 자세요, 덕목이라는 걸 절대 잊
지 말라.
37 수영하지 못하는 자가 물에 빠져 허덕
이면서 다른 사람을 구한다고 소리 지
른다면, 그를 믿는 자 어찌 되겠는가?
38 다 죽음의 길로 가는 것이 너희들이라
는 걸 잊지 말라.
39 그와 같이 수영도 못 하는 자의 말을
듣지 말며, 너희 스스로 살고자 노력
하며, 너희가 그 속에서 삶의 길을 찾
는다면, 나 여호와가 너희들에게 삶의
길을 열어 줄 것이니라.
40 저 자신도 수영하지 못하는 자가 남을
구한다는 말만 듣고 있다면, 결국 그
물에 빠져 죽음의 길에서 헤어나지 못
하는 것이 너희들의 운명이라 함을 전
하라.

9,790 번째 하나님 말씀

2004년 3월 2일 07시 01분

1 사랑하는 나의 아들아!
2 **"네, 아버님! 말씀하옵소서."**
3 사랑의 실천이란 무엇이더냐?
4 '나'는 존재하지 아니하며 '나'를 버리
는 그와 같은 삶을 살아갈 수 있는 백
성이 사랑을 실천하는 것이니라.
5 그러니 '나'만이 존재하는 것이요,
'나'만을 위하여 사는 것은 결코 사랑
이 아니지 않더냐?
6 그러니 '나'를 버리고 '나'를 지우는 것
을 위하여 살아가는 것이 사랑이라는
것이며, 나에게 오를 수 있는 길이라
하지 않느냐?
7 또한 사랑은 무엇이더냐?
8 어렵고 힘든 자와 더불어 같이 갈 수
있는 것, 그 짐을 나누어 지고 갈 수
있는 그것이 바로 사랑이지 않더냐?
9 5리를 가자 할 때 너희들이 10리를 같
이 갈 수 있는 그것은 무엇이더냐?
10 그저 걸어감이 아니요, 그의 고통을
같이 나누어 지고 감이 거기에 있음이
니라.
11 5리를 가자 하면 10리를 가는 것이 그
저 같이 걸어가고 따라가면 되는 것이
아니라, 나 여호와가 너희들에게 명하
고 가르치는 것은 무엇이더냐?
12 5리를 가자 할 때 너희들이 10리를 같
이 가며 그 짐을 나누어 지고 10리까
지 같이 들고 가 주는 것,
13 고통스럽고 괴로운 것을 같이 나누어
지며 같이 가고자 하는 것이 사랑이
요, 내가 성서에 기록한 그 뜻이니,
14 너희들은 글로 읽으며 글만을 가지고
해석하고 깨우치기 때문에 절대 나 여
호와의 뜻을 모르는 것이니라.
15 그러니 너희들이 사랑을 행하고 살며
사랑을 실천하라는 것은 무엇이더냐?
16 그저 조금 나누어 주고 조금 베풀어
주고 사는 것이 사랑이라 너희들이 그
리 생각하는가?
17 재물보다도 더 고통스럽고 힘든 것은
그가 겪고 있는 고통이요, 헤어날 수
없는 그 슬픔이니라.
18 그와 같은 것을 나누며 그와 같이 손
을 잡고 갈 수 있는 것, 그것이 진정한
사랑이라는 것을 알라.
19 이제는 어떠한 종파의 어떠한 백성들

이요, 믿음의 길을 가는 자들이요, 그들이 무어라 말하든,

20 너희들은 그와 같이 나누어 지며 같이 고통을 나누고 가는 그와 같은 마음으로 살아가라.

21 그것이 진정한 사랑이요, 나 여호와의 뜻이라는 것을 알라.

22 너희가 말하기를, 지금 무어라 가르치는 줄 알겠느냐?

23 그 위대한 사랑이요, 겸손이라는 것을, 사랑이란 절대 생명을 구할 수 있는 그와 같은 역사의 힘은 없다 너희들이 그리 말하며, 생명은 구할 수 없다 말하느니라.

24 다만, 사랑이라는 것은 희망을 줄 수 있으며, 어려울 때 용기를 줄 수 있는 것이며, 그리고 자신과 이웃이요, 또 나아가서는 세상을 변화시킬 수 있는 그와 같은 위대한 역사를 할 수 있는 것이 사랑이나,

25 결코 사랑은 새 생명으로서 거듭나며 구원을 할 수 없는 것이라 그리 말하느니라.

26 그러나 너희들이 육의 생명이 거듭남만이 거듭나는 것이 아니니라.

27 그러니라.

28 사랑이라는 것이 얼마나 위대한 것인줄 알겠느냐?

29 너희들이 사랑은 거듭나거나 생명을 구할 수 없는 것이요, 인간 세상에 희망과 용기를 주는 것이라 말하나,

30 정녕 진정한 사랑이야말로 너희들이 죽음에서 생명을 구원하는 것이며, 거듭나는 역사를 얻는 위대한 힘이요, 기본이요, 근본이 사랑이라는 것을 알라 그리 전하라, 사랑하는 나의 아들아!

31 그러기에 내가 너희들에게 무어라 말하였느냐?

32 진정한 사랑을 실천하는 것은 주고받는 데 거래함이 없으며, 주고받는 데 무엇을 취하고 잃는 것을 생각하지 아니하는 것이라 하지 아니하였느냐?

33 베푸는 사랑이야말로 진정 위대한 사랑이요, 계산이 없는 것이야말로 진정한 사랑이라는 것을 나의 아들을 따르는 제자들과 나의 백성 너희들은 실천하고 행하도록 그리하라.

34 누가 사랑이 새 생명을 거듭나게 하지 못하며 구원하지 못하는 길이라 하더라도 너희들은 그들의 말에 현혹되지 말며, 나의 아들을 통하여 내리는 이 강론의 뜻을 따라 행하도록 하라.

35 사랑은 너희들이 죽음에서 구원의 길이요, 거듭나는 역사요, 영원히 사는 나의 세상에 올 수 있는 기본이요, 근본이기에,

36 너희들이 거듭나는 생명을 구원하는 것은 사랑이라는 것을 잊지 말라.

37 그러나 너희들이 그 사랑을 주고받음에 있어서 거래하지 아니하며 이해관계를 따지지 않는 사랑을 베풀어야 된다는 것을 명심하도록 하라.

38 사랑하는 나의 아들딸들아! 사랑보다 위대한 것이 없음을 알라.

9,791 번째 하나님 말씀

2004년 3월 2일 07시 08분

1 사랑하는 나의 아들아!

2 "네, 아버님! 말씀하옵소서."
3 수천 년 동안 믿음의 길을 온 그 백성
들에게 가장 중요한 것이 무엇이더냐?
4 너희들이 깨우치는 것이요, 회개하며
거듭남이라 함이 아니더냐?
5 그러니 가장 중요한 죄의 회개라는 것
이 무엇이더냐?
6 너희들은 말로써 그저 울고불고 그 모
두를 회개했으며 그 모두가 변화되었
다 했음이니라.
7 나 여호와는 너희들에게 가르치기를,
회개하라는 것은 너희들이 한 번 나에
게 깨우친 언약을 했다 하면, 두 번 다
시 그를 행하지 않는 것이 회개라 하
지 아니하였더냐?
8 그 뜻을 너희들이 과연 지키고 행하는
가?
9 그렇지도 아니함이니라.
10 그리고 너희들은 회개라는 것을 너무
나 잘못 가고 잘못 가르치기에, 나의
피조물 만백성이 회개한 자 없으며,
깨달은 자가 없는 이와 같은 세상이
되었음이니라.
11 이제 사랑하는 나의 아들을 따르는 제
자들이요, 그리고 나의 법전을 읽고
깨우친 만백성 너희들은 들어야 될 것
이니라.
12 회개라는 것이 무엇이더냐?
13 너희들이 잘못된 죄 그 모두를 토해
내는 것이며, 그 모두를 다 벗어 버리
는 것이며, 그 열 배 이상의 아름다운
삶을 살아가는 것, 그 모두를 다 내놓
는 것이니라.
14 너희들이 도둑질하고 강도질하여 쌓
아 놓고 모아 놓은 네 창고에 있는 것
을 하나도 내놓지 아니하며 나눠 주지
아니하면서,
15 너희들이 도둑질한 것을 회개하며, 강
도질한 것을 회개하며, 부정으로써 너
희들이 모은 그 재산을 모두를 내놓지
도 아니하며,
16 그것을 쌓아 놓는 상태에서 마음으로
울고불고 회개하며 용서를 빈다 하면,
과연 그것이 용서가 되며 회개가 될
수 있더냐?
17 그러니 너희들은 모두를 다 벗어나야
되며 모두를 다 놓아야 될 것이니라.
18 너희들이 남의 사과를 하나 훔쳐 그
죄를 빌고 회개한다면 열 개를 바치라
하였거늘,
19 너희들은 훔쳐 온 그 사과 하나도 소
중하고 귀하기에 내놓지 아니하며 네
창고에 감춰 놓고 너희들이 회개하고
눈물의 기도를 한들 무엇하겠느냐?
20 2천 년 동안 믿음이요, 수천 년 동안
흘러온 종교 집단이요, 지도자 너희들
의 회개가 그와 같은 것으로 하였음이
니라
21 죄지은 것을 갚지 아니하고 너희들이
어찌 용서를 빌며 회개했다 하느냐?
22 죄지은 것을 다 갚고 그 주인에게 용
서를 받는 것이 회개라 하였거늘,
23 너희들은 하나도 내놓지 아니하며 하
나도 변화되지 아니하고, 말로써만 회
개하는 것이니라.
24 그러니 너희들이 말로써 회개한들 무
엇하며, 내가 그를 들을 수 있으며 듣
는다고 너희들이 말하는가?
25 그러니 그 모두는 나와 관계없는 것이
니라.

26 회개라는 것은 지은 죄의 대가를 치르
고 그와 같은 죄를 반복하지 아니하
는 것이 회개라 하였음이니,
27 죄의 대가를 치르지도 아니하고 말로
써 회개한다고 하여 회개가 되었다는
너희들의 그 믿음이야말로 다 부질없
는 믿음이요, 말장난의 믿음이요, 너
희들이 나의 백성을 지옥으로 이끌어
가는 근본이니,
28 그와 같이 너희들이 회개한 것을 가
지고 나에게 옴이니, 그 무게가 어떠
한 것인 줄 알겠느냐?
29 너희들은 들 수도 없는 것이며 너희들
의 힘으로는 감당치 못하는 그와 같은
무거운 죄의 짐을 너희들이 지금 지고
옴을 알라.
30 이제 사랑하는 나의 아들딸들아!
31 너희들이 정녕 회개하려거든 너희들
이 모든 지은 죄를 다 내놓아야 될 것
이니라.
32 너희들이 도둑질하고 회개한다는 것,
너희들이 간음을 하고 회개한다는 것,
너희들이 나쁜 짓을 하고 회개한다는
것, 남의 것을 너희들이 감춰 놓고 회
개한다는 것, 그 쌓아 놓고서 회개하
는 것, 감추어 놓고서 반성하는 것, 이
것은 회개도 아니요, 지은 죄를 용서
받았던 것도 아니요, 아무것도 아니라
는 것을 알라.
33 모두를 너희들이 다 내놓고 빌고 용서
하는 것, 그리했을 때 너희들이 회개
요, 나에게 올 수 있는 길이라는 것을
잊지 말라.
34 그 모든 깨달음을 알라.
35 너희들이 사악하게 번 그 재물이요,
금화와 은화와 갈취한 것을 쌓아 놓고
아무리 회개하고 용서한들 아니 됨이
니라.
36 종교 지도자는 너희 이름으로 재물이
요, 모두를 해 놓지 말라 하였거늘,
37 너희들의 창고에 그득히 쌓아 놓고 너
희들이 회개한다, 죄지음을 용서 빈다
울고불고해도 그것은 허황된 것이며,
부질없는 말장난에 불과하다는 것을
잊지 말라, 나의 사랑하는 아들딸들아!

9,792 번째 하나님 말씀

2004년 3월 2일 07시 10분

1 사랑하는 나의 아들아!
2 **"네, 아버님! 말씀하옵소서."**
3 모든 종교 집단이요, 지도자 저희들이
가르치며 가르치는 그 욕심의 한계가
무엇인 줄 알겠느냐?
4 너희들이 인간의 한계를 넘어 하늘에
까지 도달하는 사악한 짓을 하고 있느
니라.
5 너희는 인간 세상에서 살아가면서 칭
찬을 받는 것, 그리고 욕을 먹는 것,
아름다운 일을 하는 것, 악한 일을 하
는 것, 그와 같은 것은 다 관심도 두지
말며 생각하지도 말라,
6 그와 같은 것은 관심에서 지워 버리
라, 모두를 다 지워 버리고 너희들은
나 여호와를 기쁘게 하며 나의 칭찬을
받는 일만을 하라,
7 그리고 모두를 바쳐 최선을 다하여 그
와 같이 살아가는 것이 나에게 오르는
길이요, 구원의 길이라 그리 가르치는
것이니,

8 이것이 나의 뜻을 거역하는 것이요,
내 뜻을 거역하는 행위만을 하며, 너
희들이 나로부터 멀어지는 그와 같은
길을 달려가는 백성으로 만들어 놨다
하지 않더냐?
9 그러니 너희들은 알아야 될 것이니라.
10 나 여호와가 성서에 기록하여 너희들
에게 전한 그 뜻을 알겠느냐?
11 네 이웃을 사랑하는 것, 그것이 나를
사랑함이요, 네 이웃을 사랑하는 것이
곧 나를 사랑하는 것과 똑같은 의미
요, 똑같은 뜻이라는 가르침을 너희들
은 알겠느냐?
12 그러니 너희들이 이 세상에서 칭찬을
받으며 욕을 먹으며 선한 자요, 악한
자라 말을 듣는 것, 그것으로써 너희
들의 모두가 심판을 받으며, 나에게
와서도 그 심판의 결과에 따라서 너희
들에게 그 상과 벌이 내려진다 하지
아니하였더냐?
13 그러니 이와 같이 가르친 뜻을 너희들
이 명심하고 또 명심하도록 그리하라.
14 그리고 나의 법전에 기록하여 전한 뜻
을 너희들이 같이 다시 한 번 음미해
야 될 것이니라.
15 모든 것을 너희들이 불리한 쪽으로 생
각하는 것이 나를 기쁘게 하며, 나에
게도 칭찬을 받는 일이요, 나에게 최
선을 다하는 길이라 하는 것을 너희들
은 절대 잊지 말고, 나의 아들을 따르
는 제자 너희들은 그리 행하고 또 행
하도록 하라.
16 이것이 너무 중하고 귀하여 내가 너희
들에게 다시 한 번 반복하여 나의 법
전에 기록함이니, 만백성에게 전하도
록 그리하라.

9,793 번째 하나님 말씀

2004년 3월 2일 11시 38분

1 사랑하는 나의 아들아!
2 "네, 아버님! 말씀하옵소서."
3 작은 미물에서부터 그 모든 동식물에
이르기까지 내가 그들에게 내려 준 그
삶이요, 그 규범을 어기지 아니하며
그를 지키고 지탱해 가지 않느냐?
4 보이지 않는 속에서 살아가는 그들 모
두가 다 나로부터 받은 그와 같은 은
혜요, 내가 명한 대로 그 길을 지키고
살아가는 것이 이 세상의 이치이니라.
5 그들로 하여금 모두가 존재하며 모두
가 역사하거늘, 내가 가장 높은 지혜
로써 가장 아름답게 만들었으며, 이
세상을 통제하라 한 너희들이 어찌하
여 그와 같은 것을 파괴하는 것이며,
그를 지키지 아니하고 살아간단 말이
더냐?
6 나 여호와가 너희들에게 내린 그 모두
를 거역하며 순종하지 아니하는 것이
가장 사랑하는 나의 아들딸이요, 가장
귀하게 역사한 너희들이 그를 행하지
않고 지키지 아니함이니,
7 나 여호와의 마음이 과연 어떠하겠는
지 너희들이 생각해 보았느냐?
8 그러니 이제 나의 피조물 만백성 너희
들은 다시 생각해야 될 것이며, 다시
깨우침의 어둠의 그 길을 너희들이 봐
야 될 것이니라.
9 그렇지 아니하면 너희들은 변화될 수
없음이니라.

10 이제 사랑하는 나의 아들딸들아! 부
는 바람이요, 태양이요, 달빛이요, 별
빛 그 모두요, 그리고 자연의 구름 한
점이 흘러가는 것까지 내가 명한 대
로, 내가 역사한 대로 그들은 그리 지
켜 가며 그 범주를 벗어나지 아니하고
살아가지 않더냐?
11 그러나 너희들이 살아가는 그 형태가
무엇이던가?
12 지금 나의 피조물 만백성들, 가장 지
혜롭고 아름답게 만든 너희들은 물속
에 살라 하는 것이 육지로 뛰어올라
와 살겠다 하며, 육지에 있는 것은 물
속에서 살겠다 뛰어들어 가는 그와 같
은 형국이니,
13 모든 너희들이 지켜야 할 규정과 규범
을 깨는 것이 너희들임을 알아야 될
것이니라.
14 그러니 너희들만이 모두를 파괴하는
것이요, 모두를 무너트리는 그와 같은
행위를 하고 있는 것이 나의 백성들이
요, 나의 아들딸이니,
15 이를 보는 나 여호와의 마음이 과연
어떠하겠는가?
16 그러니 이제 나의 아들을 따르는 백성
들이요, 나의 법전을 읽고 깨우친 만
백성 너희들은 나의 법전 속에 너희들
이 살아가는 규범이요, 살아가는 예의
요, 그리고 너희들이 지켜 가야 하는
것, 모두를 상세히 기록하여 전했음이
니,
17 이를 보고 깨우쳐 너희들이 거듭나는
삶을 살라 함이니라.
18 내가 너희들에게 명한 것을 지키는 것
이 이 지구요, 이 세상이 파괴되지 아
니하며 아름답게 존재하는 것이거늘,
19 그 모두를 훼방하며 파괴하는 것이 인
간 너희들이니라.
20 너희들로 하여금 모두가 다 무너지고
파괴되는 이와 같은 세상이 되었음이
니,
21 어찌하여 너희들이 그와 같이 무서운
짓을 함부로 하면서도, 그가 죄가 되
는 것이요, 두렵고 무서움을 모르고
너희들이 그와 같은 행위를 하는가?
22 이제 모든 백성 너희들은 들어야 될
것이니라.
23 너희들은 나의 법전을 읽고 깨우쳐 인
간의 도리요, 인간의 법도요, 내가 명
한 그와 같은 것을 벗어나지 아니하고
살아야 될 것이니라.
24 그리하여 내가 너희들에게 십계명이
라는 걸 내려서 지키고 살도록 하였으
나,
25 그를 지키고 행하지 아니하여 내가 모
두를 풀어 상세히 너희들에게 수천수
만 가지를 내려보내니,
26 너희들이 읽고 깨우쳐 인간 본연의 자
세로써 너희들이 나에게 명받은 그 한
계를 초월하여 넘지 않는 삶을 살도록
하며,
27 너희들이 겸손하며 그와 같은 아름다
운 마음 자세로 살아가도록 그리하지
아니하면 아니 됨을 너희들은 알아야
될 것이니라.

9,794 번째 하나님 말씀

2004년 3월 2일 11시 45분

1 사랑하는 나의 아들아!

2 "네, 아버님! 말씀하옵소서."
3 나의 백성 너희들이 이 세상에 태어남
이니, 너희들이 태어났다 결국은 너희
가 죽음을 끝으로 그 모두를 다 마감
하며 모두를 다 그것으로써 마치는 것
이 아니더냐?
4 그것이 나의 백성들이요, 벗어날 수
없는 너희들의 한계이니라.
5 그러니 너희들이 병들고 죽는 그 원인
은 또한 무엇인가 생각해 보았는가?
6 너희가 죄를 짓지 아니하며 죄 없는
백성으로 살아간다면, 생로병사의 죽
고 사는 그와 같은 것을 치르지 아니
하며 거치지 아니하고 살 수 있는 것
이 너희들이니라.
7 너희는 이를 믿지 아니할 것이나, 아
담과 하와가 죄를 짓지 아니하였다면,
그들은 영원히 내가 내려 준 낙원의
세상에서 존재하는 삶을 살았을 것이
며,
8 그 후손이 그리 살며 나의 뜻을 지켰
다면 지금은 낙원이 되었으며 낙원의
삶이 이루어지지 아니했겠느냐?
9 그러니 죄를 짓지 아니하고 죄가 없는
자는 천년만년 천수를 누리며 오래오
래 살 수 있는 것이 너희들의 삶이거
늘,
10 너희들이 죄요, 사악한 그 마음으로
인하여 이와 같은 삶을 살지 못한다는
것을 너희들은 알겠느냐?
11 그러니 너희들이 병들어 죽고 사는 그
모두는 너희들이 죄를 벗어나지 못한
백성이기 때문이니 그리 알라.
12 그러니 지금 나의 아들을 따르는 백
성, 너희들은 들어야 될 것이며, 그 제
자들도 또한 세상 이치를 알아야 될
것이니라.
13 지금 믿음의 길을 가는 그 백성들이
뭐라 말하느냐?
14 저희들은 죄가 없으며 저희는 깨끗이
표백된 자들이라 그리하니라.
15 사랑하는 나의 아들 예수가 세상에 나
가 피 흘려 죽음으로써 저희들의 죄를
대속해 주었으니, 저희는 결코 죄가
없는 자요,
16 그리고 제가 죽을 때까지 어떠한 일을
하든 저는 죄가 없으며, 그 후손에게
까지도 죄가 없는 백성이요, 다 용서
를 받는 백성이라 너희들이 그리 말하
지 않느냐?
17 그러니 너희들 말대로 나의 아들 예수
의 피로써 나의 아들 예수가 대속하여
너희들의 죄를 용서해 주어서 너희들
이 죄가 없으며 아담과 하와 같은 자
가 아니더냐?
18 그리고 너희 후손들까지 죄가 없으며
용서받은 자라는 그와 같은 백성이 아
니더냐?
19 그런 너희들이 어찌하여 지금 죽지 아
니하고 살지 못하며, 병들고 죽어 가
는 그와 같은 세월을 보내며, 너희들
의 한계를 초월하지 못하고 산단 말이
더냐?
20 너희들이 죄가 없는 백성이라면 어찌
하여 너희들이 영원히 존재하지 못하
며, 백 년도 살지 못하는 그와 같은 삶
에서 너희들이 그 모든 생을 마치고
살아가는가?
21 그러니 너희들이 죄가 없는 백성이요,
세척된 백성이요, 표백된 백성이라는

그와 같은 말을 하지 말라.
22 내가 나의 아들을 통하여 너희들에게
내려보내는 이 뜻을 알겠는가?
23 너희들이 정녕 죄가 없으며 너희들의
죄가 다 씻어졌으며 깨끗한 백성이라
그리 말한다면, 아담과 하와와 똑같은
자가 아니더냐?
24 그러니 아담과 하와는 그 세상에서 그
리 천국의 지상에 나와서 살았음이니,
바로 너희들이 그와 같은 삶을 살아야
될 것이 아니던가?
25 그러니 너희들이 얼마나 어리석은 자
요, 너희들이 하나의 이치도 모르고,
그저 종교 집단이요, 지도자들이 갖다
말장난을 하는 것에 너희들의 인생을,
너희들의 삶을 거듭나는 그 모든 영
광을 잃지 않도록 그리하라.
26 너희들이 지금 백 년도 살지 못하고
죽으니 너희가 죄 없는 백성이라 말할
수 있는가?
27 죄로써 너희들 모두가 다 만들어진
백성이요, 지금 너희들이 역사한 백성
들이니라.
28 내가 아름답게 만든 그 근본은 찾을
수가 없으며, 죄로써 거듭난 자요, 죄
로써 너희들이 거듭난 자니라.
29 그리하여 너희들이 천사와 같이 거듭
나는 그와 같은 삶을 살라 내가 그리
말하니라.
30 그러니 나의 아들이 나의 법전에 기록
하여 너희들에게 전하면, 종교 집단이
요, 지도자들이 그리 말할 것이니라.
31 너희들이 이와 같은 깨달음이요, 이와
같은 이치 앞에 부끄러움을 모르며,
죄 씻음을 받았다 말하는 너희들이 얼
마나 잘못된 것이며,
32 잘못 가르치고 잘못 아는 그와 같은
너희들의 그 교육 방법에 의하여 나의
사랑하는 피조물 만백성들이 지옥 불
로 간다는 것, 그 두렵고 무서움을 너
희들은 반성하고 회개하여 너희들이
바로잡고자 하는 것이 아니니라.
33 너희들이 육은 죽어서 썩어져 가나,
영원히 죽지 않는 그것이 너희들의 영
혼이 죄를 사하며 죄를 받지 않고 사
는 것이 너희들이 지금 영원히 사는
것이요, 너희들이 그와 같이 사는 자
들이라.
34 그러니 육은 썩어 가도 너희들의 영혼
은 죄를 받지 아니함이니, 천사가 되
어 너희들이 나에게 오를 수 있으며
너희들의 영혼의 죄를 씻어간 것이 나
의 아들 예수라 너희들이 그리 말하느
니라.
35 그러나 너희들은 알아야 될 것이니라.
36 아담과 하와가 과연 육이 있어서 그와
같은 낙원에 살았는가, 육이 없어서
그들이 살았는가?
37 그들은 육이 있는 상태에서 그와 같이
살 수 있는 곳에서 죄를 지었음이니라.
38 그들이 죄를 짓지 아니하였으면, 지금
까지 그대로 존속되었으며 그와 같은
역사가 흘렀을 것이니, 너희들이 이것
을 과연 무어라 변명하며 무어라 대답
하겠는가?
39 그래도 너희들은 이유를 달 것이며 변
명을 달 것이니라.
40 너희들이 육의 세상에 사는 것은 그와
관계없는 것이며, 영원히 죽지 아니하
고 거듭나기 때문에 육이 죽는 것은

별것 아니다 그리 또 둘러 붙일 것이
니라.
41 그러나 너희들은 알라.
42 너희들은 정녕 죄를 사함 받으며 너희
들이 깨끗이 표백된 자요, 죄 없는 백
성이라 하지 말라.
43 죄 없는 백성이 됐다면, 육이요, 그 모
두가 영원히 천 수 만 수를 누릴 수 있
는 것이 너희들이거늘,
44 그리 못한다면 너희들은 죄에서 거듭
난 자요, 천사와 같이 나의 백성으로
거듭난 백성이 아님을 너희들은 알아
야 될 것이니 그리 알라.
45 이 어리석은 이치도 모르고 흘러가는
것이 오늘의 지도자요, 가르치는 자
요, 그 밑에서 배우는 자들이요,
46 그저 울고불고 재물을 바치면 너희들
이 구원을 받는다 하나, 그 재물은 나
에게 백사장의 모래만도 못한 것이며,
나와는 아무런 관계도 없는 것이라 내
가 명한 그 뜻을 너희들은 알아야 될
것이니라.

9,795 번째 하나님 말씀

2004년 3월 2일 11시 52분

1 사랑하는 나의 아들아!
2 "네, 아버님! 말씀하옵소서."
3 수천 년 동안 믿어 온 그 믿음이요, 그
종교 집단의 백성들이 나를 믿으며 나
의 아들 예수를 찾으며 그를 믿기만
하면 무엇이든지 구원을 받으며,
4 예수가 너희들이 지은 죄를 다 거둬들
이며, 그리고 그 죄를 가지고 예수가
심판을 받았으니, 너희들은 아무런 죄
가 없다 그리하느니라.
5 심판을 받고 행한 대로 너희들은 오로
지 상급이 있을 뿐이라 그리 말하느니
라.
6 나의 아들 예수가 모든 죄를 대신 짊
어지고 갔으니, 너희들이 벌이라는 심
판은 없고 오로지 상급만을 받는 심판
이 남아 있다 그리 말하는 것이 아니
더냐?
7 그 이치가 너희들이 무엇이라 하더냐?
8 상과 벌을 받는 자는 벌이 있고 상이
있음이니라.
9 그러니 너희들이 옳고 그름을 따지는
것은 반드시 옳은 것과 그른 것이 있
어서 그 모두가 비쳐지니라.
10 그러나 너희들이 지은 죄는 모두 나의
아들 예수가 대신 짊어지고 나로부터
심판을 받아 그 죄를 다 갚았음이니,
11 너희들은 죄는 없고 오로지 아름답게
행한 것, 그리고 너희들이 베푼 것이
요, 아름답게 산 것, 그리고 너희들이
선행을 베푼 것, 그것만이 나에게 와
심판을 받는다 함이니, 너희들이 얼마
나 웃지 못할 현실이던가?
12 너희들이 잘한 것만을 나에게 와서 심
판을 받으며, 그리고 잘못한 것은 심
판을 받지 아니하며 예수가 미리 받았
다 하니,
13 너희들이 잘한 것만 나와 있다면, 나
에게 와서 무엇을 심판을 받겠느냐?
14 그리고 더욱이 너희들이 말하기를, 너
희들은 그 잘한 것만을 가지고 나에게
와서 심판을 받으니,
15 너희들은 상급을 받는 일과 축복을 받
는 일이요, 천국에 와서 너희들이 누

릴 수 있는 그것만이 남아 있다 그리
가르치는 어리석은 자들이 아니더냐?
16 이를 보고 '맞소, 옳습니다.' 울고불고
하는 것이 그 심판을 받았다는데 눈이
어두운 백성들이 하고 있는 짓이니라.
17 나의 아들 예수처럼 다시 너희들은 죽
지도 않고 썩지도 않고 고통도 없고
슬픔도 없는, 그리고 왕과 같은 대우
를 받을 수 있는 세상으로 오는 것만
남았다 그리 말하느니라.
18 너희들이 살아오면서 지은 그 사악한
죄의 대가는 나의 아들 예수가 다 짊
어지고 갚았으니,
19 너희들에게는 그저 착한 일 한 것만이
남아 있으니, 너희들이 천국에 오는
것은 너희들이 맘대로 오니 당연한
것이니라.
20 그러나 너희들은 알라.
21 심판이라는 것이 무엇이더냐?
22 옳고 그름을 가리는 것이니, 너희들이
옳은 것이 있으면 잘못한 것도 있어
시시비비를 가리는 것이 아니더냐?
23 나의 아들 예수가 너희들이 죄지은 것
이요, 악행한 것을 다 짊어지고 미리
너희 대신에 너희 말대로 모두를 다
받았으면 되겠으나, 그는 그와 같은
심판을 받은 적이 없음이니,
24 그는 곧 심판자인 나 여호와가 그를
가지고 너희들을 심판한 적이 없음이
니라.
25 다만, 너희들이 지은 죄는 너희들이
가지고 있음이니, 악한 마음을 버리고
선하게 살 때, 그 죄지음은 그저 한 곳
에 밀려 있다가 너희들이 나에게 와
죄의 무게를 달아서 그 어떠한 결과에
따라서 너희들이 그 체벌을 받는다는
것을 나의 법전에 기록하여 전했음을
알라.
26 이와 같이 믿고 바로 살아가고자 하는
백성은 죄가 무서운 줄 알며, 천국과
지옥이 엇갈릴 때 지옥이 얼마나 무섭
고 두려운 것을 아니, 오늘의 생활을
바로 살아가자고 깨달음을 얻을 수 있
는 백성에게 내가 지혜를 준다 함이니
라.
27 그러니 지금의 모든 백성들은 악하고
모질게 하며, 남을 시기하고 질투하
며, 살인한 것까지도 나의 아들 예수
가 모두를 다 용서했으며, 도둑질하고
간음하고 강도질한 것, 그 모두도 다
용서했으니,
28 너희들은 오로지 그 아름답게 산 작은
그것만으로써 상을 받는 것이니, 너희
들이 상 받는 것이 얼마나 크고 작은
것만이 남았다 가르치는 것이 너희들
이니,
29 천국에 오지 못할 자가 없으며, 그 말
에 현혹된 백성들이 죽기 아니면 살기
로 그 길을 달려가는 어리석은 백성들
이니라.
30 왕보다 더한 대우를 받는 것이 무조건
너희들이라 그리 말함이니, 죄지은 것
은 그저 그물에 작은 고기가 빠져나가
듯이, 다 나가고 큰 고기가 걸려 있듯
이,
31 아름다운 너희들 그것만이 남아 상급
을 받을 것만 남았으니, 남아 있는 것
만큼 큰 상급을 받는다 생각하며,
32 왕과 같은 자리에 너희들이 존재한다
는 그 허황된 꿈속에서 깨어나지 못하

고 너희들이 과연 나를 볼 수 있다 생
각하느냐?
33 더군다나 너희들은 나와 예수를 믿지
않는 자는 벌을 받을 것이며 지옥으로
간다 그리하느니라.
34 너희가 행한 대로 심판을 받는다는 것
을 너희들이 그리 말하면서, 어찌하여
너희들이 죄지은 행위는 나의 아들 예
수가 대신하여 모두를 거둬갔으며 너
희들이 선한 것만 남았다 그리 말하
느냐?
35 너희들이 성서에 기록하여 또한 종교
지도자가 그리 가르치며 너희들도 그
리 알고 있지 않은가?
36 너희가 행한 대로 심판을 받는다 너희
들이 지금 말하는 것이 무엇이더냐?
37 심판을 너희들이 행한 대로 받는 것을
너희들이 그리 가르치고 말하면서, 너
희들은 착하고 선한 일을 한 것만을
행한 대로 받으며, 악하고 추한 죄는
행함이 아니요,
38 그 모두는 다른 자가 행하며 너희들과
관계없으며, 나의 아들 예수가 모든
죄악을 긁어 보따리 싸서 네 것을 짊
어지고 죽음으로써 다 처리했으니, 너
희에게는 아무것도 없나,
39 그러니 너희들이 아름답게 산 것만이
행한 대로 심판을 받는다 그리 가르치
는 어리석은 자들, 너희들은 알라.
40 너희들이 죄지은 것은 하나도 떠나는
것이 없으며 그대로 너희들이 그 죄를
받게 된다는 것을 알라.
41 어리석은 백성들아!
42 예수가 대신 모두를 대속하여 지고 갔
으니, 너희들은 상급 받는 일만 남아
있으며, 상급 받는 행동만이 남아 나
에게 심판을 받는다 그리 생각하여,
43 내 문에 들어오면 너희들이 얼마나 큰
사랑을 받느냐에 너희들이 지금 가고
있는 그 믿음을, 이 세상의 모든 짐승
들도 웃음을 참지 못하는 것이요,
44 그들이 너희들 보기를 얼마나 가련하
고 불쌍한 생각으로 보는지 너희들은
생각이나 해 봤느냐?
45 지나가는 날짐승이요, 그저 지나가는
짐승들도 너희들이 하는 모습을 보고
웃음을 참지 못하는 것이 오늘의 믿음
이요, 너희들의 신앙생활이라는 것을
알라.
46 너희들은 상을 행동대로 받는다며 죄
의 행동에 대한 것은 다 삭제되며, 선
하고 아름다운 것만을 행동하는 것이
그 상을 받으며 구원의 길만 남았다는
그 어리석음에서 깨어나지 못한다면,
너희들은 어떠한 대가를 치르는 것인
가를 알 날이 머지않았으니 그리 알라.

9,796 번째 하나님 말씀

2004년 3월 2일 11시 59분

1 사랑하는 나의 아들아!
2 "네, 아버님! 말씀하옵소서."
3 믿음의 길을 가는 자는 어떠한 악행
을 했다 해도 너희들이 죽어도 죽는
것이 아니라 그리 말하느니라.
4 나 여호와를 찾으며 예수를 부르짖는
그 백성은 아무리 악한 행위를 하더라
도 다 용서를 받음이니, 그들은 죽어
도 죽는 것이 아니라 잠깐 잠이 와 자
는 것이라 그리 가르치고 전하느니라.

5 믿는 자는 죽어도 잠을 자는 것이요,
믿지 않는 자는 죽으면 영원히 죽는
것이라 너희들이 지금 그리 말하고 그
착각 속에서 헤매고 있지 않으냐?
6 그리하여 나의 아들 예수가 재림하여
너희를 깨우면, 너희는 다시 깨어날
것이며 부활의 역사가 너희들에게 있
다 하며, 그리고 너희들은 그와 같이
거듭나는 역사를 얻는 것이라 그리 말
하느니라.
7 그러면서 지금 불신자요, 믿지 않는
자는 무조건 지옥이며 그들은 절대로
깨움이 없으며 거듭나는 것이요, 깨우
침이 없다 너희들이 그리 말하느니라.
8 그리고 그들은 지옥으로 보내지는 자
들이라 너희들이 그리 말하지 않느냐?
9 그러니 너희들은 천국으로 보내는 자
들을 깨워 다시 하늘나라로 오르는 그
와 같은 역사를 하며, 너희들은 상급
의 심판을 받아 너희들이 구원을 받는
다 하며,
10 그러니 나의 아들 예수가 세상에 다시
내려온다 해도 너희들은 깨워서 천국
으로 보내지는 자들이요,
11 나의 아들딸은 그대로 잠을 자며, 그
리고 믿지 않는 자들은 그저 잠을 자
는 백성이요, 그저 잠을 잔다 너희들
이 그리 말하느니라.
12 그러니 불신자는 잠에서 깨우지를 아
니하며, 믿었다 하는 자들은 깨워서
천국에 불러 상급을 주는 그와 같은
형국이 있다 함이니, 너희들은 여기서
하나 깨우쳐야 될 것이니라.
13 너희들이 잠자는 자를 깨워서 하늘에
올려 너희들이 상급을 주며, 불신자나
믿지 않는 자들은 그 깨움을 받지 못
하며 거듭남을 받지 못한다 함이니,
14 잠자는 자 똑같이 깨워 천국으로 가
나, 죄지은 자는 깨우지 아니하며 다
시 불러내지 아니한다면, 편안히 잠자
는 그들이 너희들보다 더 축복받은 백
성들이 아니더냐?
15 그러니 그들은 잠에서 깨우지 아니하
며, 죽은 자 속에서 깨우지 아니하며,
너희들만이 죽은 자가 잠을 자는 것이
요, 그들은 영원히 죽은 것이라 그리
말함이니,
16 깨우지 아니하고 편히 자는 그들이
더 행복한 자들이 아니더냐?
17 잠자는 너희만 깨워서 천국으로 데려
간다 하며, 너희는 육의 죽음으로 그
모두가 끝나는 것이 아니요, 잠자는
것이요, 잠자는 너희들을 깨워 가며,
불신자는 잠자는 자를 깨우지 아니한
다 너희들이 그리 말함임이니라.
18 그러니 너희들은 알아야 될 것이니라.
19 육은 내가 무어라 말하였느냐?
20 너희들의 육은 영혼의 집이라 그리 말
하였음이니라.
21 영혼의 집이 무너지는 것이 무엇이더
냐?
22 너희들이 죽음인 것이니라.
23 그러니 영혼의 집이 무너졌으며, 영혼
이 기거할 집이 어떻게 되어 있단 말
이더냐?
24 그러면 너희들이 죽어 땅속에 묻혀 썩
어지니, 이 영혼이 땅 속에 묻혀 같이
죽어 간다 하며, 너희들은 무덤 속에
있다 그리 말하느냐?
25 그 무덤 속에 있다가 내가 부를 때 깨

울 때 그 영혼이 살아남이니, 너희들
의 육과 영혼이 거듭난다 그리 생각하
는가?
26 이 불쌍하고 가련한 백성 너희들은 알
아야 될 것이니라.
27 너희들이 죽음으로써 나에게 와 심판
을 받는 그 순간에 너희들의 모든 심
판이 끝나는 것이요, 두 번의 그와 같
은 기회가 너희들에게 없음을 알라.
28 이 어리석은 백성들아! 망상과 자기
환상에서 벗어나라.
29 너희들이 벗어나지 못하기에 너희들
은 지금 사탄의 앞잡이가 되어 지옥
불로 가는 자들이니라.
30 그리고 종교 지도자요, 잘못된 자들에
게 너희들이 치매에 걸려 지금 끌려
가고 있는 것을 너희들은 알라.
31 지금 이 세상에 남의 사랑하는 자식,
아들딸들을 데려다 바보로 만들며 불
구자로 만들어 그들에게 구원을 시키
는 앵벌이라는 그 집단에 그를 다스리
는 사악한 대장보다도, 그를 이끌어
가는 자보다도 더 사악하고 더 악질적
인 자들이 오늘의 종교 집단이요, 지
도자 너희들임을 알라.
32 멀쩡한 백성들을 병신으로 만들며 바
보로 만들어 구원을 시키는, 그리하여
제 배를 채우는 앵벌이 대장이라는 그
사악한 자보다도 더 악한 자요, 잘못
된 자들이 오늘의 종교 집단이요, 지
도자 너희들이라는 것을 알아야 될 것
이니라.

9,797 번째 하나님 말씀

2004년 3월 2일 12시 04분

1 사랑하는 나의 아들아!
2 **"네, 아버님! 말씀하옵소서."**
3 너희들의 기도요, 너희들이 바라는 것
이 무엇이더냐?
4 지금의 너희들 모든 신앙의 가는 길은
너희가 죽어 지금은 땅에 묻히나, 예
수가 재림하면 너희는 생명의 부활을
거두어 다시 태어나며 그때는 나의 아
들이 너희들을 데려갈 것이라 너희들
은 그때를 바라며 그와 같이 역사가
될 것이라 그리 바라고 가는 것이 오
늘의 믿음이며 신앙이 아니더냐?
5 그러나 너희들은 들으라.
6 너희들이 죽어 묻힌 다음에 내가 그때
나의 아들을 통하여 너희들을 모두 불
러간다 그와 같은 생각을 어찌하는가?
7 너희들이 필요하고 능력 있으며 너희
들이 나에게 올 자격이 있는 자는 내
가 직접 데려갈 것이며, 잘못된 자요,
죄지은 자는 내가 버린다 하였거늘,
8 내가 지금 너희들을 데려다 심판하는
이 마당에 너희들이 지옥과 천국으로
엄연히 분리해서 가는 것을,
9 어찌하여 너희들은 지금 내가 심판하
지 아니하며, 너희들이 죽어 썩어져
간다 해도 나의 아들 예수가 재림할
때만 너희들이 심판을 받는다 하니,
그 이유가 과연 무엇이더냐?
10 이것은 종교 집단, 지도자들이 말장난
하는 것이니라.
11 너희들은 나의 아들 예수가 재림하여
그때 와서 믿은 자들은 칭찬 받고 너

희들은 상급을 받고 영원히 사는 세상
이요, 고통이요, 죽고 삶이 없는 그와
같은 세상에 너희들이 오르며,
12 너희들에게 그와 같은 축복을 받을 수
있고 그와 같은 역사를 이루어 주도록
해 달라는 것, 그리고 반드시 너희들
을 그 속에 끼워 달라는 것,
13 그것이 바로 너희들이 지금 평생 동안
기도하며 나의 아들 예수를 찾는 것이
아니더냐?
14 그리고 나를 경배한다고 하는 것이 아
니더냐?
15 그리고 너희들이 기도하는 내용이요,
믿음의 근본이요, 골격이 그것이니라.
16 그러나 너희들은 알라.
17 그와 같이 나의 아들 예수가 재림할
때 너희들은 칭찬 받고 상급 받으며
영원히 사는 세상에 너희들이 살 수
있도록 그 복을 내려 주십사 아무리
빌고 빌고 구원을 하며 그를 해 달라
해도, 나의 아들 예수의 재림은 없으
니 어찌한단 말이더냐?
18 나의 아들 예수가 다시 재림하는 것은
없음을 너희들은 알라.
19 나의 성령이요, 나의 법전이 지금 나
의 아들로서 역사함을 너희들은 알라.
20 나의 성령이 곧 재림인 것이니라.
21 나의 아들의 형태로써 오고 안 오는
것이 문제가 아니요, 예수가 그와 같
은 모습으로써 예수의 그 삶이 오는
것이 아니요, 그가 다시 오고 안 오는
것이 아니요,
22 나의 아들 예수가 이 세상에 온 것도
나의 성령이요, 나의 뜻이요, 너희들
이 말하는 창조주의 말씀을 전하기 위
해서 왔음이니,
23 지금 나의 아들을 통하여 내가 너희들
이 말하는 아버지의 말씀이요, 나의
성령을 다시 전함이니,
24 이것이 바로 말씀의 재림이요, 예수가
육으로써 재림하는 것이 아니라는 것
을 너희들은 깨닫고 알아야 될 것이
니, 나는 너희들에게 언약을 지킴이니
라.
25 나의 성령이요, 나의 뜻을 내려보내는
것이 재림이요, 다시 역사하는 것이니,
26 나는 그를 지키고 있거늘, 너희들이
어찌하여 나의 아들 예수만을 기다리
며, 그가 와서 재림하여 너희들을 칭
찬하며 너희들에게 복 주며 너희들에
게 상급을 주는 그와 같은 것을 이루
어 달라 기도하며, 그 속에 너희들을
끼워 달라는 어리석은 생각을 하고 지
금도 살아가느냐?
27 이것이 너희들의 잘못된 믿음이요, 잘
못된 신앙의 골격이니라.

9,798 번째 하나님 말씀

2004년 3월 2일 12시 08분

1 사랑하는 나의 아들아!
2 "네, 아버님! 말씀하옵소서."
3 너희들의 지금의 가는 그 믿음이요,
너희들이 행하는 것이 얼마나 간교하
며 교활한 방법으로써 나의 피조물 만
백성을 이끌어 가는가?
4 너희들은 안식일이라는 그 너희들 인
간이 만든 그날로 하여금 나의 피조물
만백성에게 얼마나 고통을 주며, 그들
로부터 재물이요, 모두를 다 갈취하

며, 너희들이 그들을 종과 같이 다스
려 이끌어 가는가?
5 그러나 내가 안식일에 대한 뜻을 나의
성경에 기록하여 전한 것을, 이제 나
의 아들을 따르는 제자들이요, 나의
법전을 읽고 깨우친 만백성 너희들은
그를 지키고 행하는 것이 나의 뜻이라
는 것을 알며 만백성에게 전하도록 그
리하라.
6 '안식일에 선행을 하는 것과 악행을
하는 것과, 생명을 구원하는 것과 죽
이는 것 중에 어느 것이 옳으냐' 하는
것을 내가 성서에 기록하여 너희들에
게 묻지 않았는가?
7 그러니 너희들이 말하는 안식일이라
는 그날에 선행을 하는 것이 더 소중
한 것이며, 생명을 구하는 것이 더 소
중한 것이라 내가 이미 그 뜻을 전하
여 주었거늘, 너희들이 과연 지금 어
찌 가느냐?
8 지금의 종교 집단이요, 지도자들이 거
기에 속한 나의 백성들에게 무어라
말하느냐?
9 너희들이 만든 주일이라는 그 쉬는 날
에 하루라도 참석하지 않으면 구원받
지 못하고 지옥 가는 것처럼 말하며,
10 그리고 너희들은 그와 같은 날에 너희
들의 부모요, 형제의 슬픈 일에 서로
돕고 아픈 일에 돕고 위로하고 격려하
며 같이 즐겨야 할 그와 같은 모든 살
아감의 틀을 말살시킨 것이 아니더냐?
11 너희들이 그와 같은 짓을 하는 것은
재물을 거둬들이기 위한 방법이니라.
12 그리하여 너희들이 만든 주일이라는
쉬는 날에 너희 성전에 와 재물을 바
치지 아니하며 너희들에게 울고불고
맹종하지 아니하면, 무조건 너희들은
구원을 받지 못한다 하며,
13 그날에 너희 성전을 빠지는 것이 너
희들이 공포의 삶을 살도록 그리 몰아
가는 것이 아니더냐?
14 그러니 형제의 슬프고 기쁜 애경사의
그 모두에도 너희들이 얼굴을 내밀지
아니하며, 나타나 주지 아니하며, 같
이 슬픔을 나누지 아니하는 것, 그와
같은 것은 죄가 되지 아니하며 그와
같은 것은 관계가 없다 하며,
15 그날을 지키도록 강요하는 것은 너희
들이 재물을 거둬들이기 위한 사기극
의 근본의 각본에서 나왔다는 것을 어
찌하여 나의 사랑하는 백성 너희들이
모른단 말이더냐?
16 나 여호와는 너희들이 서로 돕고 살아
가야 할 인간관계를 역사하며, 그것이
아름다움이요, 기본이라 하였거늘,
17 너희들은 그 기본을 다 무너트려 황폐
하게 만든 자들이 아니더냐?
18 그러니 그와 같이 너희들이 이와 같은
세상을 이끈 것이 바로 무엇인 줄 알
겠느냐?
19 너희들이 성경 속에 있는 그 깊은 뜻
을 알지 못하며 인봉한 그 뜻을 열고
본 자가 없기 때문이라는 것을 알아야
될 것이니라.
20 내가 가르쳐 준 성서의 비유의 뜻을
모르고 가르쳤으며, 제대로 가르치지
못했으며 제대로 배우지 못했기에 오
늘과 같은 황폐한 세상이 되었음을 너
희들은 알아야 될 것이니라.

9,799 번째 하나님 말씀

2004년 3월 2일 12시 14분

1 사랑하는 나의 아들아!
2 **"네, 아버님! 말씀하옵소서."**
3 나의 사랑하는 백성들이요, 선택된 백
성들과 그리고 나의 아들을 따르는 백
성 너희들은 시련과 고통 속에서 계속
연장이요, 연장선상의 그 길을 달려가
는 것이 너희라는 것을 알아야 될 것
이니라.
4 너희들이 그와 같은 속에서 거듭나야
만 되기 때문이니라.
5 그리하여 너희들이 하나를 해결하며
하나를 깨우쳤을 때 더 큰 것을 깨우
쳐야 되며, 더 높은 산의 고비를 넘고
가야 될 것이며,
6 그를 넘었을 때 또한 크고 높은 벽이
너희들을 기다리고 있다는 것을 너희
들은 잊어서는 아니 될 것이니라.
7 그리 넘고 넘는 그 변화의 역사 속에
서 너희들이 나에게 구원을 받을 수
있기 때문이니라.
8 그러니 너희들은 나를 원망할 것이니
라.
9 어찌하여 창조주 아버지께서 너희들
에게 고통만 주며 더 큰 고통을 주며,
하나를 해결하면 더 큰 고통을 주는
것인가, 너희들은 나를 원망할 것이나,
10 그것이 내가 내리는 가장 큰 사랑이
라는 것을 너희들은 알아야 될 것이니
라, 사랑하는 나의 아들딸들아!
11 모든 인류가 질병과 질병에서 허덕이
고 연구하는 것, 너희들을 아담과 하
와에게 주었던 그 시대로 돌아가게 하
기 위하여 내가 역사하는 것임을 이제
나의 아들 너희들은 알아야 될 것이니
라.
12 너희들이 천사와 같은 마음 자세로 돌
아가지 아니한다면, 너희들은 질병과
고통과 모든 싸움에서 더 큰 싸움과,
하나를 넘으면 또 더 큰 싸움을 하지
아니하면 아니 되는 것이 너희들이라
는 것을 알아야 될 것이니라.
13 그리하여 너희들은 모르나, 나 여호와
는 이미 너희들에게 체벌을 시작하고
있으며, 거를 자와 버릴 자를 구분하
는 그와 같은 역사가 지금 시작되었음
을 너희들은 알아야 될 것이니라.
14 모든 오늘의 종교 집단이 진정한 자세
로 그리 살아왔더라면, 그리고 너희들
이 나의 뜻대로 살아왔다면, 오늘의
이와 같은 형국은 일어나지 아니하였
을 것이니라.
15 그러니 내가 그들에게 계속적인 고통
과 시련을 줌은 바로 너희들에게 한
번의 기회를 주고자 하는 것임을 또
한 너희들이 알아야 될 것이니라.
16 너희들이 나의 아들을 믿으며 나의 아
들을 따라가는 것이 구원이라는 안일
한 생각을 하는 백성, 너희들이 지금
이 세상에서 하나의 병을 고치기 위하
여 하나를 연구하여 만들어 냄이니,
17 그러나 또한 더 크고 더 어려운 것을
연구하고 만들어 내지 아니하면 아니
되는 것이 너희들의 오늘의 삶이니라.
18 그러니 내가 너희들에게 그 고통과
시련을 주는 것은, 너희들이 바로 서
게 하기 위하여 체벌을 내리는 것이
며, 이 모두는 결코 중단되지 아니한

다는 것을 너희들은 알아야 될 것이니
라.
19 그러니 너희들이 하나의 죽고 사는 그
속에서 너희들이 치료약인 병의 약을
만들어 냄이니,
20 너희들은 그것으로써 이 세상의 모든
질병을 다스릴 것이라 하나, 너희들이
돌아서서 숨을 쉬기 전에 다음의 질병
을 또 연구해야 되며 또 만들어 내야
되며, 그 고통에서 너희들은 한계를
느끼게 될 것이니라.
21 그리하였을 때 너희들이 나의 법전을
놓고 과연 이 법전대로 사는 것이요,
천사가 되는 것이 너희들을 질병에서
구원하는 것이요,
22 더 높은 질병이요, 더 악한 질병이요,
더 너희들의 생명을 위협하는 것을 만
들고 또 만들고 계속 연구하여 만드는
그와 같은 시련 또한 중단될 것이라는
것을 알라 그리 전하라.

9,800 번째 하나님 말씀

2004년 3월 2일 14시 17분

1 사랑하는 나의 아들아!
2 "네, 아버님! 말씀하옵소서."
3 수천 년 동안 흘러오는 나의 백성들에
게 내가 이 세상에 저희들이 살아갈
수 있는 그 모두를 주었으며, 저희들
이 노력하면 얻을 수 있는 그 모두를
다 주었음이니라.
4 그러니 너희들에게 주어진 직분이요,
너희들이 가지고 있는 장기요, 특기를
잘 다듬고 다스려 온다면,
5 결코 남에게 부끄러운 삶을 살지는 아
니하는 것이 너희들이 나로부터 받아
나간 가장 기본의 위대한 사랑이라는
것을 알아야 될 것이니라.
6 그러니 그 바탕 속에서 너희들이 순리
대로 살아가는 그와 같은 삶을 살았다
면, 뙤약볕에 먹이를 나르는 개미와
같이 그 뜻과 자연의 순리에 따라 살
아가는 그와 같은 지혜만 가졌다 해도,
7 오늘의 너희들이 이와 같이 험악하며
앞뒤가 맞지 않는 그와 같은 세상은
되지 아니하였을 것이니라.
8 저 자신을 모르고 분수를 모르는 백성
들이기에 그들의 마음을 휘어잡은 것
이요,
9 그들의 마음을 이끌어 가며 너희들을
지금 하늘에 오르는 길이 아니요, 죽
음의 길로 인도하는 이와 같은 수많은
수억의 종교 집단이요, 지파가 이렇게
생긴 것임을 너희들은 알아야 될 것이
니라.
10 믿음이요, 하늘에 오르는 길이라는 그
믿음의 길을 가는 모든 백성들이, 진
정한 사랑이 무엇이며 내가 실천하고
원하는 것이 무엇인지를 모르는 자이
며,
11 하늘에 있는 별을 따고자 몸부림치며,
그 별을 따는 것만을 희망으로 가지고
있으며, 별을 따고자 모두를 다 바치
는 그와 같은 삶을 사는 것이 오늘의
종교 집단이요, 믿음의 길을 가는 그
종파에 속해 있는 백성들의 삶이라면
너희들은 알겠느냐?
12 그들은 하늘에 있는 별을 따고자 온갖
것을 다 바치며 그를 따 보려 하나, 결
코 그들은 그를 딸 수 없음이니라.

13 이제 나의 아들을 따르는 제자들이요,
나의 법전을 읽고 깨우친 만백성 너희
들은 하늘에 있는 그 별을 따려 하지
말며, 그 별을 따고자 하는 마음을 가
져서도 아니 될 것이니라.
14 이 지상의 나의 백성들 속에 가장 아
름다운 별이 있음이니, 너희들은 그
별을 바라보며 그 별을 따는 데 너희
들의 모두를 다 바치는 삶을 살도록
그리하라, 사랑하는 나의 아들딸들아!
15 내가 성서에 기록하여 전하기를, 너희
들이 하는 것을 남이 모르도록 베풀고
사랑하는 것이라 하지 아니하였더냐?
16 네 주변에서 어렵고 불쌍한 자들에게
손을 내밀어 희망을 주며 용기를 주며
그들과 너희들이 어려운 짐을 나눠 지
고 가는 그와 같은 삶을 살라.
17 그것이 하늘에 있는 별보다도 더 아름
답고 귀한 별을 따는 것이니,
18 너희들이 간단하게 딸 수 있는 그 별
을 놔두고, 너희들이 평생 몸부림쳐도
딸 수 없고 만질 수도 없는 하늘의 별
을 따고자 몸부림치는 그것이 오늘의
신앙이요, 믿음의 길을 가는 백성들이
라는 것을 너희들은 알아야 될 것이니
라.
19 그러니 너희들은 지상의 별을 따도록
그리하라, 사랑하는 나의 아들딸들아!
20 너희들이 살아가면서 간단히 딸 수 있
는 별이요, 너희들이 역사할 수 있는
그 별을 놔두고,
21 잡지도 못하며 손에 닿지도 못하며 어
떠한 방법으로 따올 수 없는 하늘의
그 별을 따기 위하여 허황된 삶을 살
지 말도록 그리하라.
22 모든 믿음의 길을 가는 백성들이 그와
같은 것에 허덕임이니라.
23 밤하늘의 그 별을 따겠다고 저희들이
뛰고 뛰어 본들 제가 얼마나 버티겠느
냐?
24 그러니 그것이 오늘의 믿음이요, 종교
집단이 가는 형국이니라.
25 사랑하는 나의 아들을 따르는 제자들
이요, 나의 법전을 읽고 깨우친 만백
성 너희들은 하늘 높이 있는 그 별을
따려 하지 말며,
26 너희들의 발아래 있으며 네 눈 아래
있는 그 별을 따도록 그리하라.
27 주변의 어렵고 가난한 자를 돕는 것,
그들을 사랑하는 것,
28 그리고 내가 너희들에게 무어라 말하
였느냐?
29 너희들이 남을 위해서 5리를 가자 하
면 10리를 걸어갈 수 있는 것이 너희
들의 사랑이라 하지 않았더냐?
30 그걸 내가 나의 아들에게 무어라 가르
쳤더냐?
31 "네, 아버님! 그리 말씀하셨사옵나이
다.
32 5리를 가자는 것을 10리를 가라 한 것
이 아니라, 그가 지고 있는 짐을 나눠
지며 같이 지고 가며,
33 그 짐을 제가 더 지고 가는 그와 같은
것이 5리요, 10리를 같이 가는 의미가
있으며, 뜻이 있는 것이며, 보람이 있
는 것이요,
34 그것이 사랑이며, 그것이 아버님의 뜻
이라 그리 전하심을 알고 있사옵나이
다."
35 사랑하는 나의 아들아!

36 그저 걸어가며 같이 길동무가 되는 것
이 아니라, 그의 어려움과 슬픔을 달
래 주며 고통을 덜어 주며, 그와 기쁨
을 같이 나누면서 갈 수 있는 것, 무거
운 짐을 대신 지며 나눠 지고 가는 것,
37 그것이 정녕 5리를 가자는 자에게 10
리를 걸어가 주는 백성과 같다 하지
아니하였더냐?
38 그러니 너희들은 그와 같은 마음이요,
그와 같은 성서의 뜻을 깨우쳐 살라.
39 내가 다시 말하느니, 하늘에 있는 딸
수 없는 그 허황된 별을 따려 하지 말
며, 너희들은 네 발아래 있는 것, 네
눈 아래 있는 아름다운 별을 따도록
그리하라.
40 그 별이 하늘의 별임을 알라, 사랑하
는 나의 아들딸들아!

9,801 번째 하나님 말씀

2004년 3월 2일 14시 22분

1 사랑하는 나의 아들아!
2 "네, 아버님! 말씀하옵소서."
3 지금의 종교 지도자이요, 집단이 진정
한 나의 목자요, 나의 뜻으로써 이끌
어 가는 백성이요, 선생으로서 그리
섰다면,
4 오늘의 이와 같이 험악한 세상은 결코
되지 아니하였을 것이니라.
5 내 뜻이요, 나의 명을 받아 내 뜻에 의
해 살아가는 종교 지도자요, 그들이
정녕 바로 인도했다면,
6 너희들이 오늘처럼 도덕이 파괴되었
으며 인간의 기본이 상실되었으며, 인
류의 삶이, 지상에 사는 나의 백성 너
희들이 오늘처럼 이렇게 무너지고 부
서지고 파괴되지는 아니하였을 것이
니라.
7 바로 가르치지 못하는 종교 집단이요,
알지 못하는 종교 집단 그들이 이끌어
가는 그와 같은 삶이 수천 년 동안 흘
러옴이니, 지금 이와 같은 형국으로써
되었음을 너희들은 알아야 될 것이니
라.
8 오늘의 종교 집단이요, 지도자들이 어
떠한 세상을 만들었느냐?
9 지금 아름다운 마음으로 천사와 같이
하늘에 오르는 그와 같은 백성들을 세
상에 존재하도록 해야 되는 지도자들
이 인간성을 상실하였으며,
10 정녕 너희들의 그 인간성을 상실하여
지금 파멸에 이르기까지 왔으며 인간
으로서 아름다운 세상이라 말할 수 없
는 이 세상을 만든 것이 너희들이 아
니더냐?
11 너희들이 인간으로서 상상할 수도 없
으며 생각할 수도 없으며 생각하기도
싫은 그와 같은 험악한 세상으로 만들
지 않느냐?
12 그 악의 한도가 인간으로서는 생각할
수 있는 한계를 초월했으며, 모두가
다 그와 같은 위험수위를 넘고 넘은
것이 오늘의 세상의 삶이니라.
13 그러니 이와 같이 두렵고 무서운 형태
를 만든 것, 그것이 바로 누구인 줄 알
겠느냐?
14 오늘의 잘못된 지도자들이요, 잘못된
종교 집단이요, 인간을 그와 같은 형
국으로 만들었음을 너희들은 알라.
15 아름다운 천국을 건설하는 것이 나 여

호와의 뜻이요, 하늘에서 이루어진 것
같이 이 땅에서 이루는 것이 나 여호
와의 뜻이나,
16 오늘의 모든 종교 집단이, 나의 아들
딸이라 말하며 나의 뜻에 의하여 역사
한다는 그 백성들이,
17 나 여호와가 지상의 낙원을 이루는 것
을 반대했으며, 이와 같이 험악한 세
상을 만드는 데만 모두를 다 바친 자
들이 아니더냐?
18 지금도 수천 년 동안 흘러온 종교 집
단이요, 지도자들이 바로 서지 못하며
참진리를 가르치지 못하고,
19 일반 세속에 사는 나의 백성들보다도
더 험악하게 황금만능주의로 변한 자
들이 아니더냐?
20 더 바치는 자, 더 갖다 너희들에게 올
려놓는 자, 그와 같은 자들을 위해서
너희들이 기도라는 것을 하며, 그들을
위해서 특별한 기도를 하며,
21 나로 하여금 그들에게 무엇을 내려 주
라는 그와 같은 기도요, 가르침의 믿
음의 길을 가고 있는 것이 너희들이
아니더냐?
22 그러니 나의 사랑하는 백성 그들이 지
금 잘못된 종교 집단이요, 지도자들에
게 끌려감이니, 그들을 누가 구원하며
누가 구제할 수 있다 생각하느냐?
23 사랑하는 나의 아들딸들아!
24 그들을 막고 그들을 바로잡을 것은 너
희들의 아름다운 삶이요, 변화되는 삶
과 나의 법전으로써 그를 다스리는 길
밖에 없으며, 그 누구도 다스릴 수 없
는 지금의 형국에 와 있음이니라.
25 인간으로서는 상상할 수 없는 그와 같
은 너희들의 사악함의 그 초월함이
이루 말할 수 없이 지금 높이 치솟아
있음이라는 것을, 그 두려움을 너희들
은 절대 잊어서는 아니 됨이니 그리
알라, 사랑하는 나의 아들딸들아!

9,802 번째 하나님 말씀

2004년 3월 2일 14시 26분

1 사랑하는 나의 아들아!
2 "네, 아버님! 말씀하옵소서."
3 나 여호와가 너희들에게 묻느니, 너희
들이 하나가 되어 살라는 그 뜻과 의
미를 정녕 너희들은 알고 있느냐?
4 "네, 아버님!
5 저는 아버님께서 저희에게 하나가 되
어야 하며, 하나의 백성으로 살아가라
하시는 것, 그리고 하나가 되기를 바
라시는 그 애절한 마음이요,
6 아버님께서 법전을 내려보내서 저와
모든 아버님의 백성이요, 깨우친 백성
들이 하나가 되어야 하며, 하나가 되
기를 바라시며, 하나가 되도록 이끌어
가심을 저는 알고 있사옵나이다.
7 이 세상을 창조한 것도 아버님이요,
모든 만물을 창조한 것도 아버님이요,
날짐승이요, 미물에까지, 자연의 풀
한 포기까지 그 모두를 창조한 것은
아버님 한 분께서 역사하셨음이니, 저
희가 하나가 되어야 하는 것이며, 하
나라 그리 말할 수 있으며,
8 그리하여 창조주인 아버님께서 모두
를 창조하셨기에 저희는 하나가 되는
것이 당연하며, 하나가 되는 그와 같
은 힘으로 살아가는 것이니,

9 서로 다 소중하며 귀한 하나로써 살아
가야 된다는 것을 저는 그리 깨달으
며, 그리하여 아버님께서 저에게 물으
심을 알고 있사옵나이다."
10 그러니라, 사랑하는 나의 아들아!
11 이 세상의 모두를 창조한 것이 나 여
호와요, 미물에까지, 바닷속의 물고기
까지, 공중을 나는 모든 짐승들까지,
모든 동물까지 모두를 다 내가 만들어
냈으니,
12 전지전능한 나 여호와 창조주가 만든
것이니라.
13 그러니 너희들이 하나같이 소중한 것
이며, 하나가 되어 더불어 살아가야만
되는 것이 너희들의 근본이라 하는 뜻
이 여기 있음을 네가 알고 있으니,
14 이제는 나의 이와 같은 뜻을 만백성에
게 전해야 될 것이며, 너의 제자들이
하나로써 역사하는 그와 같은 가르침
을 가르치되, 거기에 네가 최선을 다
해야 됨을 너희들은 알아야 될 것이니
라.
15 그러니 모든 백성들이 하나가 되는 그
근본이 무엇이더냐?
16 '나'를 버리며 '나'를 생각하지 아니하
며 '나'를 존재하지 않다 생각하고 '나'
를 의식하지 않는 그와 같은 마음으로
써 살아갈 때,
17 그 마음이 열리며 문이 열리게 되어
있어 너희들은 모두가 하나가 될 수
있음이니라.
18 '나'를 챙기고 '나'를 먼저 생각한다면,
너희들은 천 가지 만 가지 사람의 숫
자대로 갈라지고 찢어짐이니, 하나가
될 수 없는 것이 아니더냐?
19 그러니 너희들이 어찌하여야 하나가
될 수 있다 생각하며 어찌해야만 너희
들이 하나가 되겠는가?
20 이제 그리하여 나의 아들을 따르는 제
자 너희들을 선택했으며, 너희들을 선
택하여 내가 법전을 세상에 내려보내
니,
21 나 여호와가 이루는 역사의 하나가 되
는 것은 너의 제자들이요, 나의 법전
을 읽고 깨우친 만백성 너희들이 먼저
하나가 되어야 될 것이며,
22 그 하나가 되는 모습으로써 이 세상의
모든 백성들이 하나가 될 수 있도록
천 년의 역사 속에서 이루어야 되는
것이 너희들이요,
23 오늘의 너희들이 기초를 다져야 됨이
니, 너희들이 하나가 되는 삶으로써
기록을 전하고 남겨야 될 것이니라.
24 너희들이 하나가 되어 사는 삶을 기록
하여 전하는 것이 복음서요, 후손의
나의 아들딸들은 너희들이 하나가 된
그 모습을 보고 우리도 하나가 될 수
있으며 하나가 되어야 된다는 그 생각
으로써 저희들이 하나가 되는 그와 같
은 마음으로 살아갈 수 있으며,
25 하나가 되는 그와 같은 위대한 능력을
발휘할 수 있는 변화가 이루어질 것이
니라.
26 그러니 너희들이 먼저 하나가 되어야
만 만백성이 하나가 될 수 있다는 것
을 잊지 말라.
27 그리하여 내가 너희들이 귀하고 소중
한 선택된 나의 아들딸이라 함을 잊지
말라.

9,803 번째 하나님 말씀

2004년 3월 2일 14시 31분

1 사랑하는 나의 아들아!
2 "네, 아버님! 말씀하옵소서."
3 너희들은 인간 세속에 살아가는 그 가
정을 다스리는 부모의 마음이 가장 아
픈 것이 무엇인 줄 알겠느냐?
4 세상사 가정에서 가족끼리 형제들끼
리 서로 싸우고 찢고 그와 같이 화합
하지 못하는 것을 바라보는 부모의 마
음이 얼마나 아픈지 너희들은 알겠느
냐?
5 만나기만 하면 싸우며 서로 시시비비
하며 치고받는 그와 같은 형제라면,
그를 바라보는 부모의 마음이 과연 어
떠하겠는지 너희들은 생각해 보았느
냐?
6 그러니라, 사랑하는 나의 아들딸들아!
7 수천 년 동안 나의 아들딸들이 서로
화목하지 못하며 핍박하고 싸우면서
지금까지 살아오는 그 모습만을 바라
보고 있는 나 여호와의 마음을 과연
너희들이 생각해 보았느냐?
8 하나의 종파가 생기니 서로 공격 대상
이 되며 서로 치고받고 싸움이니,
9 너희들의 종파가 또 뿌리를 내리고 또
뿌리를 내림이니, 저희 뿌리끼리 또
치고받음이니,
10 뿌리가 되는 그 종파들이 간판을 내거
는 순간에 적이 되며 치고받는 그와
같은 싸움이 되니,
11 너희들이 거미줄이라는 것보다도 더
얽히고설킨 것이 지금 한 형제끼리 치
고받고 음해하고 갈등을 이루는 그와
같은 삶을 살고 있음이니,
12 과연 이를 바라보는 나 여호와의 마음
이 어떠한 줄 알겠느냐?
13 인간 너희들이 엮은 그물보다도 더 너
희들이 얽히고설켜 있는 것이며, 그보
다도 더 많은 숫자들이 전쟁을 하고
있음이니라.
14 너희들이 그물이라는 것을 쳐서 이 세
상을 덮음이니, 덮어져 있는 그 매듭
만큼 너희들이 서로 형제끼리 싸우고
치고받는 그와 같은 형국이 되어 있음
이니라.
15 이제는 핍박하지 못하여 너희들이 정
적까지도 만들며, 부모 형제지간에도
고통과 시련을 같이하지 아니하며,
16 남남보다도 더 박대하며 등을 돌리는
이와 같이 험악한 세상이 되었음이니,
17 이게 바로 오늘의 너희들의 현실이요,
살아가는 그 모습이니라.
18 하나의 종파가 생김으로 너희들이 핍
박하고 형제 간에 싸움질을 하고 있는
것이니, 이를 바라보는 나 여호와의
마음이 얼마나 아프겠는가?
19 그러니 사랑하는 나의 아들을 따르는
너희들과 나의 법전을 읽고 깨우치는
백성 너희들로 하여금 그 모두의 그물
을 절단해버리며 그 그물을 다 헤쳐
버리며,
20 그리하여 하나로써 역사하는 내가 '하
나님! 말씀하옵소서.', '하늘에 오르는
길'이요, 그리고 새로운 성경으로써
하나로 만들어
21 너희들이 화목한 형제요, 서로 만나면
웃음으로써 화해하는 형제요, 뜻을 같
이하는 그와 같은 백성을 만들고자 하

여 천 년의 역사를 지금 역사함이니,
22 바로 그 그물의 심장부를 뜯는 것은
너희들이니라.
23 그 심장부의 그물이 찢겨 나가기 시작
하면 점점 끊어지고 또 끊어질 것이니,
24 심장부부터 끊어져 가는 그 그물은 각
자 당기면 저희들이 치고받는 그 싸움
에 의하여 스스로 갈라지고 찢어져 저
희들이 무너지는 날이 머지않을 것이
니,
25 나의 뜻이 거기 있으며 내가 역사하는
것이 그와 같은 방법으로 가느니라.
26 나의 법전 160권을 세상에 내려보내
니, 너희들이 그 얽혀진 그물을 갖다
가 그 매듭을 끊는 것이요, 그때서부
터 자르기 시작하니,
27 그때서부터 저희들이 저희 힘에 의하
여 찢어지고 갈라져 스스로 넘어지는
그와 같은 형국이 될 것이니 그리 알
라, 사랑하는 나의 아들딸들아!
28 그때를 기다리며 인내하라.

9,804 번째 하나님 말씀

2004년 3월 3일 06시 44분

1 "너는 나 외에는 다른 신들을 네게 있
게 말지니라.
2 너를 위하여 새긴 우상을 만들지 말
고, 또 위로 하늘에 있는 것이나 아래
로 땅에 있는 것이나 땅 아래 물속에
있는 것의 아무 형상이든지 만들지 말
며, 그것들에게 절하지 말며 그것들을
섬기지 말라.
3 너는 너의 하나님 여호와의 이름을 망
령되이 일컫지 말라.
4 안식일을 기억하여 거룩히 지키라.
5 네 부모를 공경하라.
6 살인하지 말지니라.
7 간음하지 말지니라.
8 도적질하지 말지니라.
9 네 이웃에 대하여 거짓 증거하지 말지
니라.
10 네 이웃의 집을 탐내지 말지니라.
11 나 여호와가 존재함을 믿는 그 자체가
구원의 길에 들어서는 기본이요 근본
이며, 나의 법전을 가슴에 안고 정독
하는 자, 반석 위에 서서 하늘에 오르
는 찬란한 빛을 보게 되는 영광을 얻
게 됨이니라."
12 사랑하는 나의 아들아!
13 "네, 아버님! 말씀하옵소서."
14 인간 세속에 살아가는 사랑하는 나의
아들딸 너희들의 그 행함이요, 살아감
이 얼마나 소중하고 귀한 것이더냐?
15 나는 너희들에게 명하여 그리 가르쳤
느니라.
16 너희들이 나에게 올 수 있는 그 출발
선에까지 도달할 수 있는 것, 그 모두
를 안내하고 인도하고 깨우치는 것이
성경이요, 나의 법전이라 그리하였으
며,
17 그리고 또한 나 여호와가 너희들이 그
출발선에까지 올 수 있을 때까지 인도
해 준다 하였음이니라.
18 그러니 그 다음서부터 너희들이 스스
로 그 길에 들어섬이니, 목적지를 알
며 가는 길을 아니 그리 무사히 올 수
있는 것이 나의 사랑하는 백성 너희들
이 살아감이며,
19 모든 성서는 그와 같은 역할로서 끝을

맺는다 그리 전했음을 너희들은 알겠
느냐?
20 그러나 모든 종교 집단이요, 지도자들
이 지금 나의 사랑하는 백성들에게 행
함을 소중히 생각하지 아니하며, 행함
은 진정한 믿음이 아니라, 말로써 가
는 것이 믿음이라 그리하느니라.
21 정녕 너희들이 믿음이요, 하늘의 뜻을
아는 것은 바로 무엇인 줄 알겠느냐?
22 너희들에게 성령이 임하여 성령의 인
도를 받는 것이니라.
23 성령의 인도를 받지 아니하면 너희들
은 하늘의 뜻을 알 수 없으며, 나 여호
와가 역사하는 것을 결코 알 수 없음
이니라.
24 인간의 생각과 인간의 상식으로써는
너희들이 알 수 없기 때문이라 하지
아니하였더냐?
25 그러니 너희들에게 성령이 임할 수 있
는 것은 무엇인 줄 알겠느냐?
26 너희들에게 성령이 임하는 것은 마음
을 비운 자요, 마음이 천사같이 변한
자, 그와 같은 사람으로서 내가 선택
한 자들이 의인이요, 성령이 임할 수
있는 백성이 되는 것임을 너희들은 알
아야 될 것이니라.
27 율법의 시대요, 구약 시대는 행함의
시대로써 너희들이 역사하도록 내가
가르친 그 뜻을 알겠느냐?
28 구약 시대는 출발의 시대라 하였음이
니, 구약 시대는 너희들 모두가 다 행
함으로써 역사하는 것으로써 너희들
을 가르쳤음이니,
29 이는 바로 너희들이 변하는 행동이요,
변하는 삶을 삶으로 인하여 그 기초
위에 너희들에게 성령이 임할 수 있
는 것이기 때문에 기초의 단계요, 시
작의 단계요, 출발의 단계라 한 그 뜻
을 너희들은 알겠느냐?
30 모든 너희들의 믿음의 기초가 행함에
달렸느니라.
31 행함으로써 바르게 살지 아니하며 선
함을 행하지 아니하면, 결국 하늘의
이치를 알 수 있는 성령이 너희들에게
임할 수 없으며,
32 너희들의 마음자리에 들어갈 수 없으
며, 자리를 잡을 수 없기 때문에 아무
것도 이루어지지 아니함이니라.
33 그러니 구약과 신약이요, 지금 나의
법전도 모두 너희들이 하늘에 오르는
반석 위에까지 인도하는 그 역할을 한
다 하였음이니,
34 너희들을 거기까지 인도할 수 있으며
인도를 받을 수 있는 것, 너희들이 반
석 위에 설 수 있는 가장 중요한 것이
무엇인 줄 알겠느냐?
35 그는 너희들의 행함으로 역사함이니
라.
36 그러니 너희들이 행함으로써 마음을
비우고 아름답게 천사와 같이 살고자
노력할 때, 너희들에게 곧 성령이 임
함이니,
37 그게 너희들이 반석 위에 서서 하늘의
빛을 보기 위하여 기다리는 것, 거기
까지 너희들이 해야 되는 것이요,
38 그를 이루지 아니하면 성령이 임할 수
없음이니라.
39 그러니 그게 너희들의 기초 단계요,
모두의 역사하는 것은 인간의 행함이
중요함이니라.

40 그러니 그를 알지 못하며 그 어떠한
상태로써 너희들이 나에게 오르는지
를 알지 못하는 종교 집단이요, 지도
자 그들이기에, 너희들에게 지금 잘못
가르치고 잘못 역사하고 있음을 너희
들은 알라.
41 나는 너희들에게 명하여 전함이니라.
42 나의 아들 예수가 역사한 것도 나로부
터 명을 받아 그 모두를 역사하지 아
니하였더냐?
43 그러니 나의 성령으로써 나의 명을 받
아 전하고 가르치지 아니하는 자는 곧
나로부터 선택된 백성이 아님을 알아
야 될 것이니라.
44 곧 성령이 임하여 모두를 전하는 자가
나 여호와의 뜻을 알며 하늘의 뜻을
알며 모두를 역사하는 것을 알 수 있
음이니라.
45 그러나 모든 종교 집단이요, 지도자
그들이 행함이요, 기본이 되어 있지
아니하며, '나'를 버리지 못하기 때문
에 그들에게 성령이 임할 수가 없음이
니,
46 성령이 임하지 아니하는 자는 내 뜻을
알 수 없으며 내가 역사하는 것을 알
수 없음이니,
47 그리하여 너희들이 지금 썩은 물과 같
은 가르침을 가지고 있으며, 변화되는
가르침을 가르치지 못하고 있음이니
라.
48 성령이 임하면 내 뜻을 알며 내가 역
사하는 걸 아니, 너희들이 그대로 순
종하고 행하는 그와 같은 삶을 살게
되며,
49 하늘의 끝도 한도 없는 그 진리를 알
수 있으며 가르침을 알 수 있기에, 그
뜻을 가지고 가르치고 전하는 자가
나의 뜻에 의해 성령이 임한 백성임
을 너희들은 알라.
50 나의 아들 예수가 죽음의 길을 선택할
수 있었던 그것도 성령으로 임하여 성
령으로 역사하기 때문에 그를 알 수
있었으며 그리 행할 수 있었음이니라.
51 지금의 나의 아들이 또한 160권의 법
전을 만들며, 너희들이 어찌 행하는
것이 하늘에 오르는 길인지 이를 하나
하나 너희들에게 제시하고 가르쳐 주
는 것은 오로지 그가 임의대로 하는
것이 아니고, 내 뜻에 의하여 내가 모
두를 다 역사함이니,
52 이것이 성령이 임하여 너희들이 변화
된 삶을 살 수 있도록 가르치고 깨우
치는 것이니라.
53 그러니 성령이 임하지 않은 지도자는
나의 뜻을 가르치는 것이 아니요, 인
간 세상의 육의 생각으로써 인간의 뜻
을 벗어나지 못한 속에서 허덕임이니,
그것이 진정한 지도자의 가르침이 아
니라 함이니라.
54 그러니 그저 성서의 책 그대로 너희들
이 그를 가지고 가르치고 또 가르치고
재탕 재탕하는 그와 같은 것에서 나가
지 못하며 변화되지 못하느니라.
55 더욱이 너희들이 얼마나 사악한 종교
집단이요, 지도자인 줄 알겠느냐?
56 너희들이 성령을 받아 앞으로 나갈 수
없으며 성령을 받지 못하기에, 너희들
은 지금 한 획도 고쳐서도 안 되며 한
줄도 더하거나 빼서도 아니 되며,
57 오로지 이 한 권의 성경책을 가지고

이것만이 하늘에 오르는 길이요, 이것
만이 역사하는 것이라 그리함이니,
58 너희들이 나의 아들처럼 하늘의 뜻을
알며 성령을 받으며 내가 내리는 나의
뜻이요, 원하는 것을 안다면,
59 너희들에게 전하는 것이 지금 160권
의 법전이라 하여 끝도 한도 없이 너
희들에게 새로운 길이요, 새로운 역사
를 제시해 주며 가르쳐 줄 수 있는 것
은 곧 성령이 임한 나의 선택된 아들
만이 할 수 있는 길임을 알라.
60 그러니 지금 나의 성령이요, 나의 뜻
을 받지 못하는 것이 종교 지도자 너
희들이기에, 너희들이 변화되는 삶이
요, 변화되는 역사를 그리 가르치지
못함이니라.
61 너희들의 믿음이요, 하늘의 뜻이라는
것은 모두가 다 변하게 되어 있음이니
라.
62 너희들 한 사람 한 사람마다 내가 성
령으로 임하여 너희들에게 깨우침을
역사하는 것이니라.
63 그러니 나의 법전은 사람에 따라서 필
요한 모두가 다 전해져 있음이니라.
64 일괄적으로 너희들이 하나를 가지고
가르친다는 것은 진정한 깨달음이요,
가르침이 아니라는 것을 너희들은 알
아야 될 것이니라.
65 진정한 성령과 나 여호와의 뜻은 그러
하니라.
66 배고픈 자는 배고픔을 채울 수 있으
며, 추운 자는 옷을 걸칠 수 있는 것이
요, 또한 먹을 필요가 없는 자도 있으
며, 옷을 걸칠 필요가 없는 자도 있느
니라.
67 지금 나의 아들의 기도를 들으며 내가
내리는 새벽 기도를 듣는 그 제자, 너
희들이 앉아 있음이니, 각자가 다 필
요한 게 다르니라.
68 한 사람은 빵이 지금 필요하나 한 사
람은 또 빵이 필요치 아니하며, 한 사
람은 지금 쉬고자 하나 또 다른 사람
은 쉬지 않고 일을 할 수 있는 것, 이
와 같이 너희들이 천태만상의 형국이
되어 있음이니,
69 여기에서 하나의 틀로써 너희들을 엮
어 두며 하나의 틀로써 모두를 행하라
가르치는 것은 정녕 나 여호와의 뜻이
아니요, 너희들이 성령을 모르는 백성
들임을 알아야 될 것이니라.
70 그러니 나 여호와가 너희들에게 각자
가 깨달을 수 있으며 필요한 것을 얻
을 수 있도록 하는 것, 이것이 나 여호
와의 뜻이요, 내 뜻에 의하여 만백성
을 가르치는 선택된 지도자의 가르침
이라 너희들은 알아야 될 것이니 그리
알라.
71 너희들이 지금 편지를 쓰고 의사를 전
달하는 것, 그리하여 종이와 연필이라
는 것이 간절히 필요한 사람이 있음이
니라.
72 그러나 그와 같은 것이 필요 없는 사
람은 종이와 연필이 간절히 필요하지
아니하지 않더냐?
73 그러니 각자의 생각이요, 가는 것이
요, 깨달음의 수준이요, 신앙의 믿음
이요, 그 모두의 살아가는 것이 각자
가 다름이니라.
74 네 제자 중에 사람을 가르치는 선생이
있으니, 그가 가르치되 그 가르치는

과목이 필요한 사람이 있는가 하면, 그 과목이 또한 지금 필요치 않은 사람이 있듯이,
75 너희들이 이와 같은 세상의 이치를 안다면, 정녕 너희들이 하나의 성서를 가지고 평생 동안 가르치며 모두가 거기 있다고 말하는 것, 그 속에 모든 게 있다 말하는 자들은 그저 하나로 가르치는 자이니라.
76 배가 고프니 그저 밥을 먹어야 된다 하며, 밥을 먹지 않는 자는 나의 뜻을 거역하는 자요, 나 여호와의 사랑을 모르는 자라 너희들이 그리 말함이니라.
77 잠을 자지 아니하면 견딜 수 없는 백성은 잠을 자야 되는 것이니, 그에게 잠을 자면 안 되며, 너희들은 깨어 있어야 되며, 눈을 뜨고 있어야 되며, 일을 해야 되며, 공부를 해야 된다고 너희들이 그리 강요하고 가르친다면,
78 이것은 진리가 아니요, 나 여호와의 뜻이 아니요, 성령이 아님이니,
79 각자가 필요한 대로 각자가 필요한 것을 가르쳐 주며 제시해 주며 그 필요한 것을 내려 주는 것이 성령이요, 나 여호와의 뜻이요, 내 사랑이라는 것을 너희들은 알아야 될 것이니라.
80 오늘의 모든 종교 집단이요, 지도자들이 가는 것이 무엇인 줄 알겠느냐?
81 때가 되었으니 무조건 밥을 먹어야 되는 것이요, 밥을 먹지 아니하면 아니 된다 하며,
82 너희들이 매운 것을 먹어야 된다 했으니 매운 것을 먹지 아니하면 절대 나 여호와의 뜻이 아니요, 하늘의 뜻에 의해 역사하는 것이 아니라 너희들이 그리 가르치고 감이니,
83 이게 과연 진리요, 깨달음이요, 나에게 오르는 백성들에게 필요한 양식을 제공해 주는 것이더냐?
84 그러니 이것이 잘못되었음이니라.
85 160권의 법전이 세상에 나오는 것은 나 여호와의 성령이요, 내 뜻이 무엇인 줄 알겠느냐?
86 이를 정독하고 깨우치는 자, 옷이 필요한 자는 옷을 찾게 되며, 먹을 게 필요한 자는 먹을 걸 찾으며, 잠이 필요한 자는 잘 수 있는 그와 같은 모두를 기록하여 전하는 것이니,
87 이게 바로 나 여호와가 너희들을 각자 터치하며 너희들을 다스려 나가며 너희들에게 깨우침을 주고자 하는 내 뜻이요, 나의 성령이요,
88 이게 바로 대역사의 새로운 시대의 새로운 성경이라는 것을 너희들은 알아야 될 것이니라.
89 믿음이라는 것은 각자에게 필요하며, 신앙이라는 것은 각자의 필요에 따라서 맞춰 가는 것이며,
90 그리고 참진리라는 것을 필요한 자에게 공급해 주며, 필요한 자에게 줄 수 있는 이와 같은 것으로 흘러가는 것이 바로 너희들의 믿음이요, 변화된 믿음이요, 그리고 나 여호와가 너희들에게 베푸는 은혜임을 너희들은 알아야 될 것이니 이를 알라.
91 그저 배가 고프지 아니하다 해도 무조건 먹으라 명하는 것은 너희들의 곤욕이요, 너희들의 고통이요, 이것은 깨달음이 아님을 알라.

92 각자 필요한 자에게 그 깨우침을 주는
것이 나 여호와의 뜻이요, 하늘의 뜻
이요, 성령이니라.
93 그러니 너희들이 성령으로 임하는 것
이 그러하니라.
94 성령으로 임하지 않는 자는 아무것도
알 수 없으며 역사할 수 없음이니, 바
로 성령이 임할 수 있는 것은 너희들
의 행동이요, 변화이니라.
95 그러니 거기에 따라서 필요한 것을 제
공해 주며 필요한 것을 깨우쳐 주는
것이 참진리요, 나 여호와의 뜻이니라.
96 너희들같이 한 획을 고쳐서도 안 되며
한 줄을 더하거나 빼서도 아니 된다
하여 그저 움켜쥐고 있으니, 너희들이
펼 줄을 모르며 놓을 줄을 모르는 것
이니라.
97 그리하여 지금 나의 아들을 통하여 너
희들이 귀중하고 소중한 것이라 하여
목숨을 내걸고 움켜쥐고 있으며 펴지
않으려 하며 놓지 못하는 너희들의 그
습성이요, 잘못된 악습을 바로잡고 깨
우쳐 주고자 함이니라.
98 너희들이 나의 법전을 보고 너희 손에
움켜쥐고 있는 것만이 소중한 것처럼
매달리는 것, 그것을 펼 줄 알며 놓을
줄 알아야 너희들이 더 큰 것을 보며
더 큰 것을 잡을 수 있으며, 세상의 이
치를 알 수 있는 것이며,
99 세상의 이치를 아는 자는 하늘의 뜻을
알 수 있으며 성령으로 임하는 길을
감이니, 너희들이 그와 같은 변화가
없이는 아무것도 깨달을 수 없음이니
라.
100 모든 종교 집단, 지도자 너희들이 목
숨을 걸고 죽기 아니면 살기로 움켜쥐
고 있는 그 손을 펴게 하고자 하는 것
이 나의 법전이니,
101 너희들이 이를 읽고도 그 손을 펴지
아니하면 절대 하늘에 오르는 그 역사
를 할 수 없다는 것을 알라, 사랑하는
나의 아들딸들아!

9,805 번째 하나님 말씀

2004년 3월 3일 06시 53분

1 사랑하는 나의 아들아!
2 "네, 아버님! 말씀하옵소서."
3 지금의 나의 피조물 만백성들이 무엇
이더냐?
4 욕심을 채우려 하며 욕심을 이루고자
하는 것이 그들이 아니더냐?
5 그러니 욕심을 채우는 것은 무엇이더
냐?
6 욕심이란 너희들이 제 발 앞에, 제 앞
에 무엇인가를 쌓아 놓는 것, 그리고
남들보다 더 많이 쌓아 놓고자, 남들
보다 더 많은 것을 갖고자 하는 그것
이 바로 욕심이라는 것을 부리는 사람
들이 아니더냐?
7 그러니 이 세상의 나의 피조물 만백성
들이 그 욕심이라는 것을 버리지 못하
고 있는 백성들이니라.
8 그러니 제 창고에 무엇을 더 쌓아 놓
고자, 제가 더 높고자, 제가 부귀와 영
화를 남보다 누리고 살고자 하는 그와
같은 생각으로 너희들이 지금 모든 믿
음의 길을 가고 있음이니, 그것이 무
엇이더냐?
9 베풀며 나눠 주는 그 사랑이 아니요,

제 발 앞에 더 쌓아 놓고자, 제 창고에
무엇을 더 쌓아 놓고자, 그것을 바라
는 마음을 가지고 사는 백성들이요,
그것으로써 기도하며 경배한다 하는
것이 이 세상을 덮고 있는 그와 같은
형국이니,
10 더 쌓아 놓고자 하는 사람들이 세상을
덮고 있으며, 더 높고자 하는 사람이
세상을 덮고 있으며, 그저 욕심으로
그득 찬 백성이 이 세상을 덮고 있음
이니라.
11 그러니 과연 이를 어찌 다스리고 이를
어찌 깨우쳐 갈 수 있단 말이더냐?
12 저희들이 제 앞에 더 쌓아 놓는 것이
요, 제 창고에 그득히 쌓아 놓는 것,
제 발 앞에 붙여 놓는 것, 제 몸에 붙
이는 것은 눈으로 보이는 것이며 만질
수 있는 것이기에 이는 현실로써 나타
남이니,
13 이를 중히 여기며 소중히 여기는 나의
피조물 만백성 너희들이 그 마음을 다
스리지 못함이니,
14 이게 바로 욕심으로 채워진 백성이라
함을 너희들은 알아야 될 것이니라.
15 그러니 너희들이 이와 반대의 삶이요,
이를 저버리는 삶을 사는 것, 제 발 앞
에 제 몸에 붙이고 쌓아 놓는 것만이
전부가 아니며,
16 이 모두는 나 여호와의 것이기에, 너
희들이 나누어 쓰며, 서로 더불어 살
아가는 세상에 더불어 나누어 주고 도
와주는 이와 같은 마음으로 살아가는
것이 나의 뜻이요, 하늘에 오르는 백
성이 살아야 할 길이거늘,
17 그와 같은 백성은 세상에 없으며, 그
저 제 앞에 붙이고 쌓아 놓는 것, 그와
같은 마음의 욕심을 버리지 못한 백성
이 세상을 덮고 있음이니라.
18 그러니 이들을 바로잡고 이들을 깨우
치는 것을 어찌 행해야 되겠느냐?
19 바로 나의 아들을 따르는 제자들이요,
나의 법전을 읽고 깨우친 만백성 너희
들만이 이를 역사할 수 있음이니라.
20 그저 지금의 믿음의 길을 가는 그 백
성은 성서에 기록되어 있는 내 비유의
뜻은 모르며, 그저 지도자가 높이 들
고 '이것이 나무다, 그리고 이것은 누
구를 때리는 회초리다.' 그러면 너희
들은 그것을 때리는 것으로써 나무로
써의 역할을 하는 것, 그것만을 울고
불고하며 그리 다스림이니라.
21 그러나 너희들이 사람을 때리지 아니
해도, 그 회초리를 들고 있으면서 다
스려 줄 수도 있는 것이며, 그를 보고
경각심을 얻어 깨우칠 수 있는 백성도
있는 것이 아니더냐?
22 각자 사람이 다 다름이니라.
23 매를 대서 다스릴 사람이 있는가 하면
말로써 다스릴 사람이 있는 것이요,
매를 너희들이 옆에 놓고 있는 것으로
써 다스릴 수 있으며, 너희들이 매를
드는 것으로써 보고 다스릴 수 있으
며, 이와 같이 천태만상인 것이 나의
피조물 만백성들의 깨우침이요, 깨달
음이 다 다르니라.
24 그러니 너희들은 무조건 매를 들었으
면 매로 다스리는 것만이 사람을 다스
릴 수 있다 하여 너희들이 그리했을
때, 과연 그것이 진정 가르치는 방법
이요, 그들을 깨우치며 인도할 수 있

는 방법이라 할 수 있느냐?
25 그러니 매를 가지고 다스리는 것도 천
태만상의 형태로써 나의 백성들을 다
스리며 변화를 얻을 수 있는 것이니,
26 그리하여 너희들이 하나의 틀로써 묶
어 놓고 다스리고 가고자 하는 것이
인간 세상의 법도요, 그 법에 의하여
거기를 벗어나지 못하는 것이 너희들
이라 함이니라.
27 그러니 너희들이 그것으로써 그와 같
이 지키고 가는 것이 오늘의 믿음이
요, 나의 피조물 만백성들을 하늘로
인도한다는 종교 지도자들이 가고 있
는 믿음의 형태임을 알라.
28 나는 참진리요, 나 여호와의 뜻 그 모
두를 다 알기에 그들에게 매를 들어서
흔드는 것으로 보여 줄 수 있으며, 옆
에 놓는 것으로 보여 줄 수 있으며, 매
를 준비하라는 것으로써 그를 깨우치
고 다스릴 수 있는 것이 나의 성령이
요, 참진리의 뜻이니,
29 이와 같은 이치를 너희들이 알고 바로
깨닫고 바로 하늘에 오르는 길을 보도
록 하며,
30 어떠한 것이 진정한 참진리요, 나 여
호와의 뜻이요, 너희들을 구원할 수
있는 것인지 알라.
31 지금 내가 명함이니, 내가 나의 아들
을 통하여 내리는 새로운 성경이요,
나의 법전이 아니고는 누구도 변화될
수 없으며 역사할 수 없다는 것을 알
라.
32 이것이 하늘의 법도이니라.

부 록

【하나님께서 가르쳐 주신 운동】

천재지변이 일어날 때, 동물이나 미물들은 미리 알고 대피하지만, 인간은 알지 못하고 큰 화를 당합니다. 하나님께서 인간에게 가장 높은 지혜를 주시고 완벽하게 창조해 주셨기에 동물들보다 더 잘 알 수 있지만, 욕심으로 마음이 혼탁해져서 한 치 앞을 보지 못하는 것입니다.

마찬가지로, 인간은 누구나 스스로 필요한 운동을 해서 건강을 지킬 수 있도록 하나님께서 만들어 주셨습니다. 우리의 머리에서 우리 몸에 필요한 동작을 해 달라고 끊임없이 신호를 보내지만, 인간이 혼탁하게 살아서 그 신호를 알아채지 못합니다. 그러니 자연스럽게 자기 몸이 원하는 그 신호를 따라서 운동하는 것이 하나님께서 가르쳐 주신 운동 방법입니다. 바로, 우리의 영이 육을 이끄는 운동입니다.

▶ 하나님 운동법

1. 눈을 감고, 발을 어깨너비로 벌리고 바르게 선다.
2. 몸에 힘을 풀고, 허리를 숙이면서 손과 머리를 아래로 내린다.
3. 허리를 펴고 싶을 때, 천천히 펴면서 하고 싶은 동작을 하면 운동이 시작된다. (사람마다 다르다.)
4. 멈추지 말고, 어떤 동작이든지 자기 몸의 느낌대로 계속 이어서 한다.

▶ 참고 사항

① 눈을 감은 상태로 아무 생각 하지 않고, 자기 몸의 느낌대로 움직입니다.

② 마음을 비우고, 욕심을 버리고, 지난날의 잘못을 반성하면서 몇 차례 시도하다 보면, 자기도 모르게 하고 싶은 동작이 끊임없이 생깁니다.

③ 운동 장소는 방 안이든 운동장이든 관계없으며, 걷거나 달리고 싶을 때는 눈을 떠도 됩니다.

④ 매일 40분 이상, 주 4회 이상, 3개월 이상 하면 음식 조절에 들어갑니다.
- 음식으로 생긴 병은 음식으로 치료하게 되며, 어떤 음식을 먹어야 하는지 스스로 알게 됩니다.
(자기 몸에 필요한 음식만 먹고 싶어집니다.)

⑤ 사랑하는 사람과 함께 운동하면 서로 치료해 주기도 합니다.

⑥ 운동을 하다가 몸의 어느 한 부분을 계속 손으로 자극한다면 그쪽에 이상이 있는 것이니, 의사에게 상담을 받고 적절한 치료를 받으면 됩니다.

⑦ 다이어트 및 기타 건강관리에 효과적입니다.

⑧ 꾸준히 운동하여 영이 맑아지면, 자신의 과거와 미래를 스스로 보게 됩니다.

누구나 스스로 하실 수 있습니다.

간 행 사

《새로운 성경》은:

· 새로운 성경은, 하나님께서 선량하고 선한 자를 선택하여 십계명을 암송하도록 하시고, 십계명을 암송한 다음에 음성으로써 들려주시는 말씀을 듣고 그대로 카세트테이프에 녹음해서 받아쓴 책입니다.

· 90분짜리 녹음테이프 700여 개에 달하는 말씀으로, 1999년 8월부터 2004년 7월까지 총 160권(권당 288쪽)을 완성하였으며, 그 이후에도 현재까지 계속 말씀을 내려 주고 계십니다.

· 새로운 성경은 "하늘을 두루마리 삼고 바닷물을 먹물 삼아 쓰고 써도 다 못 쓴다"는, 끝없이 방대한 하나님의 말씀이 두루마리로 직접 내려오는 것입니다. 이러한 새로운 성경은 구약과 신약을 폐하려는 것이 아니라 "인봉된 성서의 비유의 뜻"을 상세히 설명하여 완성하고자 하나님께서 직접 내려 주신 말씀입니다.

《새로운 성경》의 구성:

· 제 목: 2013년, 160권 모음집을 발간하면서, 본 도서의 제목을 "하나님! 말씀하옵소서"에서 《새로운 성경》 으로 명해 주셨습니다.

· 단행본: 각 권당 288쪽(신국판) 책이 160권까지 시리즈로 출판됩니다.
(모음집은 단행본을 16권씩 묶어서, 총 10부로 구성됩니다.)

《새로운 성경》의 성경적 근거:

· 신약 성경 [요한복음] 16장 13절에 "진리의 성령이 오시면 그가 너희를 모든 진리 가운데로 인도하시리니 그가 자의로 말하지 않고, 오직 듣는 것만을 말하며 하신 말씀처럼 하나님의 음성을 들은 것만 기록하였으며,

· "장래 일을 너희에게 알리시리라" 하신 말씀과 같이 개인, 나라, 인류의 "장래"일을 하나님께서 알려 주시는 것만 기록하여 책으로 만들었습니다.

《새로운 성경》의 기록 방법:

- 1999년 8월부터 하나님께서 저에게 들려주시는 음성을 기록하였습니다. 처음에는 제가 들은 말씀을 불러 주면 저의 아내가 기록하여, 2000년 1월 29일에 1권 초판이 세상에 나왔습니다. 2000년 4월부터는 주시는 말씀을 받아 녹음기에 기록하기 시작하였습니다.

- 녹음을 시작하면서 하나님의 말씀을 받는 데 가속도가 붙었고, 2001년 5월 3일에 1부(1~16권까지)를 인쇄하여 출판하였으며, 2004년 7월까지 총 160권 분량의 말씀을 받아 기록하였습니다.

하나님께서 저에게 주신 것은:

- 첫째, 만백성을 상대로 내려 주시는 "기도", 둘째, 수시로 내려 주시는 "묵상", 셋째, 개인의 과거, 현재, 미래를 알려 주시는 "개인 기도", 넷째, 개인의 건강을 위해서 내려 주시는 "음식 처방", 다섯째, 하나님께서 가르쳐 주신 "운동"등이 있습니다. 이 중에 첫 번째, "기도"를 책으로 편찬하였습니다. 사람의 생사, 개인의 미래에 관한 천기는 수록하지 말라 하셨습니다.

강론 안내:

- 하나님께서는 지금도 매일 저에게 새로운 하늘의 비밀의 말씀을 내려 주고 계십니다. 수시로 내려 주시는 말씀을 정리해서 제자를 육성하라는 말씀에 따라 매주 강론을 하고 있습니다. 누구나 무료로 들으실 수 있습니다. (book160.com)

《새로운 성경》을 읽는 분들에게 드리는 선물:

- 개인 기도: 개인의 과거, 현재, 미래에 관하여 말씀을 내려 주십니다.

- 음식 처방: 사람은 음식을 먹고살다가 건강을 잃으니, 음식과 운동으로 건강을 되찾는 방법을 알려 드립니다. 단, 하나님이 계심을 믿고, 십계명을 지키겠다고 진실로 서약하는 분들께 알려드립니다.

《새로운 성경》의 은혜와 기적:

- 새로운 성경 전160권은 16권씩 묶어서 총 10부의 모음집으로 구성됩니다. 모음집 한 부를 읽고 깨우치는 자에게 하나님께서 다음과 같은 기적이 있다고 하셨습니다.

· "첫째, 그가 죽어 하늘에 갔을 때 그의 죄를 묻지 아니하며, 구원을 받는 위대한 은혜가 있으며, 둘째, 그의 소원과 소망이 이루어지고, 셋째, 죽은 자(부모, 형제, 자식, 사랑하고 은혜 입은 분)의 이름으로 구입한 책을 읽고 누군가 한 사람이 깨우칠 때, 그 죽은 자가 지옥에서 천국으로 구원을 받게 되며, 넷째, 유산, 중절 수술 등으로 태어나지 못한 아이를 위하여 구입한 책을 보고 한 명이 깨우쳤을 때, 그 아이가 사람으로 다시 한 번 태어나는 은혜를 받는다."

· "새로운 성경"을 3회 이상 정성을 다해 정독하는 자, 성서의 비밀을 알게 되고, 세상의 이치를 알게 되며, 세상을 지배하고 통제할 수 있는 지혜를 다 얻게 된다고 하셨습니다. 이 책은 만백성이 정독하고 이웃에게 전하여, 평생 가슴에 묻은 슬픔과 고통의 짐을 벗고 미래를 위한 힘찬 삶을 살아가도록 하는 책입니다.

끝으로

· 하나님께서는 흰 눈이 세상을 덮듯이 새로운 성경을 온 세상에 전하라고 하셨습니다. 《새로운 성경》을 각국어로 번역해서 온 인류에게 구원의 길을 깨우쳐 주고, 그 수익으로 가난하고 어려운 백성을 구제하여, 만백성의 영과 육을 함께 구원하는 선지자의 임무를 수행하라고 저에게 명하셨습니다.

· 하늘에서 내려 주신 말씀의 보화를 만백성에게 나누어 주는 것이 선지자의 임무라고 하셨습니다. 새로운 성경을 통해서 얻는 재물을 사용할 곳도 하나님께서 일일이 명해 주십니다. 모든 재물은 저의 자의로 쓸 수 없고, 하나님께서 명하시는 대로만 쓰여집니다.

· 어떤 명분으로든 십일조나 각종 헌금을 거두어들이지 말라 하셨으며, 국내뿐 아니라 각국에 성전과 단독 서점을 운영하며, 한국의 많은 젊은이들을 전 세계에 지도자로 내보내라고 하셨습니다.

· 우리는 세계적으로 새로운 성경을 보급하며 어려운 이들을 돕는 역사를 해 나갈 것입니다. 지금까지 비록 몇 명 안 되는 제자들과 함께 이러한 일을 역사했지만, 앞으로도 계속 하나님께서 기뻐하시는 일들을 해 나갈 것입니다. 부족한 저희에게 여러분들의 지혜와 성원을 보내 주시기를 바랍니다. 많은 분들의 참여와 도움을 간절히 기다립니다. 감사합니다.

한국어로 내려온 《새로운 성경》 단행본을 출간하며
2016년 4월 10일

발행인 **김 용 철**

한국어로 내려온

새로운 **성 경** · 9부 · 제131권

지은이 하나님 말씀
대역자 김용철

초판인쇄 1쇄 2017년 4월 3일

펴낸 곳 도서출판 하얀마음
등록번호 제 10-2107호 (2001년 2월 14일)
주소 서울시 노원구 덕릉로86길 5, 2층
전화번호 02) 313-1114
팩스 02) 393-5554
전자우편 book160@hanmail.net
편집위원 조나영 김미향 이석교
제작지원 이기종

도서상담 1600-7527
ISBN 978-89-5875-231-8 (04230)
978-89-5875-100-7 (세 트)

값 10,000원
잘못된 책은 구입하신 곳에서 바꾸어 드립니다.

※이 책은 10부로 제작되며, 각 부 16권씩 총160권으로 구성됩니다.※

1부	2부	3부	4부	5부	6부	7부	8부	**9부**	10부
1권	17권	33권	49권	65권	81권	97권	113권	129권	145권
2권	18권	34권	50권	66권	82권	98권	114권	130권	146권
3권	19권	35권	51권	67권	83권	99권	115권	131권	147권
4권	20권	36권	52권	68권	84권	100권	116권	132권	148권
5권	21권	37권	53권	69권	85권	101권	117권	133권	149권
6권	22권	38권	54권	70권	86권	102권	118권	134권	150권
7권	23권	39권	55권	71권	87권	103권	119권	135권	151권
8권	24권	40권	56권	72권	88권	104권	120권	136권	152권
9권	25권	41권	57권	73권	89권	105권	121권	137권	153권
10권	26권	42권	58권	74권	90권	106권	122권	138권	154권
11권	27권	43권	59권	75권	91권	107권	123권	139권	155권
12권	28권	44권	60권	76권	92권	108권	124권	140권	156권
13권	29권	45권	61권	77권	93권	109권	125권	141권	157권
14권	30권	46권	62권	78권	94권	110권	126권	142권	158권
15권	31권	47권	63권	79권	95권	111권	127권	143권	159권
16권	32권	48권	64권	80권	96권	112권	128권	144권	160권